戦争のころ 仙台、宮城

石澤 友隆

はじめに

戦後生まれが国民の8割を超えて、戦争はますます遠い存在になりました。戦争で戦った人たちのほとんどは歴史の中に消え、当時の赤ちゃんでさえ、もはや後期高齢者の仲間です。戦争の風化が言われてからずいぶん時間がたちましたが、300万を超す戦没者と日本開国以来の被害を出し、中国や東南アジア諸国の人たちに多大な迷惑をかけた「昭和の戦争」を戦後世代はどの程度理解しているのだろう。

数年前、仙台市内の小学校に招かれて、6年生に太平洋戦争中のことを話す機会がありました。敗戦の年、私はこの子らと同じ学年だったので余計感慨深いものがあり、戦争末期の空襲の恐ろしさや、食糧難でいつも腹をすかしていたことなど体験を交えて語ると、子どもたちの目が輝いてきます。大方にとっては初めて聞かされる戦争の話だったのでしょう。

しばらくすると感想文が届きます。「もう戦争はいや」という多くの意見に交じって、「おじいちゃんがなぜフィリピンで亡くなったのか初めて分かりました」という文章が目にとまりました。敗色濃くなる太平洋戦争の末期、フィリピンでは反攻に転じた米軍に日本軍は追い詰められ50万の戦没者を出したところです。こんなに大事なことを親は教えてやらなかったのだろうか、と思う半面、家庭でも学校でも戦争の伝承はうまくいっていないのではないかと想像しました。

戦争を扱った本はごまんとあります。なぜか宮城県の戦時下を描いた通史はあまり見かけません。それならば当時の「空気」をわずかでも知っている者として、仙台はもちろん、宮城県に住んでいた人たちの決戦下の暮らしをエピソードや証言を交えて再現してみようと思いました。

令和2（2020）年は、新型コロナウイルス感染症のまん延で、七十数年前の戦争のころを思い起こすことになりました。緊急事態宣言が発せられて、学校は臨時休校となり、伝統的催しは軒並み「太平洋戦争で中断して以来の中止」という報道が相次ぎました。

実際、戦争中はそうだったのです。「仙台七夕まつり」は日中戦争時から太平洋戦争の敗戦翌年までの8年間、夏の甲子園大会は、太平洋戦争が開戦した翌年の昭和17（1942）年、仙台一中（現仙台一高）が東北代表として準々決勝まで進むのですが、「幻の大会」と言われたように公式記録には残っていません。その前年、中止を決め、翌17年は国が戦意を高める目的で錬成大会として開催したためです。

戦争は人を殺傷し、モノを破壊するだけでなく、心をいやすイベントまでも奪っていたことをあらためて確認しました。そんなことより、あのころは夫や息子を戦場へ送り出し、学徒は授業を休んで軍需工場で働いていたし、モノ不足は深刻で「暖衣飽食」は夢のような時代でした。モノにあふれ、お金を出せば何でも買える今の日本とは大きく違うところです。

執筆に当たって、当時の新聞や雑誌、宮城県内の市町村史、県史、仙台市の公報などを読み、多くの戦時体験者から話をうかがいました。今回、特に注目したのは宮城県公文書館所蔵の「知事事務引継書」です。中央集権制だった当時、知事は内務省から派遣され、宮城県には「満州事変」「日中戦争」「太平洋戦争」の15年間に13人の知事が就任しました。

知事が代わるたびに県の各課は所管の重要事項、懸案事項をまとめた報告書を提出し、それが一冊の文書となって後任知事に引き継がれます。新聞など出版物の検閲が厳しくなる中で、「知事引継書」は戦時下の県政の実態を正確に記録しています。国民の言動を監視していた思想警察「特高警察」の資料は、敗戦とともに焼却したと思われていましたが、「特高」が県警察部に所属していたこともあって知事への報告の分は残りました。いずれも、あの時代を知ることができる貴重な資料です。

お断りとお願いをひとつ。12年前、仙台空襲や戦争中のことを調べて『七月十日は灰の町』（河北新報出版センター）を上梓しました。幸い多くの読者の共感を得て版元に残部はありません。新たな資料を活用することができたので、太平洋戦争の部分は同書を底本に新資料を加えて組み立てることにしました。重複を恐れて必要な歴史的事実を外すことはできません。その結果「あれ、前に読んだぞ」というところが多々出てくることになりました。その点、お含みおきの上、お読みいただければ幸いです。

令和2年9月

石澤　友隆

目次

第4章　昭和18（1943）年
米軍の反攻作戦始まる

第5章　昭和19（1944）年
玉砕相次ぎ、戦線縮小

第6章　昭和20（1945）年
仙台大空襲と敗戦、占領

序章
戦争の話を始める前に

天皇陛下は神様です

日本が戦争をしなくなってから、早いもので75年が過ぎました。

「しなくなってから」という言い方、少し変な気もしますが、まあ、それはともかく、さきの大戦が終わってからこっち、戦争のない生活がこんなに長く続いているのは明治維新以来、初めてです。

「太平洋戦争」に敗れた昭和20（1945）年8月を真ん中に置いて比べてみると、その前の75年間は戦争の連続でした。明治時代には「日清戦争」、「日露戦争」、大正時代は「第1次世界大戦」への参戦、昭和になると「満州事変」、「支那事変」（日中戦争）、「大東亜戦争」（太平洋戦争、最近はアジア太平洋戦争という言い方もされている）と、よくもまあ、飽きもせずに戦争を繰り返してきたものです。

戦争は、いいことなんて何もない。人はたくさん死ぬし、物は破壊され、心はすさむ。背後の至る所に絶望と破滅と涙の種をまき散らす。今、多くの日本人は戦争そのものが絶対悪だと思っています。

戦争に明け暮れていた昭和初期、国民のほとんどは、そうは思っていませんでした。誤解を恐れずに言うならば、戦争は愚かなものでも悪でもなく、国が自分たちを必要としているのなら、防人《さきもり》の役割をするしかないと思っていたのです。

それが不本意な選択によるものか、望んでそうなったのかは別として、多くの人はマインドコントロールにより同じ価値観を持つようになり、戦争に参加していきました。年端もいかぬ私でさえ、「日本は神の国だ。大和魂で米英撃滅」と思っていたのですから……。

大日本帝国時代の日本

戦争だけではありません。

日本の国の形も、政治や社会の仕組みも、まるでよその国を旅しているかのように今とは違っていました。いくつかの例を挙げましょう。「学校で習ったから大体は知っているよ」という方は、飛ばしていただいて構いません。「満州事変から日中戦争」の項へ進んでください。

天皇陛下は神様でした。

「明治憲法」（大日本帝国憲法）では、この国を統治する神聖にして侵すべからざる存在で、国民は皆、天皇の臣下、現人神《あらひとがみ》とあがめ奉りました。わが家の年寄りは「この屋敷も庭も陛下からお借りしているんだよ」と真顔で語っていました。

教育の基本は「教育勅語」です。夫婦相和し、きょうだい仲良く、まさかの時は「天皇に忠義を尽くせ」というのです。全国の小中学校には天皇皇后両陛下の写真（御真影）と「教育勅語」が配布され、各学校の校庭の一隅に「奉安殿」がつくられました。

国会は衆議院と、財産、学識、家柄など社会の上層にある人が議員になる貴族院がありました。宮城県選出の貴族院議員は定数1、わずか十数人の地主、商工業者などの多額納税者によって選ばれた時期もありました。衆院選や市町村議選の投

国民学校「国史」教科書の最後は靖国神社。「天皇陛下の御ために」と説明が……

票権があるのは男性だけ。義務教育は小学6年まで。上級学校への進学者は少なく、小学校を卒業すると高等科で2年間学び社会人になる人が多かったのです。

男性には兵役の義務がありました。これは今と大きな違いです。満20歳になると徴兵検査を受け、召集令状、俗に言う「赤紙」が届くと指定された日まで軍隊に入らなければなりません。

国民のほぼ半分は農民、その3割は小作農です。20《ヘクタール》以上の土地持ちを「大地主」と言って、小作農は地主から土地を借りて水田を耕し、収穫のほぼ半分を「地代」として地主に納めました。

こういう国に私たちは住んでいました。

戦後の「日本国憲法」では戦争への反省から「戦争放棄」、「平和主義」に徹する決意を示し、天皇は象徴に、国民が主権者となりました。基本的人権の尊重、法の下での平等も明示され、男女同権、言論の自由という言葉も聞かされました。残念なのは、日本人が自ら勝ちとったものではなく、占領軍によって与えられたものだったことです。

ついでに言っておくと、日本の領土は千島列島、樺太の南半分、台湾、朝鮮、それに租借地の関東州（中国東北部遼東半島南西部）、太平洋に浮かぶ委任統治領のマリアナ、マーシャル、カロリン諸島も支配していました。「日清」「日露」「第1次世界大戦」の勝利によって領土は増えていったのです。

当時の日本の人口は約９０００万。「われら一億火の玉だ」がスローガンです。ちなみに宮城県の人口は、昭和15（１９４０）年の国勢調査で１２０万１２３８、仙台市は22万３６２０。現在の県人口は２３０万、仙台は１０９万ですから、県全体では１００万以上、仙台は拠点都市としての成長と周辺自治体との合併を重ねて当時の5倍になりました。

56日で転勤した官選知事も

行政の仕組みも現在の「地方分権」と異なり、中央政府に権限が集中する「中央集権制」を採用していました。それを仕切っていたのが内務省という巨大官庁で、身近な例で言うと県知事は「地方長官」と呼ばれ、同省地方局の人事で決まりました。

村井嘉浩知事は公選制になってから10人目（18～21代）です。敗戦までの七十数年間、宮城県には「官選知事」が権令、県令時代も含めて38代にわたって派遣されました。

内務省は地方ばかりか、警察、土木、保健衛生、選挙、出版、戸籍も管轄下に置きました。国土交通、厚生労働、総務の各省と国家公安委員会を一緒にしたような官庁です。戦後、日本を占領したＧＨＱ（連合国軍総司令部）は、真っ先にこの「怪物役所」を解体しています。

「仙台県」を使わせなかった新政府

このような官選知事のルーツは明治維新にさかのぼります。戊辰《ぼしん》戦争に勝利した新政府でしたが、実態は各藩の連合体で、何をするにも旧藩の意向に配慮しなければなりません。国内の統一を急ぐ新政府は明治２（１８６９）年、各藩に領土（版）、人民（籍）を天皇に返還する願い（「版籍奉還」）を出させます。

２年後には、全国の藩を廃止して統一された中央集権国家をつくろうと、天皇の名で「廃藩置県」を命じます。これによって分権的な藩の制度は廃止され、中央集権制のもとでの地方組織「県」が置かれ、新政府から派遣された県令、後の知事が「県」を治めることになりました。

仙台藩は今の宮城県全域と岩手県南が領地でした。廃藩置県により、（いろいろ複雑な経緯がありましたが）最終的には岩手県南の旧仙台藩領は宮城県から切り離されました。しかも本来なら「宮城県」は「仙台県」が妥当なところでしょう。戊辰戦争で東北諸藩の中心となって新政府軍に歯向かった仙台藩の名前は、廃藩置県当初の一時期を除き、最終的には使わせませんでした。同じようなケースとしては盛岡藩の名前ではなく岩手県、会津藩の名前を避けた福島県があります。(『都道府県名の由来』(谷川彰英著、東京書籍ほか)

官選知事の在任期間は2年弱

明治初期は「官軍」出身の知事がほとんどでした。官僚組織が整ってくる明治30年代後半になると東京帝大卒、高等文官試験に合格したエリート官僚の独占場となります。東北帝大出身者の宮城県知事は戦後、公選制になってから第6代の高橋進太郎氏(昭和40~44年)が最初です。

人が集まるところに派閥あり——内閣が代わると知事も代わりました。特にひどかったのが明治31(1898)年からの3年間。伊藤博文、大隈重信、山県有朋、再び伊藤博文と2カ月から5カ月の短命内閣が続いたころで、宮城県でもこの間、5人の知事が交代しています。異動を命じられても赴任せず辞任した知事や、56日で異動した知事もいました。

官選宮城県知事の在任期間は七十数年間で38人ですから、平均すると約2年弱。県令時代を含めて13年間務めた初代松平正直知事などは例外中の例外で、「腰かけ仕事」もできないうちに去った人がたくさんいました。これには時の政府の意向のほか、エリート官僚の入省同期のバランスをとる意味合いもあったということです。

郷土の立場に立って尽力も

官選知事の仕事は、国が決定した施策を忠実に上意下達することです。特に戦時下は内務省から次々出てくる戦争遂行への諸政策を画一的に実施することが求められました。そうは言っても知事の裁量というものがあります。県民の要望を取り入れて地域開発に尽力した知事も少なからずいました。

初代松平正直知事は主要道路、貞山運河の造成、米の品質向上に尽力しました。昭和不況下赴任した三品長治知事(昭和6~8年)は、岩出山大橋、仙台市水道二期工事など土木業に専念して雇用改善を図り、戸塚九一知事(昭和14年4~9月)、続く林信夫知事(同15~17年)、内田信也知事(昭和18~19年)は戦時下、仙台・塩釜合併による大工業地帯建設の具体化に向けて努力しました。

知事が交代すると各課から重点項目の実施状況、今後の計画をまとめた報告書が提出され、それらをまとめて「引継書」とします。県政の実態がよく分かるだけでなく、戦時中のものには当時未公表の経済情報や生産統計が記述されています。

「満州事変」から「日中戦争」「太平洋戦争」までの15年間に13人の知事が交代しています。どういうわけか、太平洋戦争中の昭和17（１９４２）年10月から約９カ月間在任した加藤於兎丸《おとまる》氏から内田信也氏への引継書だけが見当たりません。

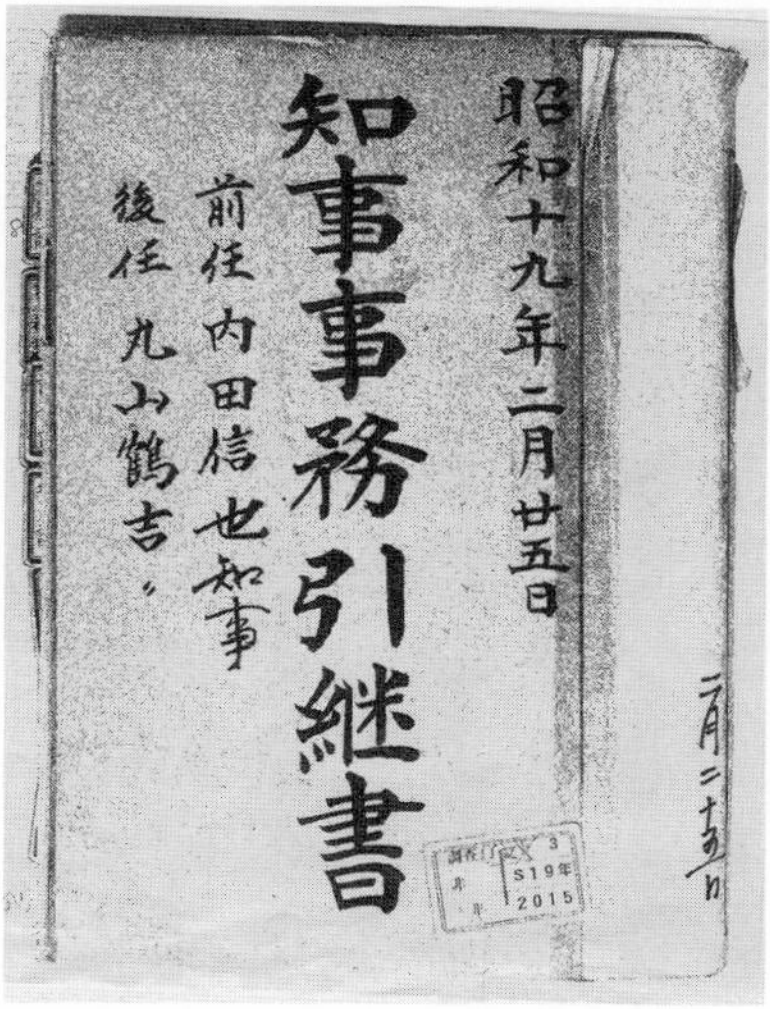

「知事事務引継書」の表紙

特高警察、国民の行動を監視

「おい、こら警察」と言われたように、サーベルを腰に下げた戦前の警官はこわい存在で、子どもが駄々をこねるとおかあさんは「おまわりさんに告げるから」と言ったものでした。

内務省が全国の県や市町村を取り仕切っていたのと同じように、警察行政も内務省警保局が人事、法令の立案をもって全国府県警察を強力に統制していました。しかも警察は犯罪捜査だけではなく、衛生、建築、経済などの許認可権も持っていました。

大正14（１９２５）年、悪名高い治安維持法が公布されると、国体の変革を図ったり、私有財産制度の否定を目的とする個人や結社は罰せられることになります。これを担当したのが思想警察と言われた特別高等警察、いわゆる「特高警察」で、総力を挙げて共産主義者を取り締まりました。

そればかりか、労働運動、農民運動、文化運動や思想、学問、言論、集会、選挙などにも干渉や弾圧を加え、「太平洋戦争」が始まると自由主義的な考えを持つ人までが監視の対象にされました。

宮城県内では昭和4（1929）年、全国で共産党員を大量に検挙した「四・一六事件」以降、日本人3人と中国人留学生の党員数人を起訴、東北帝大や旧制二高（戦後東北大に包摂）の社会科学研究会が解散させられ、昭和11年2月には第2次人民戦線事件で宇野弘蔵東北帝大助教授、佐々木更三氏（戦後の社会党委員長）ら14人が検挙されました。

残酷で過酷な取り調べ

特高警察のイメージが悪いのは仕事の内容だけでなく長期勾留、たらい回し、拷問によって自白や転向を強制したからです。NHK連続テレビ小説「おしん」では高い小作料に苦しむ農民を支援する活動家（渡哲也）が特高に追われるシーンがあるし、吉永小百合主演の映画「母《かあ》べえ」（山田洋次監督）では、戦争に反対する思想の持ち主へ特高警察の過酷な取り調べの姿が描かれました。

プロレタリア文学『蟹工船』で知られる作家小林多喜二は昭和8（1933）年3月、東京、築地署で拷問により殺され、翌年、マルクス主義理論家野呂栄太郎は獄中死しています。「太平洋戦争」下の弾圧としては「横浜事件」が知られています。違反行為の実態はなく神奈川県特高課がでっち上げた共産党再建容疑で、雑誌編集者ら六十数人が検挙され、取り調べで4人が死亡しました。

特高警察の拷問について大阪在住の在日朝鮮人作家、孫栄健さんは著書の中でこう書いています。

「友人が労働運動に関わった疑いで、私も警視庁に逮捕された。連日特高たちから『朝鮮野郎』などと言われながら足で蹴る、竹刀で打つ拷問を受け、黙秘を続けると地下拷問室で逆さつるしにされた。床には1㍍《メートル》四方の穴に水が張ってある。ちょうど鼻の穴のあたりに水面がくるようにして、木刀と竹刀でたたかれると体が動くたびに鼻や口から水が入ってきた」

国民主権、平和主義、基本的人権の尊重を基本にした「日本国憲法」は拷問による自白の証拠能力を否定し、刑法では公務員による拷問は犯罪になります。新刑事訴訟法が施行される前は特高警察だけでなく、一般犯罪の取り調べにも青竹などの道具が使われました。

明治のころから政治警察が活動

近代日本の警察制度は明治新政府の誕生当初から「国家の警察」「政府の警察」という性格が強く、全国に広まる自由民権運動への対応が活動の中心でした。「日清戦争」、「日露戦争」後は労働運動、社会主義運動の高まりに応じて、これに対応する部門を強化。大正11（1922）年、日本共産党が非合法のうちに結成され、天皇制廃止、民主革命、寄生地主制の廃止を目標に地下運動を続けると、特高警察は猛烈な弾圧に乗り出します。昭和3年と翌4年の全国的大検挙で2600人が逮捕され、壊滅的打撃を受けました。その際「強力な武器」になったのが治安維持法です。

特高警察は内務省警保局を頂点に、各府県の警察署特高係までを網羅した組織で、各県の特高・外事課長は内務省の人事で赴任しました。少数の

県庁２階に県警察部があった（門馬駿一）

エリート官僚とその下で働く大勢の特高警官という構図です。

宮城県警察部は旧県庁二階の一角にあり7課（警務、警防、保安、刑事、工場、衛生、特高）85人体制です。特高課は刑事課と並ぶ20人の大世帯で、県内22警察署に100人以上の特高係が置かれ、職務は、左翼、右翼、労働農民、内鮮宗教、検閲、外事、時局対策の7セクションに分かれていました。

「特高警察の情報収集能力のすごさには驚いた」。郷土史家の佐々久さんは勤務先の東北学院高等部で起きた授業中の出来事についてそんな感想を漏らしています。「太平洋戦争」開戦前年の昭和15年5月、同校で軍事教練を指導する配属将校（大佐）が文科3年生の授業で「キリストと天皇陛下はどちらが偉いか」と質問し、「多少問題を醸せる模様である」と内務省に報告しています。授業中の会話がどのような経由で特高の耳に入ったのか、今となっては解明のしようがありません。

GHQ、特高警察の解散を指示

昭和20（1945）年8月15日、戦争に負けると内務省は全国の「特高警察」に捜査書類を一切焼却するよう指示しました。宮城県公文書館に特高関係の資料がないのは、そのような理由からです。ほんのわずかでも「知事事務引継書」に特高警察の報告が残っていたのは奇跡に近いことです。

その50日後、GHQは政治的、宗教的自由を制限する治安維持法を廃止、政治犯も釈放しました。内務省と特高は解散を命じられ、内務大臣や警察首脳部、全ての特高警察官は休職扱いとなって後に罷免されます。その数、全国では約5000人、宮城県警察部では特高課長のほか一線署員も含めて90人が対象になりました。

このように、当時の日本は今とは何もかも違う国であることがお分かりになったと思います。いよいよ本題に入ります。

第1章　昭和6（1931）年～12年

満州事変から日中戦争へ

最初の戦死者は第二師団兵士

戦争というと多くの人は米国、英国、オランダと戦った「太平洋戦争」を思い浮かべるかもしれません。その前に「満州事変」「日中戦争」と二つの戦争があり、「太平洋戦争」が始まってからも中国大陸では泥沼の戦いが続きました。

最初の戦争となる満州事変はなぜ「戦争」と言わないで「事変」と呼ぶのかと言うと、「太平洋戦争」のように宣戦布告がないままに行われた国家間の武力紛争だからです。ことの起こりは次のようなものでした。

昭和6（1931）年9月18日の深夜、満州（中国東北部）奉天（現瀋陽）郊外の柳条湖《りゅうじょうこ》で、日本の国策会社、南満州鉄道の線路が爆破されました。

爆破の程度はさほど大きいものではなく、列車運行に支障はなかったのですが、満州に駐留していた関東軍は中国軍の仕業だとして攻撃を加え、満鉄沿線都市の占領を命じます。このとき鉄道を守備していたのが仙台から着いたばかりの第二師団でした。

河北新報夕刊は「日支両軍突如交戦　支那軍わが満州鉄道線路を爆破」と長い見出しで報道しています。ここにある支那軍とは中国軍のことです。杉山元・陸軍次官は「わが軍の行動は自衛権の範囲」と談話を発表、「中国軍が爆破した」という見方が定着しました。

戦後になって、この爆破事件は日本軍が仕掛けた謀略で、仕掛け人は関東軍参謀板垣征四郎大佐、石原莞爾中佐らであることが明らかになります。「起きた」のではなく「起こされた戦争」だったのです。現地で取材していた新聞記者の間では事変は軍部の謀略によって起こされたらしいと知られていたようです。軍は憲兵隊を動員して情報が漏れるのを極力防ぎました。

満州事変はずいぶん遠い昔の戦争です。令和2年、95歳になった仙台市太白区八木山桜木町、鹿野松之助さんでさえ「戦争が起きたのは小学校二年生の時だったかなあ。私の家は瀬峰町（現栗原市）にあったが、家の向かいの青年が応召されたって聞かされた。無事帰ってきたが……」といった程度の印象しかありません。

関東軍、満州国を建国

なぜ、このような謀略をめぐらしたのか、それは後に触れるとして、政府、軍中央は不拡大の方針を取るのですが、現地の関東軍はこれを無視して朝鮮に駐屯していた軍の応援をもらって占領地を増やし、政府も最後には追認する始末です。

第二師団は奉天、長春、吉林、錦州、チチハル、ハルビンの各地に転戦し、一躍満州事変の主役となりました。爆破事件の翌日には奉天城、20日に長春、翌日は吉林を次々占領、第四連隊800人の兵士が4000人の中国軍に包囲されて苦戦することもありましたが、昭和7年元旦に錦州、2月5日にはハルビンを占領します。

中国軍は満州に20万の大軍を持っていました。それでも日本軍との衝突を極力避ける方針を取ったのは、揚子江の大水害、伝染病のまん延などの国内事情から武力で対抗する余裕がなかったからです。日本軍は大きな戦闘もないまま、日本本土の3倍に当たる広大な満州を次々と占領していきました。

事変に関わったのは第二師団歩兵第四連隊（仙台）、第二十九連隊（会津若松）、第十六連隊（新潟・新発田）、第三十連隊（同・高田）、騎兵第二連隊、砲兵第二連隊、工兵第二連隊（いずれも仙台）と満洲独立守備隊です。独立守備隊は第六大隊まであって、このうちの第二大隊は仙台からの第二師団将兵で構成し、奉天、撫順、虎石台の各地で守備に就いていました。

同年3月1日、関東軍は早くも満州国を建国、清国最後の皇帝溥儀《ふぎ》を満州国皇帝に就かせました。中国の領土のうち東北三省（遼寧、吉林、黒竜江）と内モンゴル自治区の一部につくりあげた国家で、建国宣言には満州に住んでいる五族（朝鮮、満州、モンゴル、日本、漢）協和がうたわれました。実際は関東軍の支配下、行政の実権をすべて日本人が握っている傀儡《かいらい》国家でした。

米国など各国は満州事変を起こした日本を非難し、国際連盟は満州に調査団を派遣して実態を調べ、日本軍の占領地からの撤退と満洲の国際管理を勧告します。既に満州国を承認していた日本政府はこれを拒否、昭和8（1933）年国際連盟を脱退して孤立への道を歩み出しました。

満州全図。柳条湖は左下の部分

石原莞爾の描く満州

ここでいくつかの言葉の説明をしておきます。まず「関東軍」というのは、日露戦争でロシアから獲得した中国北東部の関東州（中心地は旅順、大連）の警備と、ロシアから営業権を譲渡された南満州鉄道の保護を任務とする軍隊です。2年交代で内地から派遣されてくる師団と、現地の独立守備隊で構成、中国との取り決めで兵力は1万と決まっていました。

その南満州鉄道ですが、通称「満鉄」と言い、大連―新京（現長春）間700キロの本線と、いくつかの支線がありました。半官半民の国策会社が経営し、初代総裁は水沢（現奥州市）出身の後藤新平。名前は鉄道会社ですが、それだけではなく大連、旅順などに港湾を建設したり、鞍山鉄鉱の採掘と製鉄、撫順の石炭を採掘するなど日本の重工業に大きく貢献しました。大連―新京間の大平野を最高時速130キロで走る特急「あじあ号」が知られています。

中国人から見たら、自分の国の中で軍隊に守られた日本企業が発展していくのを見るのは愉快なことではありません。関東軍が満洲への支配を強めようとすると中国人の排日運動は激しくなり、列車妨害や現地の邦人への迫害、殺害が頻発しました。その上、共産主義国家のソ連が南進を狙っています。

事変を策謀した参謀のひとり石原莞爾は、満州に民族の「協和」を目指す自治区が生まれたならば軍事的にもイデオロギー的にもソ連から日本を防衛する役割を果たすと考えていました。これに対して岸信介ら革新官僚と一体化した東条英機らの考える満州国は、日本の統制経済を支える植民地でした。対ソ、対米戦争をするにしても資源基地、食糧基地としてぜひ欲しい場所だったのです。

満州国が成立すると石原は満州から追われ、その後、事変で活躍した第二師団第四連隊長として2年間、仙台で過ごしました。四連隊では人気抜群、将兵から慕われたようです。

「日中戦争」に反対したり、太平洋戦争が始まると「この戦争は勝てない」と言ったりする一方で「負けてはならない」とも主張しました。戦後

満州事変の戦闘（国民学校「国史」教科書から）

の東京裁判では検察側の証人として出廷、「日本の侵略戦争が『満州事変』から始まったと断定するなら、まず、満州事変の作成者である自分を裁け」と主張しましたが起訴されませんでした。

旧庄内藩士の長男として鶴岡市に生まれ、仙台陸軍幼年学校、陸軍士官学校と一貫して軍人エリートの道を歩んだ人です。昭和24（1949）年8月、60歳で死去。

20万を超す日本人が満洲へ

後のことになりますが、日本軍は満州を守る上で防波堤となる華北地方に親日政権をつくります。これで抵抗は減るだろうと予想したのですが、かえって中国人のナショナリズムを盛り上げることになり抵抗は激化し、「日中戦争」へと発展していきます。

そのころ満州には「昭和恐慌」による経済不振の苦境から脱皮しようと20万を超す日本人が移住し、経済活動をしていました。第1次世界大戦の好景気後、大正13（1924）年10月のニューヨーク株式市場の大混乱をきっかけに、全世界に大恐慌が広まります。その前年、わが国は関東大震災に見舞われ、その打撃に加え、金融恐慌や農村の疲弊が重なり、企業の倒産、操業短縮が相次ぎました。

昭和6年、大企業の53％は新卒者を採用せず、東北では米価や繭の暴落から農家所得は大正末期の半分以下になりました。特に東北地方と山陰地方がひどく、飢餓の恐怖に襲われ、多くの児童が食事抜きで学校に通う「欠食児童」が広がりました。追い打ちをかけるように昭和8（1933）年3月3日、三陸沖を震源とする大地震があり、翌年、東北地方は大凶作となりました。

交代で第二師団が渡満

仙台は明治以降、「学都」と並んで「軍都」と呼ばれた軍人の多い町です。川内地区には日清、日露戦争だけでなく、全ての戦争に参戦した第二師団の司令部、歩兵第二十九連隊、工兵隊、騎兵隊、野砲隊、弾薬食糧を輸送する輜重《しちょう》隊の兵舎が点在、約3キロ離れた榴岡には歩兵第四連隊の8棟の兵舎が並んでいました。

師団というのは司令部のもと、独立して戦争ができる規模を備えた軍隊のことで、9000から

1万余の兵を擁していました。日本では地域ごと部隊を編成したので同郷意識もあって団結力は強かったと言われます。

このほか、軍都・仙台には、東二番丁に第二憲兵隊本部、川内に現役下士官を養成する仙台陸軍教導学校がありました。後に陸軍士官への登竜門、仙台陸軍幼年学校が三神峯に復活し、仙台少年飛行学校（霞目）や陸軍航空隊一〇一部隊（現仙台空港）も開設されます。

第二師団は昭和6年1月、京都の第十六師団と交代して満洲警備に就くよう命令を受け、5回に分けて仙台を出発、関東軍の指揮下に入りました。

不況のころです。多くの将兵が仙台を離れたので商店街では売り上げが減ってますます不景気になりました。それでなくても大きな産業もないこの町にとって軍の経済効果は大きいものがありました。入営前や休日の家族面会で旅館や飲食店はにぎわい、日曜日の繁華街や映画館はカーキ色の軍服を着た兵隊であふれます。軍関係の商売は「御用商人」として米や麦、酒、缶詰などの保存商品、帽子、下着や時計など売り上げを伸ばし、入隊、

第二師団司令部は仙台市川内にあった

除隊の際の記念品、土産品などを売る店も繁盛しました。「軍隊がいないと仙台の経済は3分の1以下になる」との報道もあります。

「これからどうしたらいいか……」

最初の戦闘で戦死した第二師団兵士33人のうち20人の遺骨が昭和6年10月11日、仙台駅に到着しました。これから続く「十五年戦争」初の戦死者は第二師団の兵士だったのです。

仙台駅頭には陸軍大臣代理、湯沢三千男知事ら300人が出迎え、沿道には市民約5万人が戦友の胸に抱かれて原隊に帰る英霊を見送りました。翌日、川内の追廻練兵場（現在、青葉山公園として整備中）で、県、第二師団など主催の合同慰霊祭が行われました。

戦死者は合計300人、このほかに負傷700人、凍傷800人を出しました。宮城県では遺骨が到着するたびに慰霊祭が7回にわたり行われました。大河原町では、ただひとりの戦死者、加藤源助伍長の遺骨が列車で到着すると、多くの人が駅頭で出迎え、町葬には全町民総参列を思わせる前代未聞の大葬儀であったと『大河原町史』は伝えています。

当時の河北新報の報道を見ると、「お国のために命を捧げて息子は幸せ」といった、戦時中よく聞かされた遺族の話が多く見られます。その中で、牡鹿郡稲井村（現石巻市）、農業阿部新吉さん（47歳）は子息新太郎さん（22歳）の戦死について「私のところは貧乏な小作農で、12歳を頭に6人の幼い子どもがいる。私たち夫婦が病気がちなものだから『救具金』をもらって生活しているが、息子が戦死してしまい、これからどうしたらいいか……」と本音を漏らしています。

それればかりか、昭和6年10月8日の河北新報の社説は「（武力で解決しようという陸軍の作戦に）兵力は最後の解決策ではない。優越感を捨てて本当の日華親善を図らぬ限り、この事件の根本的解決はできない」と堂々主張しています。

こんなこともありました。事変から1カ月後、河北新報は、軍部に押されて迷走を続ける若槻礼次郎内閣を皮肉って「三宅坂（陸軍省）が日本の国家を代表して無人の野を行くがごとし。名は政党内閣でも、実質は軍閥内閣の観がある」と報道しました。仙台連隊区司令官はこの記事に激怒、憲兵隊、特高警察を伴って来社、「筆者を出せ」と迫ります。拒否されると地元退役軍人などで組織する在郷軍人会が中心になって不買運動を宣言。河北新報社は陸軍大臣あてに「社屋は小なりと言えども言論の城郭であり、圧力には屈せず言論の自由を死守する」との確認書を提出、結局うやむやのうちに終わりました。

歓迎、歓迎、第二師団が帰国

満州事変勃発後は軍部や行政によって戦意高揚をあおる宣伝が盛んに行われました。事変勃発時、戦争に批判的な論調が多かった新聞社ですが、戦線が拡大すると全国132社が共同で「満州国の独立は地域を安定させる唯一最善の道である」と「共同宣言」を発表し、大手新聞社は戦闘を撮影したフイルムを空輸して全国各地で映画会や講演会を開催し、好戦ムードを盛り上げました。

仙台では昭和6年9月、東北帝大報国会主催の満州事変記念展覧会、バザー、音楽と童謡・舞踊の会が3日間にわたり開かれています。民間からは愛国運動として飛行機献納運動が起こり、宮城県では翌7年、「愛国宮城号」の名で2機が陸軍に献納されました。仙台市の徴兵検査では満洲の関東軍に入隊を希望する若者が激増したということです。

2年間の任務を終えた第二師団約8000の将兵は昭和8（1933）年1月、熊本の部隊と交代して仙台に帰還しました。凱旋《がいせん》部隊の長い隊列は、仙台駅から南町通を川内の師団司令部まで行進、沿道では多くの市民が日の丸を振って出迎え、その模様はラジオで中継されました。夜は中学生の提灯《ちょうちん》行列があり、市電は花電車を運行して祝福しました。

凱旋道路となった南町通は多門二郎師団長ら将兵の凱旋を記念して「多門通」と改名されました。凱旋を前に東北帝大の7人の教授が市内の道路の一部を「多門通」あるいは「多門町」と改称して二師団の名声を後々まで伝えたいと市に建議書を提出、これを聞いた南町通の住民が「わが町をぜひ」と手を挙げ、市議会で可決されました。

多門師団長は「私に戦功などない。もしあるとすれば戦没した300の英霊、傷ついた700の部下や二師団将兵の勲功だ」と辞退したということです。

凱旋を祝って「凱旋々々ほまれの凱旋……」で始まる「第二師団凱旋歓迎歌」（土井晩翠作詞、陸軍戸山学校軍楽隊作曲、河北新報社選定）も生まれました。戦時歌謡に詳しい仙台出身、横浜在住の八巻明彦さんは「この歌は昭和期ただひとつの凱旋歓迎歌ではなかろうか」と語っています。

敗戦後、多門通は元の南町通に戻されます。進駐して来た米軍はこの道路を「メープル（カエデ）街」と名付けました。仙台に青葉通、広瀬通など広い道路ができるのはもっと後になってからで、道幅23《メートル》の南町通は当時、市内で最も広い道路でした。

それから2年後、流行歌「モズが枯れ木で」（サトウハチロー作詞、徳富繁作曲）が誕生し、盛んに歌われました。この歌、戦後の昭和30年代、「うたごえ運動」の高まりとともに再び流行しました。立派な反戦歌ではないでしょうか。

一、モズが枯れ木でないている　おいらは藁《わら》を
たたいてる　綿引車はおばあさん　コットン水車

市民の大歓迎を受けて第二師団将兵凱旋

もまわってる
二、みんな去年と同じだよ　けんども足りねえものがある　兄《あん》さのまきわる音がねえ　バッサリまきわる音がねえ
三、兄さは満州へいっただよ　鉄砲が涙に光っただ　モズよ寒くも泣くでねえ　兄さはもっと寒いだろ

今度は中国と戦争だ

満州事変から６年後、「日中戦争」が始まりました。当時は「支那事変」、「日華事変」と呼び、これまた宣戦布告のないままの開戦でした。戦線は途方もなく拡大し、なぜ戦争を続けるのか目的が分からないまま「太平洋戦争」が終わるまで８年間も続きました。


日中戦争の発端はこうです。

昭和12（１９３７）年７月７日夜、北京の西南６キロの盧溝橋《ろこうきょう》で夜間演習中の日本軍に向けて何者かが発砲する事件が起きました（誰が発砲したのかは諸説あり）。事件そのものは小規模なもので、現地では間もなく中国軍との間で停戦協定が成立します。

せっかく停戦協定が成立したのに、同月29日、この近くの日本人居留地が中国軍に襲われ、女性

や子ども老人を含む２３３人が虐殺される事件（通州事件）が起きます。これによって日本国内で反中感情が一気に強まり、陸軍内の強硬意見、近衛文麿内閣の派兵決定などに押されて、なし崩し的に戦争状態が拡大、全面戦争に発展していきました。

ちなみに、盧溝橋は12世紀末に永定河に架けられた橋で、マルコ・ポーロは『東北見聞録』でその美しさをたたえています。

日本が中国東北部に満洲国を建国したことで中国国内の排日運動は激しくなり、列車妨害や日本人への迫害、殺害が頻発したことは前にも触れた通りです。日本軍は満州国を維持し、資源を確保するため隣接する華北地方に親日政権をつくったのですが、これがかえって中国側との緊張を高めることになり、あちこちでマッチが擦られれば一気に燃え上がる一触即発の状態が続いていました。

ところで、この時期、なぜ満洲から離れた北京郊外に日本軍が駐屯していたのかというと、37年前の明治33（１９００）年に話はさかのぼります。

当時、清朝政府は国民の間で起こった義和団の排外主義に乗っかって英仏露など列強諸国や日本に宣戦布告して敗れました。「北清事変」と呼ばれているのがこの戦争です。事変後、解決のための条約によって、天津付近に列強各国の軍隊を駐屯させることを認めました。中国は列強諸国のいい食い物になっていたのです。日本も在留邦人保護を理由に約１０００の軍隊が北京郊外に駐屯、事件の起きる直前にはこれを約５０００に増員していました。

郷土の3師団が中国へ

戦争が始まると宮城県からも多くの将兵が出兵しました。開戦時の菊山嘉男知事から戸塚九一郎《くいちろう》知事への「知事事務引継書」によると、中国に派遣された郷土部隊は▽第二師団（安井藤治師団長・満蒙＝中国東北部、モンゴル）、▽第十三師団（荻州立兵師団長・中国中部）、▽第三十三師団（甘粕重太郎師団長・同）の三個師団です。

このうち第十三師団は日露戦争末期に編成され樺太を占領した師団ですが、軍縮により廃止されました。日中戦争開戦2カ月後に復活、仙台に司

多くの人に見送られて出発

令部、仙台、会津若松、新潟県高田に部隊が置かれ、仙台は歩兵第一〇四連隊です。第三十三師団は宇都宮と仙台の部隊で構成していました。

宮城県兵事厚生課の「召集徴発下令数」には事変勃発後、陸軍２万５５８７人、海軍３０８人が召集されたとの記録が残っています。開戦とともにこんなに多くの将兵が召集されたのですね。このほか軍馬徴発１万８８０２頭、車両は３８５台に上りました。軍需品、食糧などの多くは軍馬、後にトラック輸送に切り替わります。

これら三師団のうち、復活間もない第十三師団は上海戦を皮切りに国民政府の首都・南京攻略、徐州作戦など中南部の作戦にたびたび参加、「その活躍ぶりは不眠不休、八面六臂《ろっぴ》（一人で何人分もの働きをすること）、しかも疲れを知らず、かくかくたる戦果をあげ、中支派遣軍では最強の師団として実力を遺憾なく発揮した」と『宮城県史』にあります。

南京占領の際、日本軍が行ったとされる中国兵捕虜、民間人に対する集団殺りく・暴行事件、いわゆる「南京大虐殺」は戦後の極東国際軍事裁判で明らかになり、当時の軍司令官松井石根大将が責任を問われて死刑になりました。虐殺の規模はいまだ論争が続いており、被害者数も数千人規模から30万人以上という説までいろいろ。郷土部隊では第十三師団第一〇四連隊の一支隊が中国軍の北東方面への退路を断つため南京攻略作戦に関係しています。

国民政府の首都・漢口陥落で仙台でも提灯行列

戦闘は連戦連勝、仙台の街は祝賀気分にあふれていました。その様子を仙台控訴院（現仙台高裁）坂本徹章判事の夫人たねさんは日記に「昭和13年10月28日　金曜日　漢口陥落につき市内は慶祝気分溢《あふ》れ大変なにぎわいなり。閲兵式分列式など壮観なりし模様。主人は午後3時より祝賀式に参列、夜、市役所前で提灯《ちょうちん》行列を見る」と記しています。

漢口は中国湖北省の要地で、南京陥落後の国民政府所在地です。これで中国の工業地帯の大部分を占領したことになり、首都を落とせば中国は講和に応じるだろうと見ていたのですが、国民政府軍の蒋介石は首都を奥地の重慶に移して抵抗します。しかも対立していた国民政府軍と共産党の八路軍が一時休戦して共同で抗戦したので、どこまで追っても戦争は終わらず、中国戦線には常に50万以上の兵力を投入する必要がありました。

漢口は対岸の武昌、漢陽と合併して今は武漢市となっており、令和2年、ここから新型コロナウイルスがまん延し世界各地に拡大したことは記憶に新しいところです。

『昭和の事典』（佐々木隆爾著、東京堂出版）によると「日中戦争」で日本軍の戦死者は40万4600人、中国軍民の死者は1000万余、一説では2000万人とも言われます。

「祝・出征」のぼり旗立てて

当時、徴兵は国民の義務で、満20歳になった男子は徴兵検査を受け、兵役の適否が判定されました。甲種、乙種、丙種は合格、病気や病後で兵役に適さない者は免除され、翌年また検査を受け直さなければなりません。兵隊に最も適する甲種合格基準は身長1・52メートル以上、胸囲が身長の半分以上、両目の視力が0・3以上、心身ともに健常な者です。

――仙台市榴岡の市歴史民俗資料館は第二師団第四連隊の兵舎をそのまま残した建物です。その2階に兵舎内部を復元した部屋があります。兵士が毎晩寝るベッドが一列に並び、枕もとに私物を置き、部屋の入り口には小銃の列。当時の日本人は背丈が低かったので、今見るとベッドの長さがずいぶん小さく感じられます。

召集を受けると「祝・出征」ののぼり旗を立てて親類、友人、近所の人たちに送られて入隊しました。家族は「千人針」を送って武運長久と安泰を祈るのが普通でした。「千人針」は1枚のさらし木綿に1000人の女性が赤糸で1針ずつ縫って1000個の赤い縫い玉をつくり、兵士たちは腹巻にして弾除けのお守りにするのです。繁華街では婦人が通行人に協力を呼びかける姿を見かけました。

このほか仙台では「八八幡《はちはちまん》がけ」と言って、市内の八幡神社のうち8カ所にお参りしてお札を受け、戦地に送る習慣がありました。

戦地へ宮城県から慰問団

県は市町村に対して出征兵士の壮行式を行い、兵1人に1円の酒肴《しゅこう》料を贈り、感謝の気持ちを伝えるため出征兵士の家庭には門標を掲げ、郷土部隊に慰問袋を定期的に発送するよう指示、戦地には慰問団が送られました。

第1回慰問は昭和12年7月、満州方面に県学務部長、県会議長、仙台市長、白石町長など14人。第2回は翌年5月、満州方面に26人、同年7月、中国中部に1人、同年12月、中国中部に舞踊、音楽など20人の演芸慰問団が送られました。仙台市新河原町（現若林区）の料亭「対橋楼」の仲居、高橋みつさんもそのひとりで、郷土民謡の「さんさ時雨」「仙台大津絵」を懸命に歌いました。後に時計や眼鏡を修理する職人も派遣されます。

戦地では作戦が一段落するたびに部隊ごと集会が開かれました。食べ物が出て酒が出て、後はお決まりの演芸会になります。仙台の部隊で必ず歌われたのはご当地ソング「ミス・仙台」（西條八十作詞、古関裕而作曲、二葉あき子歌）でした。昭和11年夏に発売されると仙台市民の間で爆発的に歌われた歌です。

森の都の花乙女
月にさおさす広瀬川
若きひと夜の恋心
仙台、仙台、なつかしや

みんなで何度も何度もこの歌を歌って故郷に思いをはせたということです。

2年足らずで2500人の戦死者

戦争は国家同士の殺し合いです。中国各地で戦闘が激しくなると戦死者や戦傷者は日ごとに増えていきました。昭和14年4月現在で宮城県関係の戦死者は2552人、負傷して内地帰還された兵は3131人と「知事引継書」にあります。開戦からわずか2年足らずでこんなに多くの戦死者、戦傷者が出たのです。戦争って恐ろしいものだと改めて思います。

遺骨が仙台駅に到着するたびに駅前広場では県、仙台市、軍主催の奉迎式が行われ、その後、西公園内の仙台市公会堂で通夜、翌日、合同慰霊祭が開催されました。昭和14年3月時点で県主催の合同慰霊祭は22回に上り、遺骨がふるさとに帰ると、今度は市町村主催の葬儀が行われました。

仙台市向山小学校の新関昌利先生は学校に残っ

ていた古い記録を基に『親が子に語り伝える学校の歴史』を作成しました。

「仙台から中国に出征する兵隊が増える一方、中国で戦死する兵隊も増えました。戦死した人の遺骨は白い布で包んだ小さな箱となって自分の家にもどってきました。

▽昭和12年12月21日　遺骨出迎え（校長先生）▽翌日も4年生以上遺骨出迎え▽同24日　6年生遺骨出迎え▽昭和13年2月19日遺骨出迎え▽4月28日遺骨出迎え▽5月15日　5〜6年生遺骨出迎え。

自分のお父さん、お兄さんなどの遺骨を迎える人々の気持ちはどんなものだったでしょうか」

これが戦争の実態だ

――私の知る限り、戦争を体験した大人たちは、戦争のことはあまり語りたがりませんでした。新聞社に入社したころ、先輩には多くの元軍人がいましたが、日常でも懇親の場でも兵隊時代のことが話題になることはまずありませんでした。中国で憲兵をしていたという先輩と一緒に風呂に入ったとき背中や腹に大きな傷跡があり、しつこく質

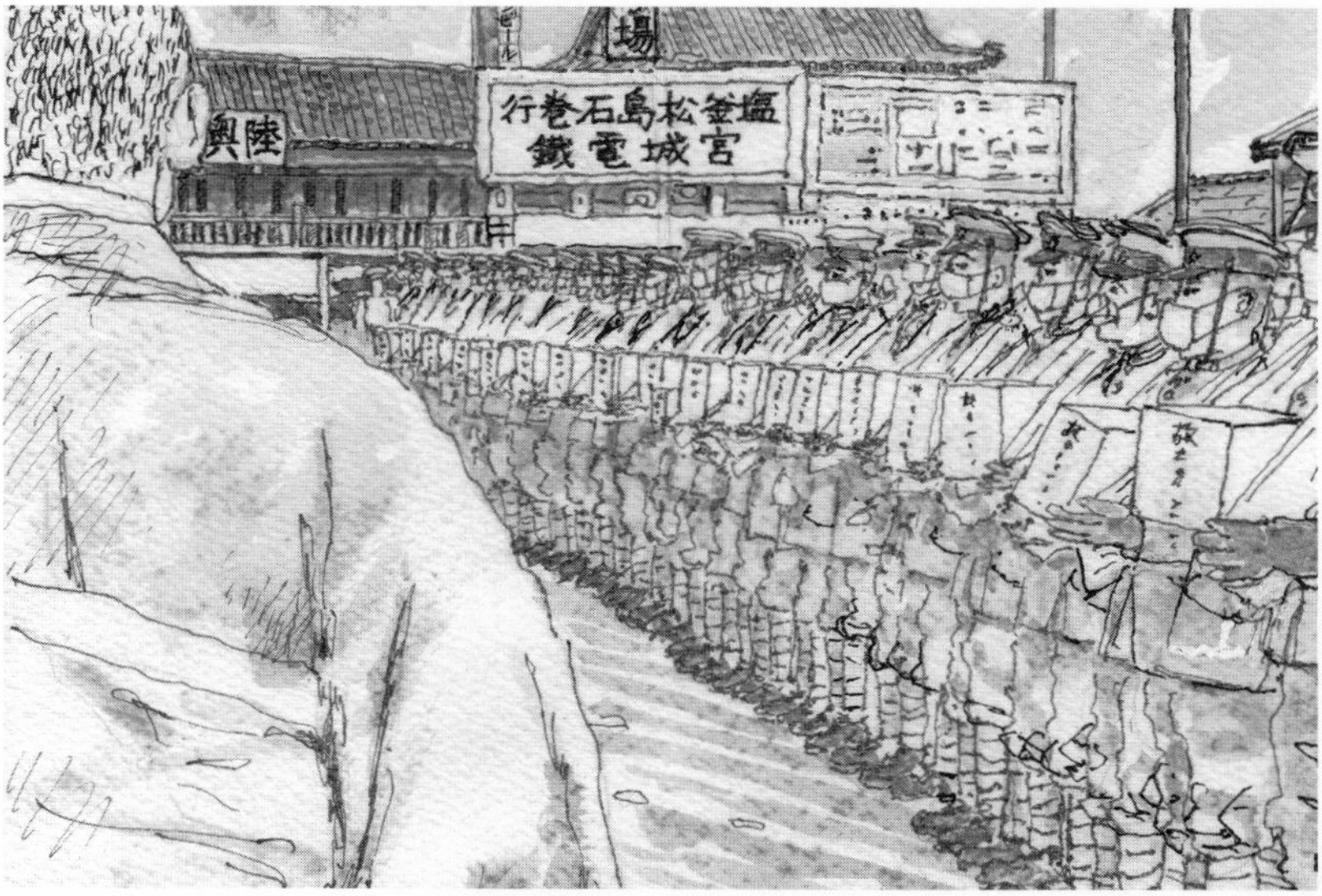

仙台駅に着いた戦没者の遺骨

問してもただ笑っているだけでした。

本当の戦争ってどのようなものなのだろう。知りたいと思っていたとき、山形県川西町、元農協職員阪野吉平さんの『戦争聞き歩き』（新風舎）を読み、何となく分かるような気がしてきました。阪野さんは私と同年代の方で戦闘の経験はありません。置賜地方に住む110人の元兵士から戦争のことを聞いて回り「米沢新聞」に連載したのをまとめて1冊の本にしたのです。これが中国戦線の実態だ、と思わせる話をいくつか紹介しましょう。

「中国徐州で山砲連隊の一員として2年間、蔣介石軍と戦った。殺すか殺されるかの毎日で、眠らず5日間も歩き続けたり、途中で中国兵の死体がごろごろあったり、日本軍の馬が死んでいたり、あの時のにおいはいまも覚えている」（米沢市、Oさん）

「おれは中国の河南省、徐州の近くで3年半ほど戦った。相手の兵器はチェコ製だった。敵の狙撃兵は射撃がうまく、狙われたら命はなかった」（同市、Mさん）

「中国では行軍中、後方から食糧が届かないと、農家へ調達に行った。早く言えばかっぱらいよ。どこの部落に行っても皆逃げて空き家ばかり。家の中で食糧探しよ。隠し方が上手で、なかなか見つけるのが大変だった」（山形県川西町、Hさん）

「農民4人が兵門に来て敵の動きを話したいというので兵舎に入れた。とたんにピストルで12人も殺された。それからは部落に入ったら片っ端から家に火を付け、女子供以外はその場で殺せという命令だ。勝手に他人の国に入っていって人を殺す。乱暴な話だよね。戦闘が終わると死体の収容に行くんだ。日本兵の大部分の死体はキンタマ（性器）がえぐられている。むごいもんだよ。遺体を全部収容する余裕がないから手首だけ切り取って火葬にした。悲しみの感情はなかったなあ。戦争なんて正常な人間のやることではない。あのころは皆狂っていたんだ」（同県小国町、Kさん）

「中国山西省で古参兵が捕虜を連れてきて新兵の度胸試しだと、おれに銃剣で殺させた。その時おれは度胸よかったとかで皆より早く上等兵になった。中国兵を殺したのはその時だけだった。終戦後、家に帰ってからもおれが殺した中国兵が

南京攻略（国民学校「国史」教科書から）

夢に出てきてうなされて何回も目を覚ました」（同町、Ⅰさん）

取材した阪野さんは、「生きて無事帰れた元兵士の多くは『運がよかった。戦争は運争だ』と語るのが印象的だった」とあとがきに記しています。

中国戦線で7年間、一兵士として過ごした作家の伊藤桂一さんは「出身県によって部隊ごと性格が異なる。関西の兵隊は不合理な命令だと、いちおう『無茶と違いますか』とおうかがいを立ててみる。ダメだと思ってもひとこと言ってみる。それが東北の部隊は、どんな命令でもまっすぐに守って、屍《しかばね》の山を築くのです」と、最強と言われた東北の部隊の側面を語っています。

第二師団、第十三師団の負傷者は仙台に送られ、宮城県庁舎の南東側にあった陸軍病院に入院しました。前は仙台衛戍《えいじゅ》病院と呼ばれていましたが日中戦争が始まった昭和12年、仙台第一陸軍病院と改称、負傷者が急増したので、宮城野原に臨時の分院が建てられました。現在の国立病院機構仙台医療センターの前身です。それだけでは病院が足りず、現大崎市、川渡ホテルを譲り受け、鳴子臨時病院を開設して対応しました。

　県の資料には「負傷して陸軍病院に入院した兵士に知事あるいは代理者が見舞いに行き、金５円の見舞金を贈った。昭和14年３月時点で３１３１人に贈呈」とあります。

　田中角栄元首相は昭和15年11月、盛岡第十三騎兵旅団の兵士として召集され、ソ満国境付近で警備中、肺炎と胸膜炎を併発、仙台陸軍病院宮城野分院に入院しました。41度の高熱が続き、一時危ぶまれましたが持ち前の粘り強さで克服したということです。

軍や大学生の奉仕で護国神社造営

　中国と戦争が始まって間もなく、内務省の指示で戦没者をまつる護国神社を府県ごとに造営することになりました。宮城県護国神社は今も仙台城の本丸跡にあり、明治以降の戦死者、戦病死者約５万６０００柱をまつっています。

　元々は明治37（１９０４）年、「日清戦争」、「日露戦争」などで戦没した第二師団将兵を慰霊する招魂社として建立されました。「日中戦争」の勃発とともに内務大臣指定護国神社と改称されることになったのですが、招魂社の建物は「内規ニ副《そ》ハザルヲ以テ」（「知事引継書」）新しい神社を造営することになりました。

　「知事引継書」によると全額寄付金でまかない、工事には軍隊、学生生徒、青年団が参加することが決まっていました。昭和15年４月30日の大祭までに完成予定とあるのですが、完成したのは昭和17年になってからでした。寄付金は総額25万円を見込み、宮城県は県費補助、多額納税者、銀行会社、学生生徒などから12万円、仙台市は市民への割り当てで８万円、そのほかの市町村は合計12万円を予定していました。

　敗戦間際の米軍による空襲で神社は全焼、戦後は政治と神道との分離を図るＧＨＱの指令により宮城神社と改称させられました。講和条約締結後の昭和32（１９５７）年、元の名称・護国神社に戻ります。焼失した本殿の復旧には伊勢神宮から譲られた伊勢神宮社殿を移築して造営したと『宮城県百科事典』（河北新報社）にあります。

軍需品を優先、生活に影響

昭和初期は明暗の世相が交錯した時代です。前にも触れたように、世界不況による大量の失業者の発生は社会不安を高め、昭和三陸地震、凶作といった暗いニュースで農村は疲弊しました。テロ事件も相次ぎ、昭和11（１９３６）年２月26日には陸軍青年将校によるクーデターが決行されました。「二・二六事件」です。

戒厳令司令部、アドバルーンを上げて兵の帰順を呼びかける

昭和維新を図る皇道派将校が国家改造を目指して約１５００の部隊を率いて首相官邸などを襲撃、内大臣斉藤実（奥州市水沢出身）、大蔵大臣高橋是清（仙台藩士の養子）らを殺害し、永田町一帯を占拠しますが翌日戒厳令が発令され、29日には鎮定されました。

この事件、仙台とは何かと縁があって、決起した青年将校16人のうち５人は仙台陸軍幼年学校の出身者です。事件当夜、第二師団第四連隊混成大隊２０８人はクーデター鎮圧のため急きょ東京に派遣され、１１８日間にわたって決起将校らが収容されている代々木の陸軍刑務所の警備に当たりました。

大衆文化の華開く

その一方で国民は初めて迎えた「大衆文化の時代」を謳歌《おうか》しました。サラリーマンが増えて子どもの進学率は以前より高まり、月刊雑誌や新聞が多く読まれるようになります。鉄道が相次いで開通し、娯楽施設があちこちにできたので気軽に温泉や花見、海水浴に行けるようになりました。

仙台の繁華街として定着した東一番丁

仙台市周辺では大正中期から昭和初期にかけて秋保電鉄、仙台軽便鉄道、宮城電鉄（現ＪＲ仙石線）、仙山線、仙台市電、仙台市街自動車が開業。トーキー映画の普及もあって仙台の中心部では文化キネマ、東宝劇場、日活館などの映画館が営業を始めます。ラジオが放送を開始、八木山に本格的な野球場が完成し、昭和９（１９３４）年11月には、日米野球戦のため米国のホームラン王ベーブ・ルースがやってきて来日以来初のホームランを２本も放ちました。

２年後、仙台市評定河原に東京以北で最初の市動物園が開園します。市八木山動物公園の前身です。中国と戦争が始まった年の入場者は17万人ですが、翌年20万人、翌々年26万人と戦乱が拡大しても観客は減るどころか年々増えていきました。

東北一の繁華街として発展してきた仙台市東一番丁は、昭和７年11月、地元の藤崎が鉄筋コンクリート地下１階地上３階の新店舗を完成、翌８年４月、三越が同地下１階、地上５階の仙台支店を開業します。両デパートが核になって東一番丁はますますにぎやかな街になり、「銀ブラ」をまねて「番ブラ」を楽しむ人が増えました。

――「太平洋戦争」が始まる前、わが家は2泊3日の家族旅行をしたのを覚えています。昭和12年に全線開通した仙山線に乗って、山形県山寺の立石寺、天童、赤湯温泉などの観光地を回りました。戦争をしているのに観光旅行なんて、と思うかもしれません。戦争ははるか遠い国でやっているという考えがあったのでしょう。

平和と緊張が奇妙に共存し、そのうちに均衡が破れて軍靴の音が日に日に大きくなっていく。そんな端境期《はざかいき》でした。

ぜいたくは敵、だって

「日中戦争」は子どもたちの遊びにも影響し、「戦争ごっこ」がはやりました。強い日本軍は連戦連勝、中国軍はすぐ逃げていくんだって。そんな話が広まって、中国人を「ちゃんころ」なんてバカにするようになりました。

連勝気分に酔い、緊張感に欠ける国民にハッパをかける意味もあったのでしょう。政府は昭和14年6月から「国民精神総動員運動」を実施します。どういう運動かと言うと、国民を積極的に戦争に協力させるため、戦意高揚、消費節約、貯蓄奨励などを内容とする全国規模の精神運動です。

具体的には、ネオンサイン全廃、遊興営業時間の短縮、中元歳暮の贈答禁止、学生の長髪、女性のパーマネント禁止――など、これまで経験したことのない規制ばかりです。在郷軍人会、全国市長会、日本労働組合会議が参加して協力を呼びかけ、後に首相を会長とする国民精神総動員本部が設けられ、大政翼賛会へと引き継がれていきます。

夜の町は暗くなるし、飲み屋街も早く閉店、パーマや長髪はご法度となります。大蔵省（現財務省）が時流に乗って約3万人の職員に断髪令を通達したものですから、それが大人たちの間にも広がり、戦時中は子どもからじいさんまで総坊主頭、長髪の人はまず見かけませんでした。

宮城県でも内務省の指示に従って国民精神総動員委員会の地方委員会がつくられ、市町村では集落、町内会ごとに実施計画を立てて実行することが勧められました。大政翼賛会宮城県支部の結成式は同年12月23日、仙台市で行われています。

――「ぜいたくは敵だ」と標語を書いたポス

ターが街頭に張り出されたのはそのころで、派手な格好をした女性は国防婦人会のおばさんに注意されるようになります。「ぜいたくは敵だ」のポスターの「敵」の前にこっそり「す」と一字書き加えた人がいました。そうなると「ぜいたくは素敵」となります。せめてもの抵抗でした。

同15年7月、「奢侈《しゃし》品等製造販売制限規則」が施行され、戦争遂行にあまり関係のない高級織物、貴金属などの製造は禁止されます。時計、カメラ、キンギョ売りのキンギョまでがぜいたく品として特別の税金がかけられました。消費を押さえるための税金でしたが、予想に反して税収は前年比3割も増え、都市部を中心に消費意欲の高さを示しました。

仙台のビッグイベント「仙台七夕まつり」は、誰に命令されたのでもないのですが、昭和14年から自粛を決定、太平洋戦争が終わるまで開催されることはありませんでした。

国民をしばる「国家総動員法」施行

戦争は消耗戦です。中国各地の戦場へ絶えず軍需品や食料を送らなければなりません。欧米諸国の中には中国軍に武器を供給、軍事顧問団を送って支援する国もあって戦争は長期化の様相を見せてきます。軍需品を優先すると民需品を制限せざるを得ません。そこで政府は昭和13(1938)年4月、「国家総動員法」を施行し、全面的な経済統制時代に入りました。

「戦時に際して、労働力や物資割り当てなどの統制、運用を、政府は議会の同意なしに勅令で行うことができる」という法律です。あらゆる物資の割り当て、価格の統制、労働力動員、新聞などへの検閲強化、必要ある場合は国民の徴用、労働争議の制限あるいは禁止、集会、大衆運動の制限、禁止もできるようになるというのです。

こんなに広範囲な権限を政府に与えていいもの

か、政党の間からも反対が強く、国会の審議では「国民の権利、自由、財産を無視する法律だ」「これでは憲法は死んでしまう」などの厳しい批判が相次ぎました。衆議院で法案の審議中、趣旨説明した佐藤賢了陸軍中佐のあまりに長い説明に、議員から抗議の声が上がると佐藤は「黙れ！」と一喝、その後誰も異議をとなえなくなったということです。2年前の陸軍のクーデター「二・二六事件」が議員の脳裏をかすめたことでしょう。法案は「乱用しないように」との付帯決議がつけられただけで無修正のまま成立しました。

この法律は後に国民生活をしばり付けることになります。国民統制のための地域組織「隣組」、お米や生活必需品の「配給制」、「衣料切符」「公定価格」、授業を休んで軍需工場や企業で働く「学徒勤労動員」、東京の小学生が親元を離れて地方に分散した「学童疎開」、いまの職場を離れて軍需産業で転職させられる「徴用工」などです。

「知事引継書」によると宮城県は各市町村に法律の趣旨を徹底させるため何度も会合を開いています。県警察部は経済警察として保安課を設置、仙台署と合わせて80人体制で物価の価格統制違反に目を光らせることになりました。県内各署には経済警察官を配置、経済諸法令の周知徹底を図りました。

これまで自由に買えた生活必需品は物価統制令によって次々配給制になり、価格も政府によって決定されます。昭和15年4月からまず米、みそ、マッチ、砂糖など7品目に切符制が採用され、揮発油、重油などの石油類も同様です。宮城県では翌年7月から、米穀配給通帳を提示しないとお米は買えなくなりました。

仙台塩釜の合併で大工業地帯に

宮城県知事は昭和14（1939）年9月、戸塚一郎氏から清水良策氏に代わりました。同月1日、ヨーロッパではドイツがポーランドへ進撃を開始し、第2次世界大戦が開戦します。戸塚氏はわずか5カ月で福岡県知事へ転勤しましたが、『宮城県史』は、「経済統制の強化によって県民生活が混迷する中で、戸塚氏は国土建設計画として仙台平野の大工業地帯化、仙台港、釜房ダム建設による工業用水の確保などの具体化に熱意を燃やし、県民に希望の灯をともした」と評価しています。
仙台平野の大工業地帯化というのは仙台と塩釜の合併によって仙台平野に人口１００万、面積５００万坪（１６５０ヘクタル）の大工業地帯を建設する。地域内に鉄道、道路、運河などを整備し、仙台に内港を設け、貞山運河を改修して塩釜港と直結する、名取川上流の釜房地区にダムを建設し工業地帯に給水する――という壮大なプランでした。

戦争の激化でこのときは実現しませんでしたが、仙塩経済地域の提携の必要性、その構想を明示した点でその後の総合開発機運に大きな刺激となりました。戸塚氏から清水氏への「引継書」では14ページにわたって仙塩開発の必要性を説き、「東北地方の全ての資源をここで消化し、需要に応じる体制をとることによって東北振興はもちろん、わが国の生産力を高めることができる」と力説しています。

後に、中田、六郷、七郷、岩切、高砂の各村が仙台市に編入され、塩釜町が市に昇格、仙塩開発期成県民会議も結成されました。仙台、塩釜両市と多賀城村の合併は敗戦後、再び浮上し、合併調印まで進んだのですが、調印前夜、多賀城村の脱退でとん挫してしまいました、後に泉市、宮城、秋保両町との合併が進み、平成元（１９８８）年4月、仙台は政令指定都市に移行します。釜房ダム、仙台港は戦後になってつくられました。

仙台市原町地区の１００万坪の土地に陸軍が造兵廠の建設を決めたのも仙塩工業地帯建設の一環として仙台市が誘致運動を進めた成果です。当時は軍需産業も企業誘致の対象で、戦闘機などの部品やオートジャイロを製造した萱場製作所（現ＫＹＢ）が仙台小田原市清水沼へ仙台工場をつくったのも県の誘致によるものでした。

宮城県知事は昭和15（１９４０）年9月、在任わずか7カ月で清水良策氏から林信夫氏に代わりました。厚生省衛生局長から宮城県知事に就任した林氏は「太平洋戦争」の開戦を挟んで2年半在任、当時としては異例の長期知事となりました。2代前の戸塚知事が提唱した仙塩総合開発計画を早期に実現するため、知事に長くいてもらわないと困ると県政界がそろって林氏の留任を内務省に働きかけた結果だということです。

戦争未亡人に対する犯罪

清水知事からの「引継書」に「昭和14年度までの県内犯罪動向」があります。戦争が始まると、この種の統計は報道されることはまずなくなって、「太平洋戦争」中は殺人事件や火事の報道までもが新聞から消えてしまいます。

県内の犯罪は年間約1万3000件、「日中戦争」後は毎年1000件程度ずつ減少しました。殺人、強盗、放火などの重要犯罪は少なく、盗み、詐欺、横領、傷害が大半で、全体の検挙率は76％、窃盗犯は６割と今では考えられない好検挙率でした。

報告では注目すべき記述が見られます。「中国と開戦後目立つのは時局犯罪で、予防警戒を徹底し、また応召者、戦没勇士の遺族、家族に対しても保護警戒を厳重にし、後顧の憂いなきよう取り締まりを励行している。出征兵士の妻にして姦通《かんつう》または堕胎など素行の乱れる者が増える傾向にあり特に査察を厳密にする必要がある」

持って回ったような言い回しで、意味が良く分かりません。手短に言うと、出征中の留守家族に対する犯罪が多発しているという報告でした。

昭和12年７月の開戦時から14年４月までの間、戦争遺族関連の犯罪は盗難１件、詐欺42件、横領４件、住居侵入27件、姦通１件。遺族が被害者になる詐欺、横領、住居侵入が多発し、戦争未亡人や出征兵士の妻に性的関係を強いる悪いやつがいました。

太平洋戦争の開戦後は軍事援助に関係のある公職者、地方有力者が留守家族を犯す事件が多くなり、隣組の組長が仕事にかこつけて夫が出征している家に入り込み、夫人に乱暴するケースも出てきます。戦争未亡人や夫の不在で長い間性交渉を絶たれた女性のセックスという課題も見え隠れします。

昭和14年、帝国在郷軍人会本部は『軍国家庭読本　締めよ、こころ』というパンフレットを発行し、戦争未亡人の生活態度の引き締めを図りました。ここでは貞操問題にかなりの分量を割いており「一時的な愛におぼれて永遠の幸福を忘れるな」とか、「理想としては一生独身生活を送るのが至当」、「情欲のための再婚は許すべからざる罪悪」などと劣情、情欲にこだわる女性たちにタガをは

めています。「靖国の母」は一生独身で暮らせ
——なんていう表現もあります。余計なお世話で
すよね。

全員加入の隣組スタート

東日本大震災のときは近隣社会の皆さん、とても親切で連帯感にあふれていました。あれから時間がたつにつれて近所付き合いは疎遠になり、元に戻ってしまったみたいです。

戦争中は政府の命令で「隣組」制度がつくられ、濃厚な付き合いがありました。というよりは生活する上で隣組はなくてはならぬ存在だったからです。全員強制加入、「私、脱会します」というわけにはいきません。

内務省は昭和15（1944）年9月11日、全国の知事に隣組（郡部では部落会）を急いでつくるよう訓令します。「太平洋戦争」が始まる1年3カ月前、日中戦争の開戦から3年後のことです。知事の人事権を握る内務省の訓令ですから威令は行き届いて、1カ月後には全国に120万の隣組、

11万2000の部落会がたちまち結成されました。

宮城県では仙台、石巻、塩釜3市（当時市制地はこれだけ）に2万864の隣組、194町村に3412の部落会がつくられました。

中でも仙台市は内務省通達の前に早々と隣組制度をスタートさせたものですから「全国に率先して公会《こうかい》を整備」と市公報は誇らしげに報じています。仙台では隣組のことを公会と呼び、向こう三軒両隣の10戸程度でひとつの隣組が結成され、100戸、後に500戸ほどをまとめて1公会としました。

隣組の仕事は何？

隣組、部落会は、政府の施策を能率よく進めるための末端組織です。仕事はいろいろあって出征兵士の見送り、留守宅や戦死した遺族への援助、勤労奉仕、金属回収、国債購入のほか、空襲に備えた防空演習もありました。生活必需品が配給、切符制になると配給は隣組の回覧板を通じて連絡されるようになります。毎月1回隣組ごと「常会」が開かれ、政府が決定した政策を皆で聞きました。

江戸時代には幕府が村々の農家、町々の地主、家主に命じてつくらせた警保組織「五人組」があり、犯罪の取り締まりや年貢納入の連帯責任制などに活用されました。日本が近代化してからこのようなものをつくるのは初めてなので、結成前に各地域では質問や疑問がいろいろ寄せられたようです。

仙台市の渋谷徳三郎市長は「向こう三軒といっても住民の職業、教育程度、貧富の程度が異なり、富める者は貧しい人を軽蔑し、官職の身分の高い人や学術技能に優れた人と融和せず、軽蔑することが往々にしてある。だが、一億一心、未曽有の国難を打破し、東亜新秩序建設のためには運命的必然と悟って協力してほしい」と市公報で理解を求めました。「運命的必然と悟って」というところがミソです。

実際、役員選出を巡っては「陰に回って運動、策謀した者がいる」とか、「市が設立を急ぎすぎたためか役員には必ずしも適格者ばかりではない」などの不満、「隣組にいる外国人を常会に出席させていいのか」などの質問が寄せられました。

隣組の初期の活動

仙台市公報のコラム「隣組ニュース」（昭和16年6月号など）は初期の活動状況を伝えています。木町通のある隣組では12軒が一体となって自転車、ミシン、電話を共同で使い（当時、電話の普及率は低かった）、児童は納豆売りや新聞配達をし、貯金、学用品購入に充て、組内にある3軒の風呂を共同浴場として利用しています。

仲ノ町では7人の子どもを抱えて病気をしている家庭に古着を贈り、洗濯を手伝い、病気全快まで各戸毎月20銭を贈ることを決めました。大町では、中国から帰還した元兵士が戦地で食糧が尽きたとき野草を食べた経験を話し、天気のいい日は近所の子どもたちを山野に連れて行き、食べられる野草の名前、料理法を教えている――など。

このほか、各地に子ども隣組がつくられ、ラジオ体操、神社清掃、茶殻を回収して軍馬に贈るとか、空き地を利用した共同の農作業、週2回の道路清掃と国債購入などに精を出しました。

――私のところの隣組では、最初のころ常会に昼食を出していたようです。幼なじみのイクちゃん、青葉区柏木、元中学校教師佐々木郁子さんの家から発見された母親石川さくよさんの日記にわが家のことが出ていて赤面。

「昭和16年4月23日（水）曇、きょうは村上氏宅で隣組常会、昼食その他ごちそうたくさん出る。新体制の常会をはき違えた感あり。6月1日（火）晴、常会石澤氏宅で開く。相変わらずごちそう多く、困った人たちだ」。7月1日の常会で、今後昼食は出さないことに決定しました。

「仙台市隣組行進曲」の誕生

隣組制度をPRするため、ラジオからは「隣組」の歌が流れてきました。

とんとん　とんからりと隣組
格子を開ければ顔なじみ
回して頂戴回覧板
教えられたり教えたり

昭和15年8月、「国民歌謡」として6日間にわたって放送されると、リズム感にあふれ、歌いやすいメロディのせいか、国民の愛唱歌になりました。政治・社会の風刺漫画で知られる岡本一平作詞、飯田信夫作曲、「さむらい日本」で人気を博した徳山璉《たまき》が歌っています。

この歌に誘発されたのか、仙台でも翌16年4月、「隣組行進曲」がつくられました。大政翼賛会仙台支部、仙台市と河北新報社が募集、土井晩翠、中川善之助東北帝大教授ら5人の審査員が、全国から寄せられた519編を審査の結果、北六番丁、宮城県第一高等女学校（現宮城一高）音楽教師、古宇田明子さん（現在の姓は小泉）の作品が当選、審査員で市音楽担当視学の海鋒義美さんが作曲して、4月25日に市公会堂で発表音楽会が開かれました。

こちらの歌詞の一番。

青葉城下の街々に　銃後を守る手を組んで
助け合いましょう　助けましょう
親和の誓いなごやかに　行くよわれらの隣組

6月には日本コロムビアからレコード化され、映画「愛染かつら」の主題歌「旅の夜風」で人気絶頂の霧島昇、松原操夫妻と高橋裕子が歌いました。片面は渋谷徳三郎市長作詞、勝又憲貞作曲の「仙台市童謡」。こういうことの好きな市長でした。

常会は毎月１回行われ、政府の政策が伝達された

仙台の「隣組行進曲」を作詞した小泉明子さんは東京・世田谷にお住まいです。「武蔵野音大卒業後、1年間宮古で音楽教師をつとめ、一高女へ転任しました。2年目の年に歌の募集を知って週末の晩に一気に書いて送りました。この年3月に結婚、主人の勤務先の九州に転居したので発表会にも行きませんでした。後にレコード化されたなんて初めて知りました。松原操さんとは主人が東京勤務の時、音楽の勉強でお宅にうかがっていました。ご縁があったのですね」

隣組については戦後七十余年たった今でも見解が分かれています。あのころあって今ないのは隣近所の連帯感、ひいては国民の連帯感、戦争遂行のためとはいえ皆一緒になっていたあのころを懐かしむ声がある一方で、隣組はプライバシーを壊し、互いを監視し合うスパイ摘発組織という厳しい見方もあって、どこまでいっても意見は平行線です。

馬鈴薯作付け、供出完了の連絡も

隣組（部落会）では配給や常会のお知らせ、英霊の帰還など情報は回覧板を通じて通知されました。その回覧板をずっと保管していた奇特な方がいます。現大崎市、旧志田村荒田目部落の方で、回覧板はざら紙に手書き、あるいは謄写版刷りで北部15戸、南部19戸に回されました。

▽昭和17年4月22日、駅前小杉魚屋に塩マスがたくさん来ました。あす10時から販売します。入用な方は塩の配給券を持って買いに行って下さい。

▽同年10月5日、本日、国民学校5年生以上の男女児童32人が勤労奉仕に参ります。出征兵士の家族には優先的に応ずるとのことです。

▽同年11月12日、名誉の戦死をとげられた陸軍兵長佐々木則夫君の村葬は17日、国民学校で執行されます。各位のご会葬をお願いします。ご遺骨は本日午後3時10分、中新田駅着列車で無言の御帰還なされます。

▽昭和18年9月11日、本日は金属類特別回収の日です。不用な金物類がございましたら是非、国家のお役に立ててください。金物類に関する限り、今度が最後で、後はお願いしなくてもいいアテがついたそうです。

ここは大崎耕土の真ん中にある農村地帯。普段の連絡のほかに食糧増産についての要請、通知、お礼が見られます。

▽昭和17年3月26日、馬鈴薯《ばれいしょ》（ジャガイモ）作付け割り当ての通知。

日中戦争、太平洋戦争と戦争が続いて食糧需給が悪化し、米や馬鈴薯など主要食糧は全て国から県へ作付面積が割り当てられ、収穫物は政府の定めた数量、価格で供出しなければなりません。志田村には馬鈴薯21町4反歩が割り当てられ、そのうち荒田目部落への割り当ては6反7畝。4割を供出し、残り6割が自家用になりました。

▽昭和19年1月27日、供出米割り当て完納について。長い間のご苦労の結果、昨夕をもってめでたく割り当てを突破、完納しました。

生産される米は農家の飯米分と種モミ保有用を除き政府に売り渡されます。供出量は国が県に割り当て、県は市町村農会へ、これが部落ごとに割り当てられ、しかも昭和18年からは連帯責任制となりました。この制度導入により供出達成率は従来の95％から１００％を超過したということです。

荒田目部落の割り当ては１２４３石5斗（1石は約１８０リットル）、実際の供出量は目標を超えて1２５８石となりました。割り当てに達しないと上から厳しい督促を受けました。部落会長にとっては供出割り当てが一番嫌な仕事だったと言います。宮城県全体では昭和15年度から毎年のように２００万石供出が国の目標になり、農家は悪戦苦闘を強いられました。

第2章　昭和16（1941）年12月

太平洋戦争開戦

「よくぞ立ち上がった」

米国、英国と戦争が始まった日のことは、はっきり覚えています。

昭和16（1941）年12月8日午前7時、ラジオの臨時ニュースは「帝国陸海軍は本8日未明、西太平洋において米英軍と戦闘状態に入れり」と伝えました。

3年8カ月間にわたる「大東亜戦争」の始まりです。間もなくオランダにも宣戦が布告されました。

初冬にしては寒い朝で、仙台の最低気温は平年より4度低い氷点下2・2度。風がヒュウヒュウ吹く中、白い息を吐きながら緊張して登校しました。仙台市木町通国民学校初等科2年生のときです。

学校では校長先生から話があったかと思うのですが記憶はなく、当時のほかの学校の記録を読むと「大東亜共栄圏をつくるため日本は立ち上がりました。心をひとつにして頑張りましょう」といった訓話が多いようです。仙台市東二番丁国民学校では5、6年生が白い鉢巻を締めて国旗を先頭に仙台城跡にある護国神社へ登って、日本の必勝を祈願しました。同じような光景が県内のほかの学校でも見られたことでしょう。

13日には仙台市内の国民学校の先生たち約700人が東二番丁国民学校で緊急教育大会を開き、「忍従30年、今こそ米英勢力を排除しよう」と気勢を上げ、渋谷徳三郎市長を先頭に西公園の桜岡大神宮まで行進しました。

テレビはまだなかったのでニュース速報はもっぱら日本放送協会（ＮＨＫ）のラジオと新聞社の号外です。ラジオからは臨時ニュースが何回も流れ、新聞社は号外を発行し、掲示板には速報が張り出されました。河北新報社は夕刊の前に2度号外を発行しています。

開戦を報ずる同紙の見出しは「今ぞ起《た》つ！　米英膺懲《ようちょう》へ」。膺懲とは征伐してこらしめること。

当時は難しい漢字を使っていました。

　戦争開戦について仙台市民の反応が河北新報夕刊に載っています。「仙台市民は少しも騒がず、職場は整然と作業に入った。いち早く掲示された新聞社の特報板の前は黒山の人だかりだが、不思議に落ち着いた顔が並んでいる。仙台師団の通り道大町通はさすがに緊張の色が流れ、陸軍××号の自動車が何台か通り過ぎた……」

　開戦の興奮はみじんも感じられません。仙台師団というのは第二師団を改名した名前で、このとき既に仙台を発《た》ち東南アジアの戦線に向かっていました。

　蘭印（現インドネシア）を占領するよう命令を受けていたのです。

　初日の戦果がまたすごいものでした。

　海軍機動部隊は遠くハワイ真珠湾を奇襲攻撃、米太平洋艦隊の戦艦など11隻に大損害を与え、陸軍は英国領マレー半島などに上陸、台湾や仏印（現ベトナム）の基地から発進した陸海軍機はフィリピンの米軍基地、シンガポールの英軍基地を爆撃

日本海軍航空隊の攻撃で炎上する米艦艇

します。

10日になるとマレー沖を航行中の英国が誇る新鋭戦艦プリンス・オブ・ウエールズ、高速戦艦レパルスを日本軍の航空隊が発見、85機が1時間半にわたって攻撃を加え2隻とも沈没させました。

英国の植民地、香港は日本軍の攻撃に耐え切れずクリスマスの夕刻、白旗を掲げて投降、英軍9500人が捕虜になりました。

大人たちは晴れ晴れと

資源の少ない日本です。中国との戦争だけでももてあまし気味なのに、さらに二つの超大国に戦争を仕掛けたのですから「大丈夫だろうか」と思うのが当然でしょう。ところが、開戦のニュースを聞いた大人たちは「よくぞ立ち上がった」と一種のそう快感、開放感を示し、軍に感謝する人が多かったのです。作家、歴史研究家の半藤一利さんも『21世紀への伝言』（文藝春秋社）で「この日はほとんどの大人たちが、国民学校の先生たちが晴れ晴れとした顔をしていた」と書いています。

著名な作家で比較的冷静なのは永井荷風くらいで、志賀直哉、谷崎潤一郎、吉川英治、詩人・彫刻家の高村光太郎、みな開戦の感激を文章にしています。

評論家の小林秀雄は「大戦争がいい時に始まってくれたという気持ちなのだ」と言い、作家の横光利一は「戦いは始まった。そして大勝した。先祖を神だと信じた民族が勝った」と感動の文字を記しています。

仙台に住んでいた詩人で旧制二高（戦後東北大に包摂）名誉教授土井晩翠は開戦翌日の河北新報に「未曽有の危機に　たて一億同胞」という詩を寄せています。

太平洋上怒濤《どとう》は叫び
妖気すごくも祖国を襲ふ
たて、たて、同胞一億余万
開国この方未曽有の危機ぞ！

作家の長与善郎は「生きているうちにこんなに嬉《うれ》しい、痛快なめでたい日に逢《あ》えるとは思わなかった。この数カ月と言わず、この一、二年と言わず、我らの頭上に暗雲のごとく覆いかぶさっていた重苦しい憂鬱《ゆううつ》は、十二月八日の大詔渙発《たいしょうかんぱつ》とともに雲散霧消した」と書きました。ここにある「重苦しい憂鬱」というのは、開戦前、米英、オランダがグルになって圧力をかけてきたことを指しています。長期間、真綿で首を閉められるような閉塞《へいそく》感を味わってきた国民は「よくぞたちあがってくれた」と喝采を送ったのです。

無謀と分かっていながら、しかし誰もノーと言えないあいまいなまま戦争は始まりました。

米英となぜ戦争が始まったのか

戦争に至る経過はこうです。

ヨーロッパでは1939（昭和14）年9月、ドイツ、イタリアと英国、フランスの間で第2次世界大戦が勃発し、ドイツ軍精鋭部隊はポーランド、ベルギーを占領、パリに入城してフランスも降伏させ、快進撃を続けていました。

一方、アジアでは日本軍が中国各地に大軍を出し、占領地は日々増えています。そんな折、日本はドイツ、イタリアと三国同盟を結んだので、ドイツと戦っている英国を支援する米国との対立が深刻化しました。その上、日本は満州、中国占領地を統合した独自のブロック経済構想を示します。中国の利権を狙っていた米国は「門戸解放、機会均等」を唱えて猛反発し、従来の中立の立場から公然と中国を支援するようになりました。

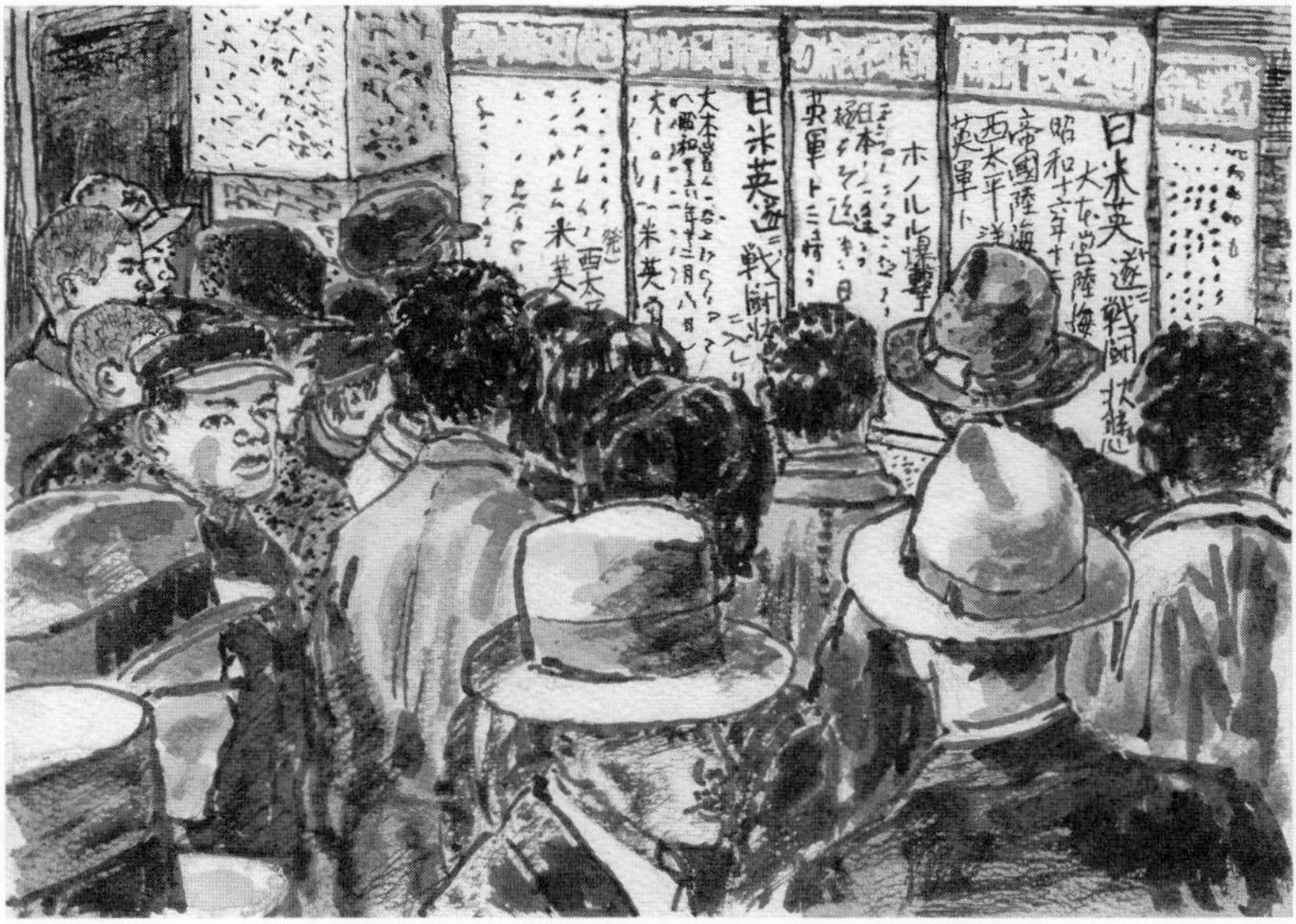

開戦を知らせる新聞社の速報板に見入る人たち

ブロック経済というのは本国と植民地の経済的結びつきを強め、経済圏の内部で重要な商品の自給自足を図り、一方では圏外の商品には高い関税をかけてこれを締め出す政策です。

これが実現したら巨大な中国市場は日本に奪われてしまいます。危機感を抱いた米国は日本との通商航海条約を延長しないと通告してきました。石油はもちろん、鉄鋼など多くの物資を米国からの輸入に頼っていた日本が初めて迎えた「石油危機」でした。そこで石油の輸入先として蘭印（現インドネシア）を領有するオランダと交渉するのですが断られ、米英、中国、オランダの4カ国が日本を経済的に追い詰める状況が生まれました。いわゆるABCD包囲網です（Aはアメリカ、BはブリテンCはチャイナ、Dはダッチ、オランダのことです）。

昭和16年7月、日本軍はドイツの占領下にあったフランスの植民地、北部仏印（現ベトナム）に進駐したのに続き、南部仏印にも進駐します。中国に武器弾薬を送って支援している米英の輸送ルートににらみを利かし、日本が南進する場合の基地を確保する目的がありました。

欧米列強は東南アジアに多くの植民地を抱えていました。米国はフィリピン、英国はインド、ビルマ（現ミャンマー）、マレー、シンガポール、香港、オランダは蘭印（現インドネシア）といった状況です。

これら列強は日本の行動を警戒し､米国は英国、オランダと一緒になって経済制裁のスピードを早め資産凍結、対日石油輸出の全面禁止を通告してきました。11月になると米国は「日本は中国の占領地と仏印から無条件撤退しろ」と突きつけてきます。多くの戦死者を出しながら戦ってきた中国からの撤退などできるものではありません。これを最後通告と受け止めた日本政府は12月1日、米英との開戦を決定、戦争に突入するのです。

「太平洋戦争」については自衛のための戦争だとか侵略戦争だとか、いろいろの見方がありますが、アジアに植民地を保有する帝国主義大国・欧米列強と、アジアの小さな帝国主義国・日本との間の植民地分割をめぐる紛争、との見解がもっとも当を得ているような気がします。

敵性外国人53人を拘束

日本だけではありませんが、開戦と同時に交戦国の国籍を持つ人たちは敵性外国人として一斉に拘束されました。仙台でも「特高警察」や、警察と同じ司法権を持つ憲兵隊に伴われて仙台市元寺小路（現青葉区）のカトリック元寺小路教会内の司教館に収容され、長い人で半年間をここで過ごしました。

宮城県警察部特高課の資料には「宮城県に住んでいる敵性外国人70余人（中国人、満州国人を除く）のうち、内務省の通牒《つうちょう》により防諜保護上非常措置として53人（米国人13人、うち2人は国防保安法で検挙、英国人2人、カナダ人38人）を抑留せり」とあります。

抑留されたのは東北学院、宮城女学校（現宮城学院）、尚絅女学校（現尚絅学園）、仙台高等女学校（現仙台白百合学園）などミッションスクールの教師や牧師、神父、修道女などの教会関係者でした。

――司教館は挿絵でご覧いただけるように、明治時代に建てられた格調高い木造2階建ての建物です。

教会中央にゴシックスタイルの大聖堂があり、そのそばにありました。残念なことに昭和20年7月の空襲で焼失しています。教会の場所も戦後の戦災復興事業で区画整理されたので、元の場所とは多少違います。

司教館2階で自炊生活

この中には国防保安法違反、いわゆるスパイ容疑で検挙された2人の東北学院理事がいました。全国ではおびただしい数の外国人が同じ容疑で検挙されましたが、ほとんどは不起訴処分で釈放されています。東北学院の2人も後に不起訴となります。

そのひとりアルフレッド・アンケニー氏の夫人はニューヨークに住む妹に手紙を書き送っています。

「開戦の朝、私は風邪のため伏せっており夫は学校へ出かけて不在だった。朝9時ごろ数人の警察の人が来て家を捜索し、机の引き出しの中味をほとんど持って行った。夫はスパイ容疑だという。夫のために食事を差し入れてもいいと言われた。翌日、2人の警官が来て、私とお手伝いのミス・ポーターもどこかに連れて行かれることになった。心細いったらなかった」(『東北学院百年史』)

宮城女学校(現宮城学院)は収容後間もない昭和16年12月26日、専攻科の繰り上げ卒業式を行いました。この時撮影した記念写真に収容されているはずの教師4人が写っています。「おそらく特別に外出が許されて卒業式に参加できたのだろう。厳しい収容所生活にも配慮はあったのだ」と『戦時下の宮城学院』にあります。

自炊生活と1日2回の散歩

当時の事情に詳しい若林区文化町、山田寅夫さんから以前話をうかがったことがあります。「外国人は司教館2階で自炊生活を送っているという話だった。行ってみようかと思ったが、1階に監視の警官が詰めているというので行かなかった。赤十字を通じて毎月、いくらかの生活費が支給さ

敵性外国人が収容された元寺小路カトリック教会

れていると聞かされた」。当時、近所に住んでいた若林区大和町、氏家さんは「朝10時と午後3時から30分ほどは散歩を許され、司教館と門の間50メートルぐらいを何回も往復していた」と話しています。

特高警察のその後の資料には「昭和17年1月から4月までに東北、北海道に抑留していた16人（米国人1人、カナダ人15人）を宮城県内の2カ所に移した。5月13日、抑留中の修道女27人（米国人2人、カナダ人25人）は治安上支障なきと認め所属修道院に帰院させた」とあります。その後、方針が変わったのか、同年9月、内務省の指示で再び仙台市柳沢「善き牧舎修道院」に軟禁しています。

米英と日本にそれぞれ抑留された相手国の外交官、民間人は、中立国の仲介によって昭和17年、交換船で母国に帰りました。第1次交換船では宮城県に抑留されていた22人、英国との交換船では英国人2人を含む44人が帰国しました。

七ヶ浜外国人別荘地との契約破棄

特高警察は開戦を機に七ヶ浜村（現七ヶ浜町）にある外人避暑地「高山外人部落」の土地を村に圧力をかけて元の所有者に戻しています。スパイの温床になる可能性があるとの判断からです。

菖蒲田海水浴場から砂浜沿いに歩いて10分のところに避暑地はあり、松林に覆われた小高い丘に教会やバンガロー風の別荘など35戸が立ち並んでいました。『七ヶ浜町史』によると、ここが避暑地にふさわしいと最初に言いだしたのは、明治20（１８８７）年、旧制二高の英語教師として赴任したフランク・W・ハーレル先生です。この先生、仙台に初めて野球を持ち込んだことでも知られています。

後に東北学院長シュネーダー博士が仙台にいる外人を誘い7棟の別荘を建てました。夏になると遠くは上海、香港からも含めて３００人を超える客が訪れ、昭和９（１９３４）年以降は音楽や映画を楽しむ国際親善の夕べが毎年開かれ、地元住民と交流を深めていました。

昭和11年、村が代表になって、別荘外国人などでつくる高山開墾合資会社と、所有者の村と一部民有地所有者の間で土地1万７０００坪（約５・６ヘクタール）を９９９年間（写し間違いではありません）の地上権を設定、契約金6万円を支払いました。

特高警察の資料には「村と折衝して昭和17年1月契約を破棄させ、土地は所有者に戻された」とあります。

　戦後、日本占領中のＧＨＱ（連合国軍総司令部）から外人別荘地返還要請があり、売買当時の契約金6万円が支払われて元の状態に戻りました。村は時価で支払うよう求めたのですが、敗戦国の悲しさ、実現しませんでした。

天気予報なしの3年8カ月

　戦争が始まると翌日の新聞やラジオから天気予報が姿を消し、それは昭和20年8月15日の敗戦の日まで続きました。人の命と生活を守るための気象情報が機密として扱われたのです。日々の予報だけでなく、台風、地震などの天災地変も一切報道されず、天候不順による不作といったニュースもタブーでした。ただ1回だけ、昭和17（１９４２）年8月、九州から近畿を襲った周防灘台風のときは「暴風雨になるので警戒を要する」と簡単な情報を流しました。それも軍と協議した上で特例として認められたのでした。対応の遅れで死者、行方不明は１０００人を超えました。

　戦争末期の同19年12月7日、東海地方で大地震と津波があり死者９９８人、建物の全壊2万６１３０戸を出す災害が起きました。内務省検閲課は報道機関に対して、「戦争中に国民を混乱させるような事態は避けたい。写真は一切掲載するな、悲惨さを表現するような記事はダメ」と指示、新聞によってはこの大災害を「きのうの地震」と一段見出しで報道したところもありました。

　日中戦争が始まったとき、天気予報は従来通り公表されていました。中国軍にはわが国を攻撃してくる力がなかったからですが今度は相手が違います。自国や相手国の気象を知ることは戦況を有利に進めることにつながるため、軍の気象班は最新の機器を駆使して精密な天気図を作成していました。

　一方、全国の気象台は天気予報が発表されなくても定時観測を継続しており、仙台地方気象台には戦時下の貴重なデータが残っています。

　――天気の話が出たついでに雑話をひとつ。戦争が始まった年、終わった年、どういうわけか仙台は猛烈な寒波に見舞われています。「満州事変」の年、昭和6（１９３１）年は、1月11日の最高気温が氷点下4・9度、「太平洋戦争」敗戦の年の昭和20年は1月26日の最低気温は氷点下11・7度を記録しました。「日中戦争」の年は何ともなかったのですが、前年2月16日、仙台で雪が41センチ積もり、いずれも観測史上第1位。記録は今も破られていません。

今はもう見られない「歳の市」

「仲見世」は例年通り開かれた

戦争が始まってからほどなくして新年を迎えます。県内各地では例年通り「歳の市」が開かれ、繁華街の道路にテント張りの小屋が立ち並び、正月用品や神棚、しめ縄、食品、縁起物のだるまなどを販売しました。スーパーなどない時代だったので正月の準備には欠かせない行事でした。ただしお米、砂糖、マッチは既に配給制になっていたので「歳の市」でも商店でも勝手に販売はできません。

新年に祭神を迎えるために飾られる門松は、資源保護の面から廃止され、仙台市は「興和賀春」「大政翼賛」の文字を入れた二種類の短冊5万1000組をつくって1組5銭で販売しました。当時、手紙は5銭ですから今の値段にすると1組1000円程度になります。

年末には正月用特配として各家庭にもち米5合（0・7キログラム）砂糖ひとり0・06キログラム、酒は1戸に1升（1・8リットル）分の配給券が配られました。

第3章　昭和17（1942）年

破竹の勢いで進撃

半年間向かうところ敵なし

昭和17年1月からの半年間は、向かうところ敵なしの快進撃が続きました。この時期の日本軍の進攻作戦について米国の週刊誌『サタデー・イブニング・ポスト』編集長で、有名な従軍記者であるロバート・シャーロッドは「日本の陸海軍の進撃ぶりは、あたかもバターをナイフで切るようにやすやすと、あざやかに行われた……」と書いています。

狙いは東南アジアの資源地帯確保にありました。作戦はマレー、蘭印（現インドネシア）、フィリピンの3方面から実施され、マレー半島を南下した部隊は同年2月15日、イギリスがアジア最強の要塞《ようさい》と誇っていたシンガポール島を激戦の末占領、「昭南島」と命名します。

軍司令官山下奉文中将と英国軍司令官パーシバル中将が会談し、ここで山下将軍が「無条件降伏、イエスかノーか」と大声で迫った有名なシーンがあります。これは戦意高揚を狙った誤報で、実際は英軍が連れてきた通訳が下手でさっぱり通じない。山下将軍はいらだって「イエスかノーかさっぱり分からん。もっとはっきり通訳せよ」と言ったのが真実だということです。

3月になると蘭印ジャワ島のオランダ軍が降伏、フィリピン、ビルマ（現ミャンマー）もわが手に落ち、落下傘部隊はオランダの植民地、スマトラ島のパレンバンに降下して石油基地を無傷のまま手に入れました。5月、フィリピン・コレヒドール島の米軍が降伏し、三つの作戦はいずれも成功裏に終わりました。

——学校の教室には大きいアジア地図が張り出され、戦果を知らされるたびに先生が占領した都市に小さな日の丸の旗を立てて行きました。旗の数が日ごとに増えていったのを覚えています。

シンガポール陥落を祝って仙台では提灯《ちょうちん》行列が行われました。おそらく「太平洋戦争」中の祝賀行事はこれが最初で最後だろうと思います。お父さんたちには清酒2合、家庭には砂糖、小豆が特配されました。5月になると児童たちに、その

シンガポールの英軍、日本軍に降伏

ころ貴重品になっていたゴムまりが配られました。占領地のマレー半島はゴムの産地です。武器弾薬を届けた輸送船が帰りにゴムの材料を積んで帰ってきたのです。

第二師団はジャワ島攻略へ

「日中戦争」が始まったとき、宮城県は郷土部隊の動静をつぶさに把握していました。「太平洋戦争」になると「日中戦争」とは規模が違う大戦争ですから個々の詳しい情報は入らなくなったのでしょう。昭和17年10月、林信夫知事から加藤於《お》兎丸《とまる》知事への「引継書」には「満州に派遣されていた仙台師団は昭和15年11月に任務を終えて帰国、『大東亜戦争』勃発後、遠く南方出動を命じられ壮途に上りたり」とあるだけです。

第二師団は開戦とともに、第三十八、四十八師団と現インドネシア、ジャワ島攻略の命を受けます。同17年1月に日本を出発、2月になってから海軍の艦艇の護衛のもとフランス領カムラン湾（現ベトナム）へ進出、60隻の大輸送船団は巡洋艦、駆逐艦32隻に守られて目的地に向かいました。上陸は2月28日の予定でしたが、途中で2回にわたって敵艦隊と遭遇、これを撃退する間、退避行動をとったので上陸は3月1日に延期されました。

上陸後は猛烈な勢いで進撃し、わずか12日間で8万2000人のオランダ、英国軍を降伏させ、占領しました。

数百年間、オランダの植民地になっていたこの国では「今に北から黄色い人たちが現れて圧政者を追放してくれる」との言い伝えがあり、日本軍はその解放者だと行く先々で歓迎を受けました。

従軍した仙台市青葉区旭ヶ丘、元教員高橋武男さんから「オランダ兵は橋を壊し、大木を倒して逃げたが、現地の人たちの協力ですぐに除去され、敵の隠れている所も教えてくれた。行進していると数十人の農民が駆けてきてヤシの実やパパイヤの差し入れがあった。こんなに楽な戦争は初めてだった」と聞いたことがあります。

司令官は仙台出身の今村均中将。今村さんがジャワの司令官を務めた1年間は穏やかな軍政で現地の人から歓迎されたということです。敗戦後、今村さんは戦争犯罪人として禁固10年の判決を受け東京・巣鴨刑務所に移送されます。「戦犯に問われている多くの部下を現地に残して自分だけ東京でぬくぬく服役できるものではない」とオーストラリア政府に願い出て二百五十余人の部下とマヌス島で3年間の獄中生活を過ごしました。今村さんとは昭和38年に一度、取材でお会いしたことがあります。軍人のイメージとは正反対の温厚で静かな方でした。

英国の植民地ビルマも占領

一方、こちらはビルマ（現ミャンマー）です。仙台と宇都宮の部隊で構成する第三十三師団は2月、第五十五師団、第五十六師団、第十八師団とともに中国から国境を超えてビルマに進撃、6月までに全土から敵を掃討しました。英国の植民地だったビルマの北部は連合国が中国国民党政府へ戦略物資を送る輸送路になっており、遮断と英国の植民地インドの民衆を英国から離反させるもくろみがありました。

最初のうちは火砲、弾薬も十分でないまま戦闘が続き、分厚い装甲の英国戦車に悩まされます。得意の夜襲、航空部隊の空襲、それにビルマ人の協力もあって数十倍の英国軍、インド軍を破ることができました。南京、徐州攻略などで活躍した第十三師団は次の作戦に備えて中国で待機中です。

開戦から半年で日本軍は東南アジアの広大な地域にある敵の植民地の多くを占領し、その面積は日本国土の３・７倍に達しました。現在の国名で言うと、英国の植民地だったビルマ、マレーシア、シンガポール、オランダの植民地インドネシア、米国の植民地フィリピンです。最も威勢がよかったのがこのときでした。

捕虜２８０人 細倉鉱山へ

日本軍は初期の攻略戦で30万～35万の連合軍捕虜を確保しました。米英、オランダ、オーストラリアの陸海軍将兵と現地で徴用した兵士です。このうちのほぼ半数は現地徴集の兵士だったので、日本軍に忠誠を誓うことを条件に全員解放されました。

ざっと15万の連合軍捕虜は、各地域につくった収容所に分散収容しました。その後、日本国内の労働力不足に対応するため、４万７０００人は船で日本に輸送することになりました。日本に向かう途中、米軍の潜水艦や航空機から攻撃を受けて船舶の沈没が相次ぎ、１万１０００人が犠牲になっています。

日本に着いた３万６０００人の捕虜は、各地の捕虜収容所に収容され作業に従事しました。内訳は鉱山の鉱石採掘29・５％、炭鉱労働17・５％、港湾、鉄道などの荷役、各種製造業30％など、敗戦までにその10％３５００人が栄養失調、病気、労災で命を失ったということです（『捕虜輸送船の悲劇』大内健二著、光人社ＮＦ文庫）。

宮城県内では、鉛、亜鉛の生産としては全国有数の産出量を誇る細倉鉱山（栗原市）で２８０人が採掘作業に従事しました。オランダ兵、英国兵各２人を除くと他は全部米軍将兵です。捕虜を監視したのは仙台の東部第二十三連隊から派遣された15人の見習医官、兵士で、指揮官は赤井武陸軍伍長です。

赤井さんは『宮城県の昭和』（毎日新聞社）の中で、「坑内は延長2キロもあり、トロッコに乗って現場に行き、ここで鉱石の採掘作業をしていた。捕虜たちの勤務は8時間、健康状態によって5段階に分けて作業をさせた。衛兵はいずれも年配の応召兵だったので、捕虜たちとトラブルはなかった」と書いています。

労働の詳しい実態やどんな食事を与えていたのかなど知りたいところですが、その点についての記述はありません。敗戦と同時に東北各県に収容されていた連合軍捕虜６３６人は各地から列車で東北線塩釜駅に集められ、横浜から回送されて塩釜港で待機していた米軍の病院船で帰国の途につきました。

余談になりますが、宮城県に捕虜が送られて来たのはこれが初めてではなく、明治38（１９０５）年、「日露戦争」で勝利したわが国にロシア軍の捕虜約４万人が来て講和条約が締結されるまでの９カ月間生活しました。

仙台には２２５２人の捕虜がやって来ました。37人の将校は割烹や旅館に、他の大多数の兵士は寺院に収容され、後に宮城野原の前の国立病院機構仙台医療センターの場所に建設した平屋の収容所に移りました。初めて外国人を見る人が多く、寺の回りは、毎日見物人で混雑したそうです。

戦争では第二師団の将兵２７４０人が戦没、市民の中には親兄弟を亡くした人もいました。早川智寛市長は「かたき討ちしようなどと思わず、人道的に接するよう」各区長を通じて徹底を図りました。

捕虜たちは朝の点呼を受けると後は何にもやる

ことがなく、散歩したり読書、雑談をしたりして一日は終わりました。将校には貴族の子弟が多く、白いズボン、白靴という姿で芸妓《げいぎ》を連れて夜の街に繰り出す者もいました。宮城野原ではドラム缶で風呂をわかして入浴させようとしたところ、入浴の習慣はないようで、殺されると思ったのか逃げ回る兵もいたそうです。

帰国前日、リャポノフ中将は第二師団を通じて平穏、友好的だった市民に感謝の書簡を贈りました。仙台ハリストス正教会には、仙台で病死した捕虜３人の資料が残っています。

「太平洋戦争」中、東条英機首相が「日露戦争のときは文明国として認めてもらうため捕虜を優遇した。今の日本ではそんなことをする必要はない」と語っているように、捕虜になることを恥とする日本独自の捕虜観を基本に対応したので、戦後、捕虜虐待の罪で連合国軍に処刑された将兵は１０００人近くに上りました。

いつもの夏と同じように

戦争が始まってから初めて迎えた夏は、これが大戦争をしている国かと思えるほどいつもの年と変わりない風景が見られました。昭和17年７月１日、アユ釣りが解禁され、宮城県内の河川には手ぐすね引いて待っていた釣り人がわらじがけで暗いうちから河原へ。街ではアイスキャンデー屋も店開き、砂糖が配給制になったので味は「淡い甘さ」です。10日は栗駒山の山開き。11日からは福島県の祭り「相馬野馬追」も始まりました。

仙台市向山国民学校では例年通り林間学校が開設され、２週間にわたって自然の中で体を鍛え、遊び、勉強をして暮らしました。参加したのは市内の国民学校４年生以上の希望者10校２６６人。

午前中は自習、散歩、遊戯の時間、昼食のおかずにとんかつが出ました。食糧事情はまだまだよかったことが分かります。午後は１時間の昼寝、その後おやつを食べて午後４時、掃除をしてから帰宅です。昆虫採集、運動会などの行事に交じって空襲に対する訓練、戦地の兵隊さんに慰問文書きもしました。

夏のイベント、全国中学（現高校）野球大会は昭和16年で「臨戦態勢を取るため」中止になりました。翌17年は国が戦意を高める目的で「錬成大会」として開きました。大会史に残らない「幻の

清流・広瀬川では例年通り7月1日アユ釣り解禁

甲子園」と呼ばれています。

宮城県大会は仙台一中（現仙台一高）が7－0で宮城水産を破り、東北大会でも優勝、8月の甲子園大会に出場しました。1回戦で大分商業を3－2で破ったのですが、準々決勝で広島商業に28－10で敗退しています。この年の優勝校は徳島商業、延長11回の末、平安中学を8－7で破りました。以後4年間は休み、再開されたのは戦後の昭和21年からです。令和2（2020）年、新型コロナウイルス感染症のまん延で中止になりました。

慰問袋に仙臺郷土句帖

戦地に行っている郷土部隊へは絶えず慰問袋が送られました。前線の兵士と銃後を結ぶ太いきずなです。国防婦人会や愛国婦人会は慰問袋づくりに励み、隣組でも家庭でも肉親や親せき、友人などに慰問袋を送りました。

当時は各師団に通称名が付いていてジャワ占領中の第二師団は「勇部隊」、中国戦線にいる第十三師団は「鏡部隊」と呼んでいました。あて名を「勇部隊」「鏡部隊」と書いて送ります。長持ちする「ようかん」などは砂糖の配給制が実施されて夢の話になり、送るものと言えば洗面用具などの日用品に手紙とお守りといったところです。

慰問袋を受け取った前線の兵士が一番喜んだのは意外にも日本のにおい、郷土のにおいのする雑誌や新聞だったそうです。雑誌は『キング』『日の出』など娯楽雑誌と並んで『主婦の友』に人気がありました。宮城県の資料には仙台で発行する河北新報を毎日500部送付との記述が見られます。

仙台では雑誌『仙臺郷土句帖《せんだいちょう》』が民間の手で発行され、戦地ばかりでなく国内の傷痍《しょうい》軍人、陸海軍病院にも送られました。日々の暮らしを仙台方言で詠んだ川柳の本で、太平洋戦争開戦の昭和16年12月創刊、用紙事情が悪くなる戦争末期も継続し、敗戦まで14号を発行、総部数は5万3000部に上りました。

宮城県の児童文化運動の草分けと言われる仙台市八幡町、醸造業天賞の次男天江富弥さんが編集人で、郷土色豊かな挿絵とともに上山草人、相馬黒光、浜夢助など多くの人が協力し、合計1250句を収録、戦地の将兵からの投稿も寄せられました。

その一部を紹介すると、∧弾丸《たま》こせるぜんこ貯めすべ勝つ日まで∨阿部喜三（弾丸をこしらえるお金を貯めよう、勝利の日まで）とか、∧決戦の春はあんこもしょっぺがす∨大坊きよ（配給の砂糖も少なく、あんこもちの甘みも薄い）など時局を詠んだ作品が多く見られます。今では仙台弁を話す人が少なくなりましたが、方言全盛のころですから受け取った兵隊さんは余計懐かしかったろうと思います。この雑誌は平成25（2013）年、復刻されました。

思想前歴者と逃亡朝鮮人

これまで鳴りを潜めていた特高警察は開戦と同時に満を持していたかのように表舞台に登場します。特高警察から知事への報告を二つ。

▽思想前歴者の排除措置に関する件＝宮城県内の官庁や学校など公的団体に勤務する思想前歴者20人の動向を内偵中。近く3者協議会を開催して排除措置を決める。「太平洋戦争」が始まると治安維持法は拡大解釈され、国家総動員法の制定も

あって、同法違反の事実がなくても犯す恐れがある者も検挙できるようになりました。
▽朝鮮人の移動防止に関する件＝宮城県内には朝鮮人が２５５０人住んでいて、うち労務動員計画による移入朝鮮人は大谷鉱山（現気仙沼市、４３９人）、細倉鉱山（現栗原市、４７４人）、鹿島組細倉出張所（63人）の合計９７６人。このうち３割強に当たる３６２人が逃亡中とあります。逃亡は宮城県だけでなく、全国的傾向だったようです。

【注】朝鮮はそのころ日本に併合されていたので、戦争が激しくなって労働力が不足すると、政府は朝鮮人を日本本土で働かせる動員計画を立てました。「集団募集」（昭和14年）、「官あっせん」（同17年）、「徴用」（同19年）という方式で動員しましたが、「徴用」というのは強制的に仕事に就かせることです。「募集」「あっせん」でも強制的に集めるケースがあったと言われます（この項については宮城県の軍需工場群でも説明します）。

早くも金華山沖に敵潜水艦が出没

東南アジアの作戦は順調に進み、「やっぱり日本軍は強い」と皆が思っていた昭和17（１９４２）年4月18日、突然、日本本土が空襲を受けました。米空母ホーネットから発進したドーリットル中佐指揮のＢ25爆撃機16機です。

まさかこんなに早く空襲があるなんて想像もしなかったので驚きは大きかった。空母の甲板を延ばして、そこから爆撃機を発進させるという奇襲作戦に出たのです。東京、名古屋、四日市、神戸を爆撃しながら列島を縦断した後、中国大陸の中国軍基地に着陸する予定でしたが、全機がそうはいかず、日本軍占領地に不時着して13人が拘束されました。軍事裁判では全員死刑の判決でしたが、東條首相が「天皇の意向である」と介入し５人は終身刑に減刑されました。

あわてた海軍は、敵艦隊の本土接近を監視するため太平洋上に哨戒線の設置を急ぎます。そうは言っても本土周辺に島はあまりありません。そこで軍に徴用された漁船がパトロールに従事することになりました。本土空襲の第1報も監視艇からの無電でした。一度電波を発信すると敵に居場所を突き止められて攻撃されるので、死と引き換えの打電でした。

このような見張り船を「黒潮部隊」と呼んでいました。全国では終戦までに85隻が沈められ、多くの犠牲者を出しました。気仙沼、唐桑地方だけでもカツオ船を活用した二十余隻が沈没しています。吉村昭の『背中の勲章』は監視艇のことを扱った小説です。

潜水艦からの攻撃や磁気機雷

当時全く報道されていませんが、金華山沖の太平洋には開戦から半年後、早くも米潜水艦が出没、砲撃を受ける漁船や貨物船が相次ぎました。

昭和17年10月、宮城県知事が林信夫氏から加藤於兎丸《おとまる》氏へ交代した際の「知事引継書」で県警察部警防課は次のように報告しています。

「日本初空襲から1カ月もたたない同年5月11日、海軍監視船第二神光丸（105トン）が沈没（場所不明）、乗組員20人全員が行方不明。気仙沼港木田豊吉さん所有の船で、農林省が徴用船として借り上げていた。米潜水艦によるものだろう。

これ以外にも同年10月まで4件の被害が出ている。▽8月23日＝岩手県山田沖で宮城県唐桑村（現気仙沼市）の漁船鶴栄丸（10トン）が米潜水艦の砲撃を受け8人の乗組員のうち3人行方不明▽翌日＝金華山沖で東京の貨物船盛海丸（3、114トン）が磁気機雷に触れて沈没、42人のうちひとりを除いて救助▽翌24日＝同じ場所で和歌山県勝浦の漁船大勝丸（54トン）が米潜水艦から二十数発の砲撃を受けて船尾に一発命中、航行不能▽10月1日＝福島県鵜ノ尾崎（原文では鵜ケ崎）沖で宮城県荒浜（現仙台市）の漁船浪切丸（7トン）が砲撃されて漁網を捨てて避難、6人は無事」

県警防課の資料にはその後も被害は続き、昭和19年2月までに貨物船、漁船など三十数回攻撃されて10隻沈没、死者行方不明者67人を出しています。特に昭和18年2月、近海漁業の最盛期に攻撃が激烈を極め、漁獲が困難になりました。県警防課は海軍横須賀鎮守府と折衝を重ね、哨戒機、駆逐艦の増派、一部漁船の武装化、沿岸防空監視哨と連絡を密にして対応したとあります。

老朽漁船で石油を輸送

開戦時、日本は商船６００万トンを所有し世界第３位の海運国でした。戦争とともに南方海域へ兵員、武器弾薬、食糧を輸送し、その帰りにゴム、スズ、ボーキサイトなどを運んで帰国します。戦局が悪化すると米潜水艦に撃沈される船が相次ぎ、スマトラ、ボルネオなどの南方海域の油田地帯からの石油が日本に届かなくなります。そこで老朽漁船を徴用し、行きは武器弾薬、帰り荷の石油の半分はその船に与えるという条件で気仙沼からだけでも１００トン未満の漁船10隻が従事しました。

『気仙沼市史』によると、このうち第八明神丸、観通丸、大功丸の３隻は昭和18年９月、ボルネオから南鳥島へ航空燃料を運び、再び出港したところ、米軍機に襲われて２隻沈没、大功丸は機銃掃射で死者が出ましたが船は残りました。気仙沼地方の唐桑、大島だけで戦時中の監視、輸送業務で漁船員百十余人が犠牲になっています。

戦時下、宮城県の徴傭船の実態をまとめた労作に新関昌利さんの『知られざる徴用漁船群』（私家版）があります。

防空監視哨、県内に40カ所

戦時中、宮城県内だけではありませんが、眺望のいい場所には防空監視哨が置かれ、いつ姿を現すか分からない敵機を求めて四六時中、空をにらんでいました。

昭和17年10月の「知事事務引継書」には「聖戦下、防空監視隊の整備充実は緊要なるをもって監視隊本部１カ所（気仙沼町）の増設、並びに石巻監視隊本部より東部軍司令部間情報通信用直通電話架設を要請中なり」とあります。日本本土初空襲があったとはいえ、空襲の現実味はまだありません。空襲に備えて監視哨を増やしたり、直通電話をつけるよう要請している、そんな段階でした。

監視哨は日中戦争が始まった翌年の昭和13年９月、県内主要個所に初めて設置されました。太平洋戦争開戦後は県内三本部の下34カ所に監視哨が設けられ、後に40カ所に増設されます。その場所は仙台本部管轄が仙台、吉岡、塩釜など14カ所、古川管轄は古川、唐桑、鶯沢など13カ所、石巻管轄は石巻、女川、涌谷など7カ所です。

敵機の来襲を監視する隊員は最初のころは男子に限られていました。戦争が激しくなると応召や徴用によって男子隊員の補充が難しくなり、本部勤務者は徐々に女子に切り替えられます。本部隊長は警察署長の兼務、監視哨の隊員は民間人が選ばれ、最初は青年団や青年学校生徒などが当てられました。

防空監視哨は四六時中敵機を警戒

悪環境下の監視哨

仙台市は「不眠不休の活動をしている監視哨の戦士に感謝し慰問しましょう」と隣組の常会で呼び掛け、市議団などが慰問に訪れて激励しました。

昭和17年12月1日号の市公報は監視哨勤務者の座談会を掲載しています。永野監視哨長は「監視哨は山の上にあって周囲には風雨をしのぐ何物もない。今は屋根のある家らしきものが完成したが、『大東亜戦争』の開戦時には天幕を張って監視を続けた。どんな天候でも休むわけにはいきません」。佐藤副長は「頂上には水が一滴もないので、1キロ下まで降りなければならない。バケツ二つに汲《く》んでくるのに2人で1時間かかり、冬場は雪道を上り下りするだけでも大変だ。食糧も持ち込んでいるが十分とは言えない」と発言しています。

今と違ってペットボトルの清涼飲料水もインスタント食品もない時代です。住環境も含めて最悪の状態の中で活動していたことが分かります。

仙台の監視哨がどこにあったのか「山の上」と言うのですから、国見、八木山、大年寺などが考えられます。父親が監視哨の仙台本部副隊長をしていた相澤善太郎陸軍中尉のご子息から写真や資料の提供を受けて探してみたのですが、場所は特定できませんでした。

亘理町箱根田監視哨は哨長、副哨長3人ほか17人で3班編成、1時間勤務して2時間休憩です。県警察部から日米双方の戦闘機、爆撃機の精巧な模型が配られ、双眼鏡で監視しました。

空襲が現実のものとなるのはマリアナ諸島が米軍に占領された昭和19年夏以降です。空襲の情報は監視哨から電話で仙台、古川、石巻3本部（警察署）に報告され、そこから仙台・川内の東北軍管区防空作戦室にもたらされ、ここの判断で常時詰めている日本放送協会のアナウンサーに原稿が渡され「警戒警報発令」などの放送となります。

東北ではレーダーは実用化されておらず頼れるのは人間の目と耳だけ、戦国の世とさして変わりのない索敵方法でした。

中国との戦争から5年がたった

昭和17年7月7日。「日中戦争」の開戦から満5年がたちました。仙台城跡にある護国神社には市内の国民学校児童が参拝して英霊に黙とうを捧げ、第二師団には県民からの国防献金、慰問袋、軍馬に与える茶殻、干し草などが寄せられました。過去5年間の献金は204万5000円、慰問袋は178万通に上りました。

大本営は5年間にわたる中国での戦果を発表しています。「敵の遺棄死体233万、蒋介石軍に与えた損害は逃亡、捕虜、投降など500万以上。敵の艦船150隻撃破、各種火砲5000門など捕獲。わが軍の戦死者は11万1000」

5年間でこんなに多くの戦死者が出たのですね。宮城県関係の戦死者数が気になるところですが、県の資料には見当たりません。「知事引継書」を読むと「戦没軍人遺族の弔意」という項目があって、日中戦争勃発後は毎月1回、県、仙台市、第二師団の共催で慰霊祭（前夜通夜法要）を行い、県では知事代理が弔問、葬祭料として将校30円、下士官以下20円を贈ること。その後の市町村葬には知事代理が参列すること――を決めています。

河北新報は中国と戦争を始めてから5年目の同年7月、1家族で2人以上の戦死者を出した宮城県内の12家族を「誉輝く軍国の家」として取り上げています。

中国、フィリピン、ニューギニア戦線で3人の子息を失った涌谷町の玉田鶴治、きよ夫妻は「3人そろってそれぞれ死に所を得たことは武人の面目この上ない。一家一門の誉れ」と語り、中国で2人の息子が戦死した黒川郡大谷村、鈴木清蔵さんは「お国のために散ったこと、親としてこんなうれしいことはありません」。

加美郡加美石村（現加美町）、農業小定ちよのさんは4人を失いました。長男は中国上海戦、長女のむこは南京攻略戦、双子の次男、三男は南方戦線で戦死したのです。小定さんは病気がちの夫を助け、ひとり残った孫（18歳）を立派な兵隊にしようと5反歩の田畑に挑み、食糧増産に挺身《ていしん》しています。「男の子を全部兵隊に出し、全部靖国神社に捧げましたが、母は本望です。残された孫も立派な兵隊にするつもりです。日本が勝つまでやり抜く覚悟です」

――戦時中、最愛の夫や子どもが戦死しても、悲しい、悔しいと言う人はいませんでした。フランスのオルセー美術館所蔵のアンリ・ルソーの初期の作品に「戦争」があり、「戦争は背後の至る所に絶望と破壊の種をまき散らす」との作者の言葉が書き添えてあるということです。肉親を戦争で失った家庭には、涙と絶望が数多くありましたが、人々はそれを平静というオブラートに包んで冷静を装っていました。

傷痍軍人と戦争未亡人

戦争が長引くにつれて、戦闘中負傷して帰還する兵士や、戦死者の妻は増える一方です。

仙台市岩切、上等兵兵藤勝也さんは上海の戦闘で右腕を失ってから5年、帰還後は養豚業を始めました。朝3時に起床、6時に牛に車を引かせて仙台の市街地で家庭や商家の残飯を集めて夕方帰宅します。「負傷で片腕がないので途中で車を倒したこともあったが、いまでは父と妻子5人で心配なくやっていける。債券を500円ばかり買って、恩給には手を付けず貯金しています」

同市の三浦さだよさんは夫の朝太郎さん（上等兵）が戦死し、31歳で未亡人になりました。「でも2人の子どものために生き抜いてきました。長女が10歳、長男は8歳になりました。長女はお父さんの夢を見たと言って何度私を泣かせたことか。国に捧げた明るい気持ちと、子どもがいてよかったという安堵《あんど》感。長女がこの春級長になったと聞いたとき夫の仏前で泣きました」

戦没者の家に「名誉の家」の表札

「知事事務引継書」によると、県は傷痍《しょうい》軍人の職業相談、就職相談を毎週1回、仙台陸軍病院と同宮城野分院、日赤石巻病院、鳴子、川渡療養所で開きました。昭和17年9月現在で146人の求職者があり91人が決定、あっせん中の者は10人に上りました。職業再教育は22人が旋盤、機械工、農村指導、電気工事、竹細工、水産製品検査などの訓練を受けています。

戦死者の妻の生活支援として、相談相手になる婦人相談員が選任されました。一方、特設小学校教員養成所を宮城女子師範内に開設、１年間授業を受ければ小学校教師に無試験で採用される特典が与えられました。資格は高等女学校卒業者と代用教員経験者です。このほか、陸軍被服廠《ひふくしょう》から縫製作業を依頼され、仙台市内など県内15カ所で４５０人が勤務。東京第一陸軍造兵廠（仙台市苦竹）発注の紙箱製造作業に仙台市以外の５町で分散作業、農村地帯ではわら工品製造機械の設備に助成し、農村婦女子の就業を推進しました。

宮城県が敗戦後の昭和20年10月に調べたところ、県内の戦没軍人軍属の遺族は約1万5０００世帯、傷痍軍人は約３５００人に上りました。

戦争するには金がかかる

戦争は人を殺傷し、モノを破壊します。しかも膨大な金がかかります。「日中戦争」が始まった昭和12（１９３７）年度の一般会計予算は、巨大戦艦大和、武蔵建造を決めたこともあって前年度比７億円増の30億４０００万円、その46％を軍事費が占めています。翌年の当初予算は35億１４００万円に膨張、それだけでなく2月には日中戦争の臨時軍事費として48億５０００万円を提出しています。これは一般会計予算の１年分を上回るもので、財源の大部分は公債と特別税でまかないました。

どれだけのお金を戦争のために使ったのかというと、昭和16年までの日中戦争で陸海軍合計２６８億８０００万円、「太平洋戦争」では１１２１億円の臨時軍事費を歳出しています。（『昭和財政史』大蔵省昭和財政史編集室）国の予算に占める軍事費の割合はその後ますます増えて75%を占めるようになりました。

昭和17年6月の戦時貯蓄動員中央協議会で、賀屋興宣大蔵大臣(現財務相)は「戦費は国家予算でとてもまかない切れるものではない。国民の貯蓄によって手当てするしかない。目標は230億円」と発言しました。そのころ、公務員の初任給は80円程度です。目標の230億円を1億の国民で割るとひとり当たり230円となり、かなりハードな目標でした。

職場では給料から天引きされて強制的に貯蓄させられました。さらに奥さんに手渡された給料は隣組を通じてまた集められるのです。同年7月15日号の仙台市公報には「宮城県全体の目標1億4000万円、仙台市の分は5000万円」とあり、このうちの10%強に当たる508万円を隣組が集めなければなりません。国民貯蓄組合がこの仕事を担当しました。

玉造郡宮沢村(現大崎市)では県から19万円の割り当てがあり、国民貯蓄組合に3万400円、公債消化2万1600円、その他貯蓄が13万8000円とし、村民税を基準に各戸に割り当てました。農村地帯では収入は天候に左右され、徴兵や徴用で働き手は奪われ、物資統制下では肥料が厳しく制限されています。そのような中で貯金や国債を半ば強制的に買わされました。

なんと連続3年、全国一

逓信省仙台地方貯金局(現日本郵政グループ)は「貯金についてのつづり方」を募集、優秀作となった宮城女子師範付属国民学校高等科一年、菅恵美子さんの「父の手紙を読んで貯蓄報国を思う」が河北新報に掲載されています。

「父は今、東京陸軍病院に入院中である。昨年夏、中国戦線で右手を負傷し、字はいつも左手で書いている。ある日の手紙に『いまは国の重大な時に当たっている。恵美子も少しでも国のお役に立つように心がけるよう。そうして少しでも天皇陛下に忠義をつくさなければならないよ』とあった。(中略)

昭和16年の貯蓄目標額は135億円、それが間もなく170億円となり、17年度は230億円とだんだん多くなった。飛行機、軍艦、戦車はもちろん、現代戦に必要な武器弾薬、食糧などにお金が入用になったからである。ひとり当たり２３０円、口では簡単だが、容易なことではない。真心こめて国民こぞって貯金すれば目標は達成できる。私の現在の貯金額は10円50銭である。額は小さいが苦しい中からこれだけのご奉公ができたかと思うとやはりうれしい」

政府はいろいろな方法で国民に貯金を呼び掛けています。大蔵省は「貯金標語」を、逓信省仙台地方貯金局は「貯金川柳」を募集しています。このうち川柳には約３万件の応募があり、＜武勲待つ母は細々と貯めている＞＜酒の味忘れ貯金の味を知り＞など50句が入選しました。

結局、日本全体でこの年どうなったのかと言うと、目標額２３０億円に対し、達成率は47％の１０９億円、貯蓄目標額は翌年40億円増の２７０億円、昭和19年度になると３５０億円が目標になりました。何と宮城県の国民貯蓄達成率は昭和17、18年度とも全国１位だったのです。敗戦の年の昭和20年６月、宮城県地方課がまとめた資料には「昭和19年度においては目標額３億９５００万円に対して、実に１２６％の成績を収めたり」とあります。宮城県民の所得は全国的に見ると決して高い方ではありません。戦時下のこの頑張り、どこから出たのでしょう。

戦時下ただ一度の総選挙

昭和17年４月30日、戦時中ただ一度の衆院選が行われました。戦前の帝国議会は衆議院、貴族院の二院制ですが、貴族院は一般国民とは関係のない階層で構成されていました。衆院議員は大正14年、普通選挙法が成立して25歳以上の男子にだけ投票権が生まれました。

「勝ち戦のうちに戦争に協力する議員を増やしておこう」というのがこの選挙の狙いです。政府の後押しを受けて翼賛政治体制協議会（翼協）が発足、全国の選挙区に推薦候補者を立てて戦いました。結局４６６人の候補のうちの８割超、３８１人の推薦組が当選しました。推薦の適格条件は国体概念に徹し、日本は神国であるという絶対的信念を把握している人たちでした。

当時の選挙は今と違って中選挙区制で、宮城県は仙台市を含む県南部の１区と県北部の２区に分かれていました。定数5の1区には11人が立候補、「翼賛推薦」の内ケ崎作三郎、守屋栄夫、阿子島俊治の3氏と非推薦の「自由候補者」庄司一郎、菊地養之助両氏が当選、定数3の2区は「推薦」の3氏が全員当選しました。

　翼賛の推薦を受けない「自由候補者」は様々な妨害を受けたと言われます。東条英機首相は選挙前の大政翼賛会中央会議で「戦争中の選挙に自由立候補者は禁止すべきだ。勝つためには自由の制限を受けるのは当然」と語り、警察が総動員され、非推薦候補の動きを監視しました。

　郷土史家、逸見英夫さんから聞いた話ですが、逸見さんの父君は弁護士仲間で「自由候補者」の菊地養之助氏に頼まれて事務局長を務めました。逸見家には毎日のように特高警察が来て上がり込みました。選挙ポスターに当時一世を風靡《ふうび》した映画「愛染かつら」の主題歌「旅の夜風」の歌詞から「花も嵐も踏み越えて……」の部分を拝借したところ、時局批判だとポスターの使用を禁止されるなど、ひどい干渉を受けたということです。

　全国で推薦を受けずに当選した人たちの中には、政府の戦争政策を批判して議員を除名された斎藤隆夫氏（兵庫5区）、反軍国主義を貫いた尾崎行雄氏（三重2区）、戦後首相となる鳩山一郎氏（東京2区）、三木武夫氏（徳島2区）らがいました。

　斎藤氏は選挙で使う印刷物8万枚を東京から送ろうとしたと

敵を倒すために国債を買おうと呼びかける仙台市公報

ころ、内務省の命令で全て差し押さえられ、尾崎氏は応援演説の内容が皇室批判に当たるとして不敬罪で起訴されました。大審院刑事第二部の法廷は尾崎氏に無罪の判決を下しています。

宮城県内195市町村でも議員選挙が行われ、総定数2815のうち推薦候補2168人(77%)が当選しています。

県地方課の資料には「戦時下の地方自治ますます重大につき、従来の選挙粛清運動のほか皇民教育の徹底を期すため全面的に推薦制度を採用させて時局に相応した市町村会の構成を図らんとした」と推薦候補の擁立に県も関与したことを認め、「概《おお》ね良好の成績を収めた」と選挙結果に満足しています。

仙台市の場合は推薦、非推薦それぞれ22人で仲良く引き分けています。推薦候補が過半数を獲得できなかったのは、これまでにない選挙だったので推薦賛否が沸騰、結局、公会連合会の地域代表と職域代表で選考母体をつくり定数（44）いっぱいの推薦候補を選んだのですが12人が辞退したことが原因でした。

配給制になって トラブル多発

今、街にはおいしいもの、栄養価の高いものが氾濫し、肥満が問題になっていますが、戦時中はお金があってもそうはいきませんでした。国家総動員法によって昭和15（1940）年から切符制、配給制が実施され、まず米穀、マッチ、木炭、砂糖、酒、食用油、が統制品になります。2年後、塩、みそ醬油《しょうゆ》が加わり、昭和19年には39品目にまでふくらみ、生活必需品のほとんどは自由に買うことができなくなりました。そればかりか、衣料品も切符制になったので、配給、切符制でないものを探すのが難しくなりました。

配給制になってからは競争をしなくても売れるので商人は横柄になりました。それでも客は我慢しなければなりません。店に品物があっても「これ注文済み」などと売り惜しみが横行しました。

配給制になる前、よくクレームをつけた主婦が被害にあったそうです。

　商店の中には業務用に配給された砂糖を高価なヤミ価格で横流しして、客には買い占めておいたサッカリンでつくった菓子を販売する菓子屋が現れました。公定価格の対極にあるのがヤミ値で、政府が決めた公定価格を無視して高い値段でモノを売買する行為のことです。

　昭和18年10月、石巻市湊本町の男性は二号重油1缶（18リットル）を公定価格1円51銭のところを15円で十数缶販売し、価格類統制令違反で石巻署に逮捕されました。一罰百戒の意味もあったのでしょう。

隣組のあり方めぐり紛糾

　配給は隣組の回覧板で連絡されました。隣組制度が発足したばかりのころ、近隣社会はあふれんばかりの連帯感に満ちていたように見えました。それから2年がたつと隣人たちの厳しい目が公会長や隣組長ら幹部に注がれるようになります。余程住民の不満、不公平感がたまっていたのでしょう。仙台市公報は昭和17年12月1日号で「隣組特集」を組み市民からの投書を取り上げています。

　以下、市当局との一問一答。

　配給は公平に行われているのだろうか。「配給品の分配方法が秘密主義だ。公会長、班長は公平な分配を徹底させるため割当数量と各隣組への配給数量を皆に分かるようにすべき」（匂当台住民）、「隣組ごと配給券、配給品の出納簿をつくって自由に閲覧できる方法を講じてほしい」（北三番丁住民）。

　皆が苦しいのなら我慢もしようが総量も分配方法もはっきりしないのでは不満を持つのは当然ですね。市の回答「お説ごもっともであり、隣組の常会で発表して公平な配給が実施されるよう努力してください。配給出納簿をつくるのもいいですね」。

　「サツマイモの配給量が学区によって異なる。よそは1戸５００匁《もんめ》（約1・87キログラム）なのに当方はその半分だった」（櫓町住民）。市の回答「サツマイモは業者の自治配給なので市は関係ない。しかし配給である以上は公平であるべき。注意しておく」。

　「長町の酒屋では並等酒を上等酒の値段で売っ

ている。しかも裏口ではコップ1杯50銭で酒を売っている。この酒はどこから出てくるのか」。市の回答「調査をして措置を講ずる」。

配給品を返さず猫ばば

生き抜くための知恵というのか、配給品を少しでも多くもらおうと家族数を水増しして二重取りする方法が横行しました。家族の数を実際より3人分も5人分も多く申告し、お米や木炭を受け取るのです。東京・王子では隣組長が半年間、家族を8人水増しして配給物資を受け取っていたとして有罪判決を受けています。

東京ばかりではありません。仙台地裁は昭和17年12月、白石町（現白石市）の町内会配給部長（52歳）に懲役10月、執行猶予3年（求刑懲役10月）の判決を下しています。この部長、同年5月から9月にかけて、役場から町内会を通じて隣組に配給された砂糖、石けん等の余った分を返却せず自分のものにしていました。宮城県で隣組の犯罪で有罪の判決を受けたのはこれが初めてです。

鳴子町（現大崎市）の隣組長（44歳）は、昭和18年4月から10月まで、隣組の1家族が転居したのに申告せず、この家庭に配給された米82キロ、みそ醤油、砂糖、塩を横領していました。

これが配給の実態だ

昭和18年現在で配給制になったのは次の24品目。仙台市公報には品目ごとの数量、購入方法が詳しく掲載されています。

米、みそ醤油、砂糖、塩、菓子、食パン、小麦粉、鶏卵、食肉、食用油、ミルク、乾めん、白玉粉、きな粉、木炭、衣料品、縫い糸、布団綿、ガーゼ、脱脂綿・衛生綿、軍手・地下たび、釘《くぎ》、セメント、灯油、石けん。このほかに味の素、ちり紙もメーカーが配給制度をとっていました。

翌19年になると鮮魚類、豆腐・油揚げ、青果物、焼酎・ビール、牛乳、蚊帳、洋傘、薪《まき》、代用燃料、畳ござ、ろうそく、障子紙、和傘類が追加されます。

豆腐・油揚げは週に1回、青果物、鮮魚類、食肉は入荷により配給量が決められ、隣組の回覧板で通知、配給所から購入できます。清酒は毎回割り当て量を決め、ひとり1カ月2升以内（昭和19

年になると2合に)、たばこひとり1日6本（昭和20年7月から3本に)。石けんはひとり1カ月入浴用45グラム、洗濯用60グラム、隣組を通じて購入券配布。

冠婚葬祭や出征、妊産婦、病気、災害、乳幼児には特別配給があって、病人、妊婦には鶏卵月20個と牛乳、出征者には清酒2升、冠婚葬祭には砂糖、みそ醤油、酒、塩が配給されます。

戦局が厳しくなる昭和19年3月からは冠婚葬祭、病人用砂糖の特配が停止となりました。

ジャガイモの配給に長い行列

配給物資の供給状況

生活する上で必要な米穀類、青果物、食肉などの需給状況について、県農務課は昭和17年10月の「知事引継書」で報告しています。

◇米集荷＝本年度生産高134万石に対する割当数量85万石は5月末に集荷完了、さらに2万3000石の集荷を督励中（一石は10斗、約180リットル）。

◇大麦、小麦集荷＝合わせて43万石の生産高のうち割当数量は14万石、供出はいずれも6割にすぎず、完遂は相当困難。

◇青果物配給統制＝町村ごと出荷組合を整備し出荷計画を立てて実施（この時点で青果物はまだ配給制に組み入れられていません）。

◇甘藷《かんしょ》類＝ジャガイモの生産量は2277万貫、うち県内消費量は1758貫、サツマイモの生産高は558万貫、全て県内で消費している。県内22警察署ごとに設置された小売配給組合を通じて配給

（1貫は3・7キログラム）。

◇食肉＝以前は牛肉の8割を山形、青森、岩手県から移入、豚肉は県内産でまかなっていた。統制後、割り当ては以前の3割程度に減った。

◇鶏卵＝飼料や生産財不足、公定価格販売などから相当困難な事情にあり、新規養鶏5カ年計画を立てて軍需、病院、都市消費者に優先配給。

◇牛乳＝県内だけでは不足しているので毎日2石4斗を福島県から仙台に移入している。今後も種牛不足、飼料、生産財の入手困難から早急な増産は期待できない。空襲など不治の災害、結核患者の増加を考えると価格転嫁するほか解決策なし。

米どころだけあって米は十分確保されていますが食肉、鶏卵、牛乳の供給には不安があります。

日本人が牛乳を飲むようになるのは戦後になってからです。仙台で戦前から普及率が高かったのは宮城病院（現東北大病院）に代表される大病院や、陸軍第二師団が飲用を積極的に勧めたためで、市内には27の搾乳所がありました。

わいろもらって不正転校

昭和17（1942）年の暮れも押し詰まった12月29日の河北新報は、仙台市内の名門県立中学校2校と高等女学校1校の校長がわいろをもらって転校生を受け入れたり、教師の転任、昇給を働きかけていたりした疑いで逮捕されたことを報じました。ショッキングなニュースの主役は、現在で言うと仙台一高、仙台二高、宮城一高の校長さんです。

わいろをもらっていた時期は、「日中戦争」が既に始まっていた昭和14年から「太平洋戦争」開戦翌年の同17年までの4年間です。多くの青年が戦っているというのに「自分の息子だけがいい学校に入ればいい」という自己中心の親たちと、それに協力する校長。人間の「業」の深さは大戦争も関係なし、そう思わせた不祥事でした。

新聞1面には「県教育疑獄白日の下へ」「予審で有罪判決」「醜悪極まる全貌」などの見出しとともに3人の校長と仲介に加わったブローカーら2人の顔写真、それに200行近い記事が掲載されました。もちろん全部実名です。

県警察部（現在の県警）と仙台地方裁判所検事局（仙台地検）の捜査は9月ごろから始まっていました。刑事訴訟法は現在とは異なる制度がいくつかあって、予審制度もそのひとつです。地方裁判所と大審院（現最高裁）に適用され、判事が事件を公判に付すかどうかを決めるため必要な事項をまず調べるのですが、「予審で有罪判決」とあるので仙台地裁で裁判を行うことに決まったという報道です。

わいろもらって転校認める

一番手広くやっていた中学校校長は、宮城県内ばかりか東京、高知、岩手、北海道、大阪、岐阜など広範囲な地域に住んでいた18人の生徒の親からわいろをもらって自分の勤務する中学校へ転校させていた疑いです。父兄からはひとり20円から200円、あるいは20～30円相当の商品券、洋服仕立券を受け取っており、合計額は900円。

ほかの2人の裏には「教育界の裏街道に詳しい元教師」がブローカーとして介在していました。中学校長はこのブローカーに頼まれて4人の生徒の便宜を図り400円を受け取っていた疑いがあるほか、2人の転校生を引き取るなど合計730円を受領していました。転校希望者はいったん県内の郡部の中学校へ移し、そこから転校させるという手の込んだやり方をとっていたということです。

女学校校長は同じブローカーの口利きで岩手県や宮城県内に勤務する4人の教師の転任や昇給の労を取り、ひとり100円から30円、掛け軸など合計230円相当を受け取っていた疑いです。

『値段の明治、大正、昭和風俗史』（朝日文庫）によると、当時の国民学校（現小学校）教員の初任給は50～60円と言いますから、さほどびっくりするような金額ではありません。問題を起こした校長は相次いで辞職、伝統ある学校のトップに上り詰めたのに、何ともあわれな結末になりました。

この事件は県学務課に衝撃を与え、早速翌18年度から「学区制」と「総合入学交差制度」が導入されます。これまでは県内どこの中学校、女学校を受けてもよかったのですが、人口、通学距離、交通手段などによって県内を4学区に分け、住んでいる学区でしか受験できないことになりました。このうち仙台は第2学区。学校ごとにつくっていた試験問題は地区ごと問題作成委員が任命されて統一問題とし、答案の採点者も誰がやったかわからないような方法がとられました。

三校長の有罪決定
縣教育疑獄白日下へ
醜惡極まる全貌
風評が檢擧の端緒
新考査法で

仙台の名門中学校長、高等女学校長の不祥事を伝える新聞

全国的に教育不祥事

昭和初期は「大衆文化の時代」と言われるように、マスコミの発達、教育への関心の高さとともに、大学だけでなく中学校、高校、専門学校の入学希望者が増えた時期です。戦後の6・3・3制では中学までの9年間が義務教育となりましたが、戦前は小学校（国民学校）6年までが義務教育だったので、中学校、女学校へは入学試験を受けて入学するのです。このような時流に乗って寄付金や合格運動資金などの仲介をする入試ブローカーが全国的に暗躍、学校ごとの寄付金相場が公然と伝えられたりしたということです。

そのはしりが仙台の事件だったのです。昭和17年から翌年にかけて警視庁はじめ千葉、岡山、大阪などの警察、検事局でも入試汚職事件を極秘裏に捜査していました。

東京では国民学校のニセ内申書問

題が発覚、国民学校、中学校、女学校92校の教師１９３人が収賄容疑、父兄２３７０人が贈賄容疑で逮捕されています。国民学校の教師が中学入試の内申書に「優」ひとつは何十円として父兄から金を受け取ったり、中学校、女学校教師が入試考査を手加減してやった謝礼として１００円から２００円をもらっていました。東京の私大医学部職員が寄付の名目で志願者の親に５０００円を出させていた疑いで警視庁に逮捕された事件もありました。

いつの間にか尻切れトンボ

司法当局は文部省（現文部科学省）と協議し、徹底的に取り締まる方針を決めます。それまでは童心への影響を恐れてつとめて内輪に扱ってきたのですが、戦時中の犯罪を厳罰にせよという意見が大勢を占めたのです。ところが、また一転して「児童、一般社会への影響を考慮して」事件の報道は差し止められ、世間の目から隠されてしまいます。戦時下、国民の一致団結を乱すような印象を受ける報道は好ましくないとの判断があったとみられます。

仙台の３校長裁判もどんな判決が出たのか、保存新聞を操ってみた限りではさっぱり分からず、尻切れトンボに終わったようにも見えます。

学校では軍事教練が義務化した

昭和14（1939）年以降、全国の中学校から大学までの授業に軍事教練が義務化されました。各学校には配属将校が配置され、その指導の下、射撃訓練や長距離行軍が行われました。そればかりではありません。部隊訓練、指揮法、手旗信号、武器保存、救助法、毒ガス防毒面の装脱、手りゅう弾投げ、防空監視など多岐にわたりました。日中戦争の開戦後はより実戦向きの教育に代わったようです。

元々は大正時代、軍縮で大量の失業軍人が生まれたので、これら軍人の救済策として始まったのが起こりと言われます。配属将校は学校によっても異なりますが、中学校には大尉、中尉、少尉といった尉官級、旧制高校、大学には大佐、中佐、少佐の佐官級が配属され、複数の将校がいる学校もありました。

東北大は軍事教練の授業がない大学でした。「大学に入る前、中学校や高校で軍事教練を受けているから、あらためてやることもあるまい」というのが理由です。義務化によって全学部2000人に毎週2時間程度実施することになったのですが授業に使う武器がありません。文部省のあっせんで481丁の小銃、軽機関銃が急いで搬入されました。

宮城県の中学、師範学校の軍事教練の実態については宮城学院女子大の大平聡教授と同大大学院生鈴木陽子さんが29人の宮城師範卒業生にインタビューした「聞き取り調査要録」があります。これまでこのような試みはなく、貴重な資料です。それを読むと学校には武器庫があって小銃や軽機関銃を大量に保管していた（戦争末期になると銃は供出させられ、最後はロシア銃、中国軍の銃だけになった学校もあった）、学校での訓練だけでなく、完全防備で長距離行軍が行われた――という共通項があります。

角田中（現角田高）では先輩に保科善四郎中将がいたこともあって軍事教練には熱心で、クラス単位で銃による訓練などに励み、査閲では県内で

軍事教練で行進。壇上の校長の右側に配属将校

一番の成績を挙げたこともありました。白石中（現白石高）では田んぼで模擬弾の銃撃訓練があり、軽機関銃は弾丸が連続して出るので面白く、人気があったそうです。仙台二中（現仙台二高）では広瀬川河畔で紅白に分かれて模擬戦が行われたほか、全学年が参加して塩釜往復の行軍演習も。おにぎりと弁当持参で歩き通し、塩釜神社の境内でおにぎりを食べてから帰るのです。石巻中（現石巻高）や仙台商業は、行軍の時小銃を担いで歩きました。

なぜこうもなぐったのか

戦時中、陸海軍の区別なく、なぐって教育するのが当たり前でした。五味川純平の『人間の条件』、野間宏『真空地帯』に軍隊内の陰湿な私的制裁の様子が描かれています。「まるで殴られるために軍隊に行ったようなものだ」と言う人もいます。それは学校の教錬でも例外ではありませんでした。東北学院中学（現東北学院高校）に配属された将校は、雨が降った後の腹ばいになる匍匐《ほふく》前進で水たまりを避けて進んだ生徒がいるのを見つけ、頭をサーベルの尻でなぐって出血させました。

昭和17年、中学校に入学した小牛田町（現美里町）、元高校教師、三塚泰平さんは2年生のとき、三八式歩兵銃の訓練で、「（銃の）引き金を引け」と言われてやったのですが、カチッという音だけで弾丸が発射しない。配属将校から銃のしっぽの分厚い板の部分、床尾板でガツンと頭をなぐられました。「5メートルも吹っ飛んで目から火花が散り、涙はぼろぼろ。よく死ななかったものだと思う」と三塚さん。

東北帝大の配属将校（大佐）は大学構内で法文学部の学生が戦争の行方を案じて立ち話をしていたとき、学生の後ろから近付いてきて「デマを飛ばすな」となぐり倒したことがあったということです。

配属将校は軍国主義の権化みたいな人がいましたが、そうでもない人もいました。授業を受ける学生生徒だけでなく、受け入れる学校にとっても配属将校の当たり外れは大きいものがありました。

第4章　昭和18（1943）年

米軍の反攻作戦始まる

ガダルカナルの悲劇

昭和18年の元朝参りは、ことのほかにぎわいました。今も元朝参りは盛んで、神社の参道の両側にはにぎにぎしく露店が並び、いろんな商品が並びます。そのころは大半の生活必需品が統制品になって売るモノがあまりなく活気がありません。それでも多くの人たちが詰めかけたのは、出征している肉親の武運長久を祈るためでした。

河北新報は「赫赫《かくかく》たる大戦果のうちに決戦3年目に突入した元日、塩釜神社や岩沼の竹駒神社、仙台の大崎八幡宮などは敵撃滅を祈願する参詣の群れでにぎわった。列車を利用して神社に向かう人の数は過去最高を記録した」と報じています。

早くも反攻作戦に

南太平洋にある米英、オランダの植民地のほとんどは日本軍の占領下にありました。「赫赫たる大戦果のうちに迎えた新年」と新聞にあるのはこのことを指しています。でも、撤退続きだった米軍が態勢を立て直して本格的な反攻作戦を始めるのもこの年でした。

当時、米軍の第1目標はヨーロッパ戦線にあり、太平洋戦線に出て来るには艦船も兵力も十分とは見ていませんでした。ドイツ軍は対ソ攻勢を再開、雪崩を打ってソ連西部に押し寄せています。

反撃はまだ早いと思っていた太平洋戦線で予想外のことが起きました。開戦からわずか半年後の昭和17年6月5日、ミッドウェー海戦で米軍が日本の主要空母4隻を撃沈する大勝利を挙げたのです。日本艦隊の索敵が誤認し、米軍空母部隊の発見が遅れたのが原因でした。「これは思わぬチャンス」と一挙に反転攻勢を強めることになりました。

この年の出来事を追ってみると、それがはっきり分かります。▽2月、ガダルカナル島の日本軍撤退。▽4月には国民の敬愛を集めていた山本五十六連合艦隊司令長官が戦死しました。乗っていた戦艦が沈められたわけでもないのになぜ最高指揮官が亡くなったのか不思議に思っていました。

戦後になって前線指揮中の長官の行動予定を打電した暗号電報が米軍に解読され、搭乗した航空機が16機の米軍機に待ち伏せされたことが分かります。▽5月、アッツ島守備隊2500人が玉砕。▽9月、日本、ドイツと三国同盟を結んでいたイタリアが無条件降伏。▽11月には南洋ギルバート諸島マキン、タラワ両島の守備隊5400人が玉砕しました。玉砕とは潔く死ぬと言う意味で「全滅」の代名詞として使われました。

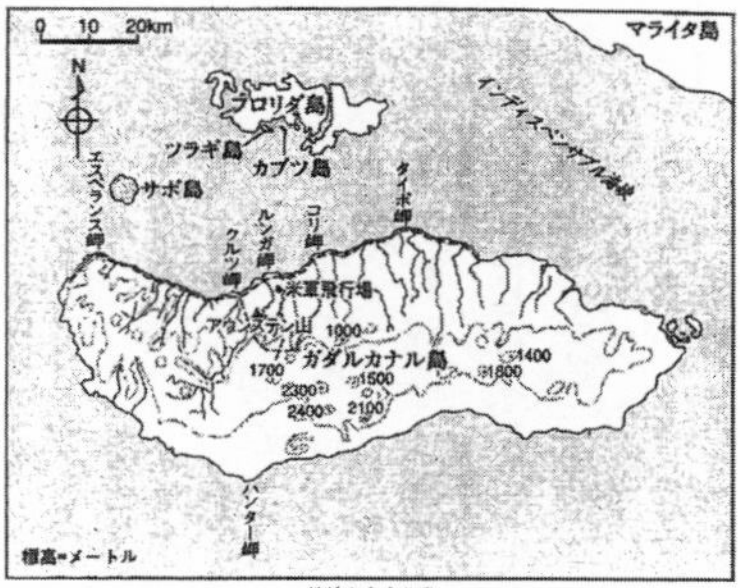

ガダルカナル島

日米が初めて地上戦を展開したガダルカナル島

日米が死闘を繰り返した島

大本営は昭和18年2月9日、「ガダルカナル作戦はその目的を達成せるにより、2月上旬同島を撤し、他に転進を完了せり」と発表しました。「転進」とは「退却」のことです。島の西北部では半年間にわたり米軍と壮絶な戦闘が行われましたが、圧倒的な物量作戦の前に日本軍は制海権、制空権を奪われ、武器弾薬、食糧の補給が思うようにいかず絶望的な飢餓状態になり退却したのでした。

ガダルカナル島はわが国の南、約5500キロ《キロ》にある英国領ソロモン諸島のひとつ、岩手県の半分ほどの大きな島です。前年8月、敵の航空機の出撃地ニューギニアとオーストラリアの間にクサビを打ち込もうと海軍の設営隊が島に飛行場を建設。やっと完成して喜んでいたところへ米艦からの激しい艦砲射撃に続いて約2万人の海兵師団が上陸して飛行場はまたたく間に占領されてしまいます。大本営が奪還を命令、次々陸軍部隊を送り込む。これがガダルカナル決戦の発端です。

大本営は敵の力を過小評価していました。なにしろ、これまでは連戦連勝、負けを知りません。慢心もあったのでしょう。8月16日、先遣隊として旭川第七師団一木支隊2400人のうち900人を上陸させ、飛行場へ突撃を図るのですが、敵をなめて貧弱な武器しか持って行かなかったため、猛烈な火砲の前に全滅、翌月投入した第十八師団川口支隊の6500人も飛行場突入寸前に発見されてこれまた700人以上の死者を出して敗退しました。

2回の攻撃に失敗した陸軍は、ガダルカナルの米軍があなどれない敵であることを思い知らされます。そこでメンツにかけても奪還を図ることになり、選ばれたのがジャワ島で警備に当たっていた第三仙台の第二師団とスマトラ島警備をしていた第三十八師団の一部を合わせた総勢1万5000人の大部隊でした。第二師団将兵はジャワ攻略作戦が終わって帰国の輸送船を待っていたところでした。

島に上陸した第二師団による飛行場への総攻撃は10月24日から翌日にかけて行われました。その前日、海岸沿いに飛行場牽制《けんせい》攻撃に出た第二師団第四連隊第二大隊は集中砲火を浴びて戦死者、戦傷者が続出、マタウ川渡河攻撃の独立戦車第一中隊の戦車10両も全部撃破されてしまいます。

24日の攻撃では歩兵第二十九連隊（会津若松）が敵陣に突入し消息を絶ちました。翌25日の総攻撃では、第二師団左翼攻撃隊長の那須弓雄少将、歩兵第十六連隊の広安寿郎大佐が戦死、この作戦も事前に察知されて失敗に終わり、第二師団第四連隊将兵二千数百人は一夜にして壊滅状態になりました。準備不足の夜襲の上、日米の物量の差が甚だしく、日本側の重砲38門、弾薬20万発、食糧20日分を積んだ輸送船団が沈められたのも大きな痛手になりました。

日本海軍も黙って見ていたわけではありません。機動部隊が米軍機動部隊と2回にわたって海戦を交え、空母「ホーネット」を沈め、「エンタープライズ」を大破させるなどの戦果を挙げています。戦後の検証では、陸海軍の連携がうまくいかなかった上、海軍は敵の空母、戦艦など大物ばかりを狙って輸送船団を軽視したので、敵の補給路を断つことはできませんでした。

食糧、弾薬なく風土病まん延

戦後、現地を踏査した河北新報社の菅原薫記者からこんな話を聞きました。「攻撃を開始したアウンステン山麓から飛行場まで約5キロ、その間に深いジャングルが4カ所、ルンガ川の深い谷、身を隠すところもない草山を三つ越えなければならない。敵は飛行場南方に電流鉄条網と数多くのトーチカを配し、ジャングルには無数のマイクロホン、それに米軍に協力する現地民を潜ませていた。日本軍はそのような堅い守りのところに強力な武器も持たずに何回も懲りずに同じ戦法で突撃して犠牲を多くした」

何回も同じ戦法で突撃、戦死者を増やしていった

前例にとらわれて一度決めたら軌道修正しないで何度も突っ走る、日本軍の悪いクセがここでも出ています。

現地で中隊長として指揮を取った山形県飯豊町、山岸圭助さんは「ガダルカナルでは２００人の部下が数人になった。朝早くから夕方暗くなるまで艦砲射撃だ。それに空からは機銃掃射。一日中動けない。弾丸は飛んでくるし暑い。艦砲射撃では1日に２０００発も爆弾が落ちたことがあった。ヤシの木が倒れたり折れたり。初めのうちはブルブル震えていたが、慣れてくると落ち着いたもんだ。生か死か、どっちかにひとつ。くそ度胸が出てくる。それに地上戦となるとまた大変だ。あっちは性能の良い兵器でバンバン撃ってくる。こっちは明治時代の鉄砲三八式、勝つのはただひとつ。肉弾戦よ。敵地へ突撃だ。したがって戦死者が多くなる」と語っています。

日本軍は増援部隊を何度も上陸させ、敵飛行場に向けて艦砲射撃や空襲を続けました。しかし、

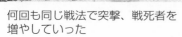

制海空権を敵に握られているので輸送船が島へ近づけません。駆逐艦や潜水艦が武器弾薬食糧を入れたドラム缶を島の近くで海に投下、それを拾ってもらう方法が取られました。

従軍した第二師団第四連隊の渡辺克己さん（塩釜市）、松浦敏男さん（名取市）は「ドラム缶は浮力を付けるため半分くらいしか入っていないので、1回の輸送で1日か2日やっと食い延ばせる程度だった、しかも敵機を気にしながら運ぶのは大変だった」。

ガ島は餓死の島とも言われました。第十七軍参謀は「島に残された兵士たちは食糧も武器弾薬もない。木の根、草の葉もつき、川底のミズゴケまで食い尽くした。動ける者はなく、壕《ごう》に座ったまま銃剣で最後の戦いの準備をしている」との電報を打っています。

やっと生きて帰った兵士たちの証言。

「食べるものがなくて栄養失調者が増え、その上マラリアなどの風土病、脚気《かっけ》、下痢で倒れる兵士も多かった」（川崎町、村上豊次郎さん）

「話したのは食うことだけだった。飯盒《はんごう》一杯飯を食ったら死んでもいいと言って死んでいった戦友がいた」（仙台市太白区長町、山田辰男さん）

「食事は小さな食器に半分のおかゆ。汁はそのへんの草を煮た。おかゆをつくるとき、火や煙を出すと敵の飛行機から集中攻撃を受けるので、火種はヤシの実を乾燥して使った」（村田町、馬場繁さん）

衛生兵として傷病兵を看護した太白区山田、沼田稲雄さんは「薬品も包帯もない。衛生兵は患者の傷口にわくうじ虫を取ってやるのがせめてもの治療だった。それでも戦友は喜んでくれました」。

水無川と呼ばれた窪地に枯草を敷いて臨時野戦病院にしました。敵の飛行機から目につかないところを選ぶと、風通しの悪いジャングルの中になります。多い日は傷と病気で50人も亡くなりました。歩ける人が浅い穴を掘って死亡した戦友を埋めます。埋葬された人はまだいい方で、死んだ戦友の傍らに横たわって死を待つ人、病床からひそかに抜け出して手りゅう弾で自決する人もいたということです。

戦後、ガ島では毎年のように遺骨収集が行われた

大本営は同島からの撤退を決め、昭和18年2月１日夜、駆逐艦20隻で約５０００人、４日夜は第二師団などの４０００人、７日夜は２０００人が５００キロ離れたブーゲンビル島へ帰還しました。撤退は敵の制海空権下で行われたにもかかわらず一度も気付かれませんでした。米国の戦史家は「世界海戦の歴史でこれほど見事な撤退作戦はなかった」と評しています。

上陸した総兵力約3万１０００人のうち１万１０００人が救出されました。死亡者のうち戦闘で亡くなったのは約５０００人、残る約１万５０００人は食糧不足による栄養失調、マラリアによるものでした。〝餓島〟と呼ばれる由縁です。第二師団は１万３１１８人のうち７６７１人が戦死、戦病死し、生存者は４人にひとり、第四連隊は２４５８人のうち１９０６人が戦没しています。

英霊、仙台に無言の帰還

同年7月23日、ガ島の英霊が無言の帰還をしました。「激烈な戦闘で華々しく散った武勲輝く那須部隊長以下郷土部隊将兵英霊は声なき凱旋をした」と報道にあります。宮城県出身者の英霊は２

274人。いままで聞いたことも見たこともないほど多くの英霊が白木の箱に収められて帰ってきました。国鉄（現ＪＲ）仙台駅前で奉迎式が行われた後、英霊は儀丈隊に守られ、哀悼のラッパとともに瑠岡の第四連隊など原隊に帰って行きました。

同月30日夜7時から川内の追廻練兵場で県内各地から遺族が招かれて合同通夜、翌31日朝8時から合同慰霊祭が行われました。会場の中央には仮設の大テントが張られ、祭壇にまつられた白木の棺が、人の背丈の何倍もある高さの天井まで重なっています。

「勇士よ安らかに眠れ」「思い出の青葉城頭、涙に誓う敵撃滅」慰霊祭の日の河北新報の見出しです。国鉄は慰霊祭に参加する遺族のため列車を増発し、慰霊祭を前に仙台市内の中学、高等女学校の男女生徒は会場になる追廻で遺族が座る椅子の運搬に終日汗を流しました。

お兄さんが24歳の若さで戦没した宮城野区萩野町、今野てり子さんは「私はそのとき国民学校児童でしたが覚えています。お墓に納骨する前に白

これまで見たことのないほどの英霊が無言の帰還（小﨑）

い布で包まれた遺骨の箱を開けてみたところ、小石が２個と砂が少々入っており、封筒にガ島の砂と書いてありました。兄の髪か爪でも入っているのではないかと思っていた母はがっかりして涙に暮れていました」。

戦時中、遠隔地の戦闘で戦死した兵士の遺体を本国に送還するのは無理です。恐らく別の島で採取した砂や小石を収めて白木の箱に入れたのでしょう。

「妻と子を置き去りにして……」

青葉区柏木、石川さくよさんの夫、仁寿中尉はガ島で戦闘中、マラリアに感染、戦病死しました。享年40。県職員として勤務中召集されて中国戦線で４年間戦った後、ガ島に派遣されたのです。さくよさんが夫の戦病死の公報を受け取ったのは昭和18年６月14日、日記にこうあります。「ああ、悲しい。１月18日に戦病死とは。その間いかに無事を祈り、血を吐く思いで幾度手紙を書いたことか。泣けばよいのか叫べばよいのか、ああ主人よ、なぜ死してくださった。この妻と幼子を置き去りにして……」

見上げるばかりの白木の英霊の前で弔辞を読む寺倉正三仙台師団長

――戦時下は本音を言えない時代でした。新聞に掲載される戦死者家族の談話は「お国のために散って親としてこんなうれしいことはない」といった話にあふれていました。個人的な日記にしろ悲しみを率直に吐露した文章を拝見したのは初めてです。

この年、内務省は各県警察部を通じて「南太平洋方面戦死者発表に対する反響」を極秘に集めました。一般的には「憎き米英撃滅」と憤りや憎しみから闘争心を燃やしていますが、戦死者が予想以上に多かったことで相当の衝撃を受け、特に老人や婦女子家庭では戦死の内報に接し発作的に精神異常や発病した人がいたということです。家族の死による悲観から厭戦《えんせん》的、自暴自棄な者が多数出ているとも報告しています。

戦後、ガ島からの生還者を中心に毎年のように遺骨収集作業が行われてきました。皆さん高齢化して平成18（2006）年で終わりとなりましたが、島にはまだ多くの遺骨が残っています。

米国から贈られた青い目の人形

昭和18年3月10日、仙台市長町国民学校の子どもたちはチャーチル英首相、ルーズベルト米大統領、蒋介石中華民国総統の似顔絵を描いた看板を持って「米英撃滅」と叫びながら広瀬川から国鉄（現ＪＲ）長町駅まで街頭行進、その後、学校の校庭に集合しました。

以下、河北新報の報道から拾うとこうなります。

「校庭には緊張した子どもたちが整列している。いよいよ行事が始まった。今にして思えば魔の仮面をかぶった恐るべき青い目のアメリカ人形が引き出され、真野校長が当時の事情を述べた後で点火した。火が燃え上がると激しい敵愾心《てきがいしん》にまなじりを決する学童たちから期せずして拍手がわいた」

この人形は昭和2（1927）年、米国の子どもたちから全国の子らに贈られた1万2000体の人形のひとつです。寝かせると目をつぶり、おなかを押さえるとママーと言って泣きました。宮城県には221体が贈られ、小学校を主体に幼稚園、保育園に贈呈されました。

それまで仲のよかった米国との関係は大正13（1924）年5月、排日移民法が議会で可決されると悪化します。当時ハワイとカリフォルニアにはそれぞれ10万人以上の日本人がいました。自由と機会を求める人々の「避難所」であった米国から出て行けと言わんばかりのやり方は日本人に反米意識を持たせるきっかけになりました。

親日家で日本に20年以上滞在したシドニー・ルイス・ギュリック博士はこれを憂いて「友好親善はまず子どもの交流から」と、日本の子どもたちへ人形を贈る運動を始めます。バザーや野外劇をしてお金をつくった人もいて260万人の親子から寄付が寄せられました。

平和の願いもむなしく「太平洋戦争」が始まり、きのうの友はきょうの敵、一夜にして友人関係は崩壊しました。ただ、人形の破棄命令を誰が出したかは分からず、「坊主憎けりゃ袈裟《けさ》まで憎い」のたぐいで、敵性国家に関係あるものは抹殺しようという気風があったのでしょう。

昭和18年の2月20日付毎日新聞には、青森県鰺ヶ沢国民学校で、5年生以上の児童に「人形を

昭和2年、仙台で開かれた青い目の人形歓迎会

どうしたらいいか」たずねたところ「憎いアメリカのものは焼くか破棄する」との答えが大部分を占め、郡教育会は郡内の人形を1カ所に集めて機会あるごとに児童に見せて敵愾心を植え付けることにしました。宮城県だけの動きではなかったことが分かります。

米国から贈られたステラちゃん（左）と12年ぶりに帰国した「ミス宮城」

アウトはダメ、セーフは良し

この時期、これと似たような話に敵性語の追放があります。昭和18年1月、内閣情報局は米英そのほか敵性国家に関係あるジャズなど1000曲の演奏、レコード販売を禁止します。同盟国ドイツ、イタリアは除き、ドビッシーはフランスの作曲家だが、フランスはドイツ占領下にあるから適用外などという変てこな論議がなされました。国産レコードも英語のタイトルが入ったものは発売禁止です。

　同年2月になると米英語を使用した雑誌名が禁止され、3月になると日本野球連盟が野球用語を全て国語化し、アウトはだめ、セーフは良しと呼ばれるようになりました。

　東北学院中学部の校舎は仙台市東二番丁、現在のウェスティンホテル仙台の場所にあり、正面玄関に同校の信条である三つのLを頭文字にしたＬＩＦＥ（生命）ＬＩＧＨＴ（光）ＬＯＶＥ（愛）が掲げてありました。「米英思想の掃討を図れ」と告げ口した人がいて、県学務部の命令で、同校の信条はコンクリートで塗りつぶされました。米国では、これとは逆に戦争に勝って日本を占領した場合に備えて日本語の学習が盛んだったと言いますから、料簡の狭い、時代風潮に流される日本とは大違いです。

10体の人形が残っていた

平成になってから元教員を中心に「みやぎ『青い目の人形』の会」が結成され、調査したところ宮城県内には10体残っていることが分かりました。村田第四、三本木、桃生、米谷、上沼、川渡の各小学校、広淵保育所、金山図書館、それに元耕野小学校勤務の八島孝男さんと元鳴子小学校勤務の長沼あさのさん所有の人形です。

このうち石巻市河南町、広淵保育所に保存されていたステラ・ローラネルちゃんは初代保育園長で住職の庄司仙領さんが「人形に罪はない」と寺の本堂の棚にしまい処分を免れました。登米市上沼国民学校のメリーちゃんは用務員菅原喜久也さん、加藤八郎先生が戸棚の後ろに隠して無事。佐沼署の警官が来て「本当に焼いたのか」と用務員室の釜まで開けて見ていったそうです。大崎市三本木小学校に残っていたベティー・ジェーンは、校長先生から「これ焼いてくれ」と頼まれた我妻先生が実家にしまっておいて助かりました。

米国への返礼として昭和2年、全国から人形58体が渡米、宮城県からは高さ82センチ、着物姿の「ミス・宮城」がカンザス州都トピカ市博物館に贈られました。博物館は戦後、竜巻で倒壊したので人形も失われたと思われていましたが、同州の古美術商、故マーガレット・コルベットさんがオークションで手に入れて保管していました。この人形が「ミス・宮城」と知ったコルペットさんが平成10（1998）年、当時の浅野史郎知事に連絡したことがきっかけで県内の小学校と交流が始まり5年後に人形とともに来県しました。

その後も交流は続き、平成27年にも人形は里帰りし、宮城野区榴岡、仙台市歴史民俗資料館で企画展が開催されました。展示会には東日本大震災で被災した人形のナンシーちゃんも出展されました。鳴子小学校教師だった祖母から東松島市の薬剤師庄司敬史さんが受け継ぎ所有していたのですが、津波で海水に漬かり、開いたり閉じたりする目が閉じたままになってしまいました。

新聞を取り締まる法律が24も

戦時中、新聞雑誌、放送、映画、書籍、レコードなどあらゆるメディアは「特高警察」や憲兵隊によって検閲され、意にかなわないものは発表が禁止されました。敗戦時に数えてみたら新聞を取り締まる法律、命令、要綱は新聞紙法、治安維持法、国家総動員法、戦時刑事特別法、新聞紙等掲載制限令、言論出版、集会結社等臨時取締法、陸軍刑法、海軍刑法など24にのぼりました。

「日中戦争」から「太平洋戦争」になると検閲は一段と強化され、軍の秘密や外交、経済政策上支障があると認めれば、記事の差し止め、発売禁止の措置が取られました。陸海軍の軍事作戦は事前検閲で許可が出ない限り報道は禁止です（これは他国でもやっています）。太平洋戦争の開戦と同時に自由主義国の通信社、米国のAP、UP（現UPI）、英国のロイターの外電は姿を消し、入ってくるのは枢軸国ドイツ、イタリア、日本側を応援する国と南米中立国からのニュースだけになってしまいました。

内務省は言論統制を容易にするため、全国の新聞社の整理統合に取り掛かりました。新聞用紙の配給を武器に、力の弱い新聞の廃刊や合併による統合を進めたのです。その結果、東京、大阪、名古屋、福岡は複数の新聞を認めましたが、ほかの道府県は1県1紙となりました。

宮城県警察部特高課が知事に提出した報告によると「県内には日刊の新聞社が13社あり、整理統合を断行し、昭和17年1月31日をもって1県1紙（河北新報）実現す。ほかにも１０８社の新聞社、出版社があり、最終的に19社を目標にしている」とあります。『河北新報の百年』によると昭和14年ごろから廃刊や合併が始まり、最後に残ったのは仙南日日（大河原）、三陸新報（気仙沼）、みなと新聞（石巻）の3社、これらも昭和16年中に廃刊、河北新報だけが残りました。

新聞だけではありません。演劇、童謡、流行歌は作品が完成しても検閲官から戦意高揚が足りない、もっと戦闘的に、退廃的な歌はダメなどと書き直しを命じられ、治安上害があるとみなせば没収されました。

戦時下、宮城県で新聞、放送、雑誌の検閲を担当した県警察部特高課には検閲係4人が専従、河北新報社本館1階には特高課用の部屋があって警官がしょっちゅう出入りしていたとの話もあります。

新聞法制史に詳しい上智大名誉教授、春原昭彦さんは「東京は警視庁、地方は都道府県の警察部が担当した。地域によって厳しいところとそうでないところがあった。仙台は第二師団のおひざ元だけでなく憲兵隊もあったので、厳しい方ではなかったろうか」と推測しています。

軍部と対立した三つのケース

日中戦争、太平洋戦争の時期を学者は「新聞統制時代」「新聞暗黒時代」「新聞低迷時代」と呼んでいます。特に昭和13（1938）年、物資も人も国家が統制する国家総動員法が実施されると、言論はますます不自由になりました。

報道をめぐって河北新報社が陸軍と対立したケースが過去3回あります。
（1）前にも触れたように、満州事変勃発直後の昭和6（1931）年10月、軍人の言いなりになる若槻礼次郎内閣を皮肉った記事に陸軍が激怒し、筆者を出せと迫ります。拒否されると退役軍人などで組織する在郷軍人会が不買運動を宣言するのですが、それも実行されぬまま終わりました。
（2）「宮古川事件」と呼ばれるもので、昭和10年11月の深夜、仙台中心部にある料亭「宮古川」の女中部屋に現役の陸軍大尉が私服姿で侵入、逃亡の際腕時計を盗み、住居侵入と窃盗の疑いで警察に連行されました。河北新報はこの事件を3段見出しで報道しました。憲兵隊は「軍を傷つけ軍民離間を図るものだ。記事取り消しと謝罪文を紙面に掲載しなければ大尉を河北の社長室で自決させる」と脅します。1週間にわたる交渉の結果、河北新報社は涙を飲んで記事取り消しを掲載します。当時の編集局社会部員、飯島文太郎さんは「軍部の圧力に負けたという話を聞いて、社会部員は辞表を胸に『事実を報道してなぜ謝るんだ』と社の幹部に迫ったのを覚えている。しかし、どうにもならなかった」。

（3）昭和20年8月、敗戦が決定的になったころ、終戦を促す2本の社説が掲載され本土決戦を呼号する軍部と対立しました。社説の見出しは「偽竜を愛し真竜を怒る」「戦争目的の真諦《しんたい》」で、執筆したのは主筆兼編集局長の寺田利和さん。憲兵隊は宮城県知事に「特高警察は何をしているのか」と徹底究明を命令、ついに寺田さんは退社します。その2日後、日本はポツダム宣言を受諾して全面降伏。社説の主張通りの選択がなされました。慰留にもかかわらず寺田さんは辞表を撤回しませんでした。

戦争の拡大とともに、軍部の圧力が強くなっていることが分かります。問題が大きくなると「特高警察」のほかに司法警察権を持つ憲兵隊が乗り出してきました。それでも日本の検閲は事後検閲でした。「あつものにこりてなますを吹く」のたとえではありませんが、新聞社が過敏な自主規制するようになり自分で自分の首を絞めるような側面もありました。

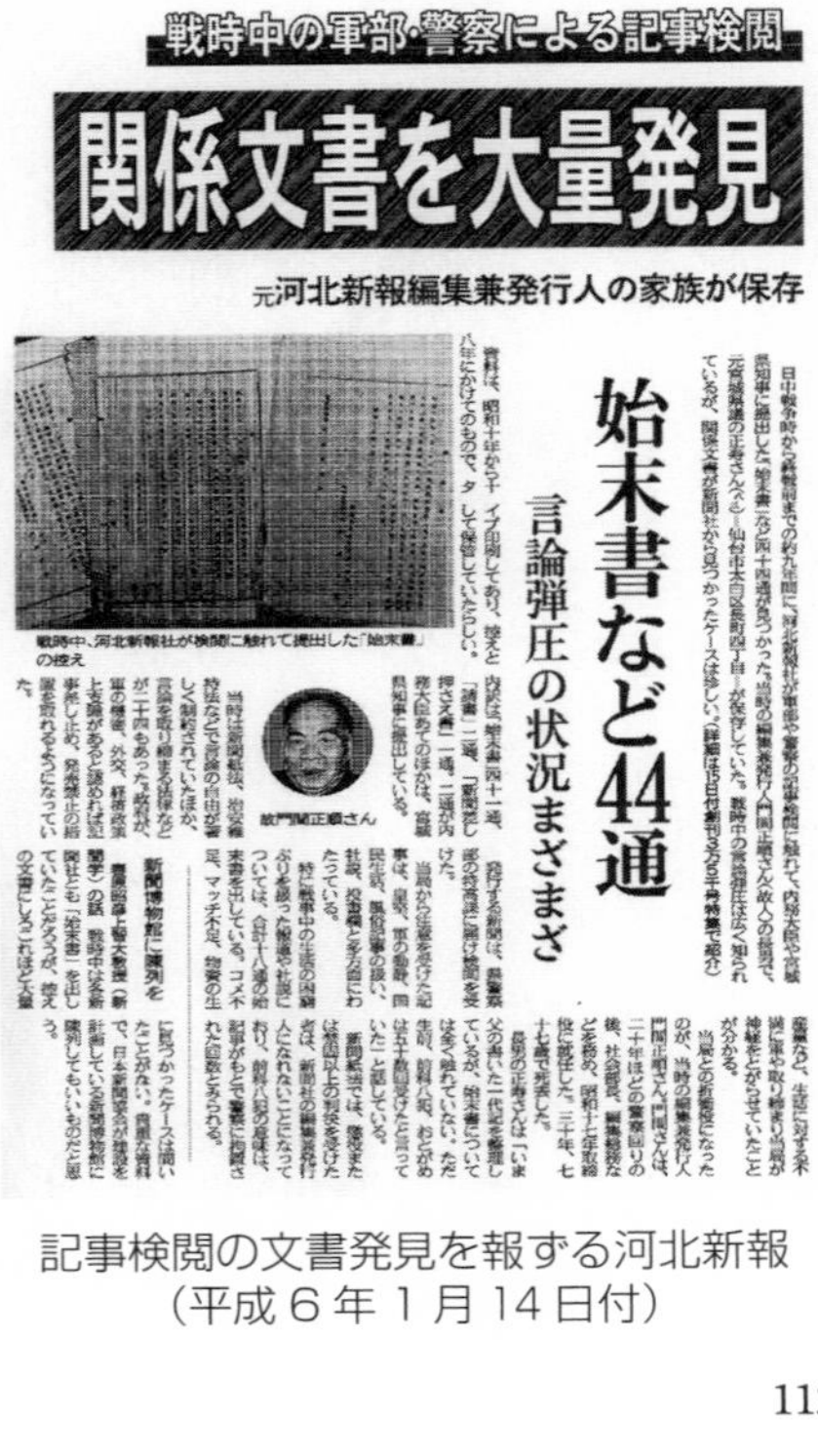
戦時中の軍部・警察による記事検閲

関係文書を大量発見

元河北新報編集兼発行人の家族が保存

始末書など44通

言論弾圧の状況まざまざ

記事検閲の文書発見を報ずる河北新報
（平成６年１月14日付）

信毎新聞主筆・桐生悠々の気概

言論弾圧の例として広く知られている事件に、昭和8（1933）年8月11日、長野の信濃毎日新聞に掲載された「関東防空大演習を嗤《わら》ふ」の評論があります。「嗤ふ」は愚策をばかにしてわらうという意味です。筆者は主筆の桐生悠々で、同月9日から関東地区で大規模な防空演習が行われたことを「敵機を帝都上空に迎えては万事おしまいであり、こんな訓練はこっけいだ。まず敵を撃退し帝都に入れないことが防空戦の第一義でなくてはならない」と論陣を張りました。

今考えても、ごく当たり前の指摘です。軍部は桐生がそれ以前にも治安維持法や軍備増強などを激しく批判していたので、よほどしゃくにさわったのか、松本連隊区司令官の指揮のもと、退役軍人、予備役約8万人で構成する信州在郷軍人会の不買運動を示唆し、新聞社を焼き討ちするなどのデマを飛ばして脅迫、結局2カ月後筆者は退社せざるを得ませんでした。

桐生はその後も雑誌『他山の石』を発刊、日中戦争が始まると、戦争は長引くことを見抜き、「軍がどこまでも進めば、結局破船の憂なきかを憂えざるを得ない」と次のように主張しました。

「だから言ったではないか。軍部の妄動をいさめなければその害の及ぶところ実に測り知られざるものあると」「頼らしめて知らしめないが絶頂に達した。何事もお上の言うことを信じ、他に何も知ってはならないというご時世になった」「国民の、民衆の意を知悉《ちしつ》（知り尽くすこと）せずにどうして真の政治が行われようか」

『他山の石』は6年間に23回の発禁、3回の削除処分を受けながら発行を続けました。桐生は昭和16年9月、「太平洋戦争」が間もなく始まることも知らずに67歳で死去。

検閲に触れて始末書44通

河北新報社は昭和10年から同18年までの8年間に特高警察の検閲に触れて内務大臣や宮城県知事に合計44通の「始末書」を提出しています。当時の同社編集発行人、門間正順さんの長男で、元宮城県議門間正寿さん（いずれも故人）が控えを保存していました。戦時中の検閲は広く知られていますが、これだけ大量の関係文書が見つかったのは珍しく、資料は横浜市にある日本新聞協会の新聞博物館に保管されています。

内訳は軍関係15件、経済関係14件、皇室5件、社説・投書4件、外交、風俗各1件など、提出した時期は太平洋戦争の開戦前年の昭和15年が26件と全体の6割を占めており、16年6件。当時の紙面と照合した結果「始末書」の日付は全て一致しました。

それらを詳細に点検すると、検閲当局が特に目を光らせたものに、まず皇室関係があります。戦時中、同社活版部で勤務した佐竹照雄さんは「天皇陛下を天皇陛下と活字を拾い、こっぴどくしかられた人がいた。それからは4文字を連字にした」と語ります。

写真部員で、後に写真部長を務める山田庄左衛門さんは「皇族は7メートル離れたところから撮影し、両足が地面についていないとダメだと言われた」と語ります。検閲に触れたのは、北白河宮妃殿下を仙台駅で撮影した写真です。妃殿下が日陰になって、まるで熊が歩いているように写っており「謹写とは全く相違せる写真」と始末書、このほか「宮」の字が不鮮明だ、とこれも始末書でした。

軍の動静についても厳しい規制がありました。大本営発表はそのまま報道してもいいが、部隊や艦隊の移動、部隊名、戦死傷者数、基地の被害状況は記事にできません。東北出身の歩兵部隊を○○部隊とすべきところ部隊名を入れたとか、郷土部隊帰還の記事で、発信地を○○とすべきを具体的地名を入れたなど、それだけで始末書です。

昭和17年7月、ガダルカナル戦死者の遺骨が仙台に帰還し、たくさんの遺骨を抱いて進む行列を撮影した写真は「戦死者の数があまりにも多いことが分かる」とクレームがつきました。

マッチ不足を報道してしかられた

検閲当局がもっとも神経をとがらせたのは生活必需品が配給制になって国民が困っているという経済報道で、記事や社説、投書欄を含めると18件の始末書を提出しています。中でも最も罪が重い内務大臣あてが1件あって、東条英機内務大臣（開戦時の首相）に出しています。「太平洋戦争」開戦直前の昭和16年10月29日付の社説「政治と配給制度」です。

「配給制度が始まっても依然ヤミ取引が横行している。ヒマと金のあり余っている連中には都合がいいことで、官権、金権をかさに電話一本で配達させているところもある。（中略）損得の考えはいけないが、真剣に戦時生活を守っている者が損をするようでは社会秩序は維持できぬ」というごくまっとうな論調です。どの部分が「特にご注意をこうむった」のか資料からは分かりません。

経済関係では「ひと箱のマッチに死にもの狂い」「木炭価格高騰」「たばこ飢饉《ききん》深刻」「気仙沼地方、コメ不足」についても始末書です。亘理郡逢隈村（現亘理町）の信用購買組合はマッチ不足を緩和しようと家庭用大箱マッチ２００個を住民に販売したところ約６００人の住民が押し掛けガラス戸が破れるなど、マッチ飢饉の深刻さを物語っていたという記事には「国民の不安をかき立てる」と注意され、始末書を提出しました。

投書欄では「物価高、物資不足の中で政府は国民の台所の実態を調べて生活必需品だけでも円滑に配給せよ」という希望（昭和14年12月17日付）、「酒屋に酒がない、たばこ屋にたばこない、そのくせ値上げに抜け目ない、街にネオンの影がない」という「当節ないものづくし」（同15年1月30日付）が検閲に触れています。このような生活実感を書いたものも、当局には「記事取り扱い上注意を欠いたもの」としか映りませんでした。

汚れ役「おれは前科8犯だ」

特高警察との折衝に当たった門間正順さんは、長い間警察担当記者をした後、社会部長、編集総務などを務め、昭和17年には取締役に就任しています。編集兼発行人の時期は編集局調査校閲部長、連絡部長から取締役になるまでの5年間です。春原昭彦上智大名誉教授は「各新聞社に彼のような立場の人がいた。いわば汚れ役なので退社後は年金を支給してねぎらった。新聞社によって活版部員やスポーツ記者を発行人にしたところもあったが、河北新報社のように後に取締役になる人を発行人にしたのは珍しい」と話しています。

門間さんは生前、家族に「おれは前科８犯、とがめは五十数回受けた」と語っていました。「前科８犯」の意味ですが、新聞紙法では懲役または禁錮刑以上の判決を受けた者は新聞社の編集兼発行人になれません。したがってそのような処罰を受けたのではなく、記事がもとで警察に留置されたとか厳重注意された回数ではないかと思われます。

門間さんは温厚な人で、大きな声を出すようなことはなく、警察にしかられて編集局に帰ってきても、今後気をつけろとか原稿を書いた記者をしかることもなかったそうです。戦時中、同社統制部長を務め、後に代表取締役副会長となる日野勝次郎さんは「全て彼の段階で処理していたと思う。大体ウソを書いたり記事に誤りがあったのなら謝罪するが、本当のことを書いてしかられる時代だったから、特別気にもしなかった」。

――「満州事変」の前まで言論は比較的自由だったのですが、事変勃発後、規制を強化する動きが出てきます。このとき言論界は一致協力して阻止するどころか論調は戦争謳歌《おうか》に一転し、戦闘の速報合戦を繰り広げ、戦争に協力する紙面に切り替えられていきました。

金属回収 政宗騎馬像も供出

資源小国のわが国が、世界有数の資源大国・米国に戦いを挑んだのが「太平洋戦争」の構図です。しかも戦場は中国本土だけでなく東南アジアに拡大、軍需品の消耗が激しく絶えず補充に追われていたことはこれまで見てきた通りです。

日米を比較すると、米国を100とした場合、わが国の鉄鋼生産量は11％、石炭生産量は16％、石油に至っては国内消費量の70％を米国に依存していたのですから比較になりません。それは航空機の生産量にも反映し、昭和16年米国1万9000機に対してわが国は5000機でしたが、同19年になると米国10万機に対してわが国は2万8000機と差は拡大していきました。

開戦後、満州や東南アジアの占領地から鉄鉱石や石油、石炭などが運ばれ、国内で軍艦や戦車、大砲、武器弾薬の生産を急ぐのですが、のどから手が出るほど欲しいのが原料となる鉄、銅などの金属でした。そこで考えたのが国内での金属回収です。昭和13（1938）年施行された国家総動員法でこれが決定しました。当時の「宮城県知事引継書」には「県仏教会、キリスト教連合会、神道連合会の積極的協力のもと回収計画を立て、申し込み受付中。一般家庭については宮城地方資源回収協議会に諮問し、実施方策を策定し目下、地方事務所ごと回収の打ち合わせをしている」との記述が見られます。

寺の鐘から橋の欄干まで

仙台市は開戦直後の市公報号外で「弾丸も戦車も軍艦も、戦争には鉄が必要だ！　1軒から100匁《もんめ》（375グラム）の古鉄を出すと、全国で8500台の軽戦車ができあがる」となかなかうまい宣伝文句を使って金属回収への協力を呼びかけています。

年が明けて昭和17年になると早速、金属回収が行われました。仙台市では1月20日、公会役員や中学生が14班に分かれて荷車やリヤカーに「金属特別回収訪問班」と書いた小旗を立てて各家庭を回り供出を呼びかけました。床の間の花びん、仏壇に供えてあった花立て、大なべ、青銅の火ばち、かさ立てなどの金属が提供されました。

市内の繁華街を照らしていたスズラン灯200本が「愛国回収」という名前で供出され、大年寺では名鐘「開静鐘」、本堂のろうそく立てが回収されました。西公園に立っていた日露戦争戦没軍馬九百余頭忠魂の銅像も供出です。寺院にある多くの鐘のうち国宝に匹敵する正楽寺（慶長13年製造）、洞雲寺（永正15年同）、箟峯《こんぽう》寺（応永28年同）の三古鐘は除外されました。

昭和18年6月、「金属類非常回収実施要領」が閣議決定されて回収はより強化されます。鉄製品では門扉、鉄製ベッド、物干し、ストーブ、ロッカーなど、銅製品では郵便受け、シャンデリア、洗面器などが加えられ、公共物ではマンホール、交通標識、橋の欄干なども対象になりました。仙台市立病院は昭和14年に鉄筋5階建てのビルに改修し、170の鉄製ベッドを購入したばかりでしたがこれも供出されて木製に、片平の東北帝大キャンパスの周りを取り囲んでいた鉄製欄干もや

金属回収は隣組を通じて行われた

はり木造に変わりました。

回収方法はよりシステム化され、隣組ごと日程を組み、会場では公会役員立ち会いのもと、買い上げ者が物品を鑑定して値段をつけていきました。

——わが家には鉄工場を経営していた祖父自慢の鉄製門扉がありました。高さが2メートルぐらいあって、五三の桐の家紋や装飾が施されていたのですが、供出されて貧弱な木製の門に変わりました。これまで、無償で提供したのかと思っていたのですが、国が買い取っていたことが分かりました。新しい木製の門の購入資金に充てられたのでしょう。

著名人の銅像、胸像も

同年8月、仙台市では著名人の銅像、胸像合わせて52体の壮行式がありました。本当なら家宝として伝えられるものですが、弾丸や戦車となってお役に立てることになりました。供出されたのは斎藤実《まこと》元総理、藤沢幾之輔元枢密院顧問、氏家清吉元衆議院議員、今村武志仙台市長、本多光太郎東北帝大学長、伊沢平左衛門元貴族院議員、一

供出された有名人の銅像、胸像

力次郎河北新報社社長、早川智寛元仙台市長、小西利兵衛元仙台市議、大内源太左衛門大内合資会社社長など、このうち伊沢氏の胸像だけで20体ありました。

戦後、政宗の胸像だけ見つかる

ついには仙台城本丸跡から市内を見下ろしていた藩祖・伊達政宗の騎馬像までが出陣することになりました。昭和19年1月22日、赤いたすきがかけられた騎馬像の前で出陣式が行われました。河北新報は「米英撃滅の第一線に晴れて出陣する政宗公の銅像前では厳粛な神事に続き、内田信也知事、今村市長、伊達伯爵、寺田仙台師団長、銅像建立者代表阿刀田令造、彫刻家小室達《とおる》、鋳造家伊藤和助の各氏が玉ぐしを供え、土井晩翠の詩が朗読された」と報じています。高さ4メートルを超え、重さ約5トンの騎馬像は出席者の前で礎石から切り離されて運ばれました。

この騎馬像は昭和10（１９３５）年5月、政宗没後３００年の記念事業として県連合青年団などが４万６０００余円の資金を集めて建立しました。三陸大津波や東北大凶作といった厳しい経済状況下での募金でしたが、県民の熱意高く予定を上回る金が集まりました。制作は柴田町出身の彫刻家小室達氏。

敗戦の年の11月、塩釜の東北ドック内でなべ、釜など供出金属品の山の中から政宗像が見つかりました。全身像ではなく、胸像の部分だけでした。仙台市南材木町国民学校長で郷土史家の石川謙吾さんが発見し、銅像を仙台に戻したいと県と話し合うのですが、敗戦直後のごたごたで誰も相手にしてくれません。そのうちに騎馬像を処分するという連絡があって、結局くず鉄として１７００円で買い取り、トラックに積んで自宅まで運びました。この胸像、仙台市博物館の南庭園に展示されています。

ご難を免れた伊達政宗胸像（小﨑）

戦後の昭和29（１９５４）年10月９日、騎馬像の跡に平服姿の政宗コンクリート立像が建立されました。高さが４・５メートルあり、新制作派所属の柳原義達さんが制作しました。これはこれで立派な政宗像でしたが、市民の間から「やっぱり、あそこは騎馬像だっちゃ」という要望が寄せられ、仙台市や仙台観光協会、そのほか多くの人の尽力で10年後の昭和39年、日付も同じ10月９日復元像の除幕式が行われました。

　騎馬像をつくった小室達さんは既に世を去っていましたが、精密な原図と原型が柴田町で保存されていることが分かり、これをもとに復元されました。

　コンクリート像は、政宗が仙台に移る前の城であった大崎市岩出山町に移され、今も見ることができます。

背広は禁止
国民服とモンペ姿

戦争中、国民はそろいもそろって同じような服装をしていました。男性は国防色と呼ばれる黄緑色の国民服を着て脚部にゲートルを巻き、女性は簡素な着物にモンペばき、頭に防空頭巾という姿です。何があってもすばやく行動できるような服装を考えた結果がこれで、敗戦までこのような「決戦色」の服装が日本全土を覆っていました。

国民服とモンペは日中戦争勃発後実施された国民精神総動員運動に端を発しています。それまでの日本では、男性は一見サラリーマン風、商人風、職人風といったように服装によって職業が大体分かりました。国民服を着るようになると、もう見分けがつきません。婦人のモンペも、パーマネント追放、振りそで追放など、「ぜいたくは敵だ」の掛け声による服装簡素化の産物でした。

「日中戦争」が本格化するころから綿や羊毛の販売が制限され、綿の代わりに人造繊維のスフを使用した衣類が急速に増えました。合わせて昭和17年2月から衣料品の点数切符制が実施されます。生活必需品のほとんどは配給制、切符制になりましたがその一環としての措置です。

市制地では住民ひとり1年に100点、町村部では80点が持ち点となります。たとえば三つぞろいの背広を買うと50点、政府が推奨する国民服は32点、ワンピース15点というふうに、買い物をするたびに持ち点が減っていきました。

国民学校児童がシャツ、毛のセーター、靴下を1年間でそろえると353点となり、全部そろえるまで3、4年かかりました。ただし婚約の整った女子、妊娠5カ月以後の婦人、火災や盗難にあった人にはこれら基本の点数のほかに特別交付といった優遇措置がありました。

翌18年になると持ち点は同じですが、基準点数が25％引き上げられ、その分だけ買える衣料品が少なくなります。敷布1点が従来の24点から30点という具合です。

しかも寒い東北も南国・九州も持ち点は同じです。同年11月、宮城県庁で開催された東北地方行政協議会では「気候風土に応じて衣料品を増配し、戦力増強のためうんと働いてもらおう」と東北地方住民の切符増配を政府に要望することを決定しました。その後、北国で基準点数が増えたという報道は見当たらないので、多分取り上げられなかったのだろうと思います。

婚礼、葬儀は平服で

政府は追い打ちをかけるように同年、閣議で「戦時衣生活の簡素化要綱」を決定します。伝統的な虚飾と無駄な服装を一掃しようというのが狙いで、女性の着物の長そでや男性の背広はご法度になりました。生地を洋服屋に持参しても、背広はもう仕立ててもらえません。中学生以上の生徒の制服、外套《がいとう》も廃止されて国民服仕様のものに統一されました。

これを受けて仙台市は市民に対して次のように呼びかけています。

一、衣類の新調はやめて、ありあわせのものを活用しよう。

二、やむなく新調する場合は、男子は国民服乙型を採用し、背広はやめる。女子は標準服として作業、活動にはモンペ風のものをはく。

三、婚礼、葬儀は平服で参列しよう。

四、不用の衣類は隣組で融通交換して活用しよう。

五、夏季中は上着を着なくていい。

六、警戒警報が発令されたらすぐ防空服装に身を固めよう――。

なにやら現代のクールビズの先取りのようにも見えるし、現在の不用品交換会の先取りのような感じもします。

市公報のコラムには「これで決戦一色の質実なものとなった。学校を卒業後、実社会に出てもすぐ背広、モーニングを新調することもなくなった。このような一切の無駄、虚飾を廃することに協力し、キリッとして服装で、いつ空襲警報が鳴り響いても空襲されても直ちに部署につける服装でこの戦争を勝ち抜く心構えを持つべきだ」とあります。

戦局がより厳しくなる昭和19年、衣料切符の持ち点はさらに減らされ、市制地は従来の半分の50点（30歳以上は40点）に減らされます。その上、国民学校児童や中学生が使う必需衣料品を除いて生産を中止したので、ひとり1年間に配給される衣類は靴下2足、タオル1本、縫い糸15匁《もんめ》（1匁は3・35グラム）の耐乏生活になりました。この制度は戦後も続き、廃止されたのは戦後5年たった昭和25年になってからです。

多くの男性は国民服、女性はモンペ姿に

「暖衣飽食」と言いますが、人間が生活する上で必要不可欠な着るもの、食べるものが不足し、衣類はつぎはぎで、食べ物は代用食で我慢したのがこのころの暮らしでした。

——国民学校6年生の時ですから、敗戦の年、昭和20年の1学期のことです。女物のズロースをはいて登校したことがありました。母が男物のパンツを買いに行ったら、「パンツはないがズロースなら」と言われて、勧められるまま買ってきたのです。「誰にも見せるものでもないし、我慢して」というのでそれをはいて登校しました。そのころ学校では「解剖ごっこ」がはやっていて、運悪く、私がこの日、標的にされたのです。皆で体を押さえつけて下腹部を露出させるいたずらですが、解剖途中で、ズロースを発見、「なんだ、これゃ」と皆あっけにとられて「解剖ごっこ」は中止になりました。

学業半ばで文科系学生は軍隊へ

戦争は昭和18年9月で開戦から22カ月が過ぎ、敗戦までの中間点にさしかかりました。主戦場のソロモン、東ニューギニアでは米軍の反攻作戦が続いています。東条英機首相は9月22日、「青年は早く兵役に、軍需工場へ」と呼び掛けました。そのひとつが学生に対する徴兵猶予の停止でした。

明治以来、納税、教育とともに徴兵の義務があり、満20歳になると男子は徴兵検査を受け、召集されると兵役に服さなければなりません。ただし、学生に限って在学中は徴兵の年齢に達しても兵役を猶予されていました。その年齢は時代によっても異なりますが、昭和16年時点で、大学学部、専門学校（5年以上）、高等師範専攻科の学生は最高26歳まで、旧制高校、師範学校、大学予科、専門学校（3～4年）は25歳になるまで。

戦前の教育体系は「六・三制」の今と違って複線型で、小学校6年までが義務教育、それから上は中学、高校、専門学校、大学とエリートコースを進む人と、小学校を卒業後、2年間高等科で学び社会人になる人、あるいは小学校を卒業とともに職に就く人もたくさんいました。中学校への進学でさえ21％（昭和11年）にすぎません。大学、高校、専門学校への進学となるともっと少なく、これから国を担ってくれる人たちとして大切にされていました。

優遇措置は昭和18年10月2日をもって取り消されます。政府は「在学徴集延期臨時特例」を公布し、法学、文学、経済といった文科系学生の猶予を停止、満20歳に達した文科系の人たちは在学中でも出陣することになったのです。ただし、高等師範や理科系の理学、農学、工学、医学部に在籍する者は従来通り卒業まで延期されました。

なぜ、この時期にあわただしく学徒出陣を決めたのかと言うと、深刻な指揮官不足を補うためと言われています。軍には500万以上の兵がいたので、戦死者は増大しているものの補充に困ることはありません。どうにもならないのが指揮官になる将校の不足で、定員14万2000に対して現役の将校は3万4000にすぎず、残りは予備役将校で補っていました。中でも大尉、中尉、少尉といった尉官クラスは、戦闘で陣頭指揮を取るのでどうしても戦死や負傷しやすいのです。政府は高等教育を受け、中学時代から軍事教練が義務付けられている学生をその補充に充てようと考えました。

急に入営することになったこの年の対象学生は多忙を極めました。陸軍が昭和18年12月1日、海軍は同月9～10日に軍隊に出頭しなければなりません。そうなると10月15日から11月5日の間に徴兵検査を受ける必要がありました。

東北帝大ではその間を縫うように卒業式や壮行会、特別演習があわただしく繰り広げられました。卒業式は9月23日、片平キャンパスの講堂で行われ、学窓を巣立つ新学士は法学204人、経済学37人、文学30人、工学100人、医学69人、理学79人の合計519人ですが、このうち法文経の271人は卒業と同時に軍隊に行くことになりました。

東北帝大片平キャンパスで学徒出陣壮行会

熊谷岱蔵学長は「諸君の多くはすぐ軍籍に入り、苛烈なる大東亜戦争の軍務に挺身《ていしん》せられる身である。学園は戦場に連なっている。粉骨砕身、力の続く限り奉公の誠を致されるよう願ってやまない。最高学府で人徳を磨き学識を得られた成果を発揮し、御国の期待に沿ってほしい」と壮行の言葉を贈りました。

神宮外苑で出陣壮行会

10月8日、東北帝大の学徒出陣壮行会が片平の講堂前広場で開かれました。全学部2000余人の学生を前に出陣学徒代表は「大命は下った。日ごろ練磨した体育、知育を役立てるときがきた。日本に生まれ育った我らのみに与えられた感激である」と答辞を述べました。

同月21日、明治神宮外苑陸上競技場では文部省主催の出陣学徒壮行会が行われ、雨中の行進は有名なシーンとして記録映画に残っています。東条英機首相は「諸君のその燃え上がる魂、その若き肉体……この一切を大君の御為に捧げ奉るは、皇国に生を受けたる諸君の悠久の大義に生きる唯一の道である」と訓示、これに対し学徒代表は「挺身《ていしん》、もって敵を撃破せん。もとより生還を期せず」と述べました。スタンドからは家族や女子学生が見送りました。最後は全員で「海行かば」を合唱して壮行会は終わりました。

海行かば水漬《みづ》く屍《かばね》
山行かば草むす屍
大君の辺《へ》にこそ死なめ
顧みはせじ

翌11月18、19の両日、仙台平野を舞台に、文部省主催の出陣学徒壮行野外演習が行われ、東北、北海道、新潟県からも参加して本番並みの激しい演習を展開、岡部長景文相も姿を見せました。

当時のキャンパスの様子について『東北大学五十年史』には「仙台駅では毎日毎晩のように角帽をかぶった学生が友人の見送りを受けて出発して行った。日の丸をたすき掛けする大学生はあまり見られない。多くの学生が大学を去るはなむけとして法文学部の村岡典嗣教授は〈仇打ちて帰る日を待ちてあらむ読み残しゆく千々の書はも〉とうたった。（中略）適齢者が軍隊に行ったあとも法文学部の講義は何の変りもなく続けられた。文科の講義などは出陣学徒で歯が抜けたようになり、学生が2、3人ということもあった」とあります。

国文学の岡崎義恵教授は、出陣学徒を送り出すやりきれない心を〈幾人の学徒をおくり秋の門とざすもきびし老い残りつつ〉と詠みました。


それではどんな気持ちで教室を後にしたのだろう。当時、出陣学徒のひとり、元東北大経済学部長、同大名誉教授の田中菊次さんは平成15（2003）年暮れ、仙台で開催された市民ピースフォーラム「学都仙台と戦争」の講演で「戦争を肯定してはいなかったが、正面から批判するだけの学力がなかった。戦争への疑問以上に父母や兄弟、それに故郷を守らなければという強い思いが強かった」と語っています。田中さんは、沖縄特攻として出動し米軍機に撃沈された戦艦大和に乗艦する予定だったのですが、出発を急ぐ艦から「乗せるひまなし」と小型連絡艇が迎えに来ず命拾いをしました。

昭和18年12月23日になると徴兵年齢は1歳引き下げられて満19歳に。同20年2月には優遇措置を受けていた理科系学生、生徒の徴兵猶予も停止され、さらに多くの在学生が入隊することになります。

特攻隊には学徒出身者が多かった

学業半ばで出陣する学徒を待っていた陸軍では幹部候補生制度によって1年数カ月で将校にしようとし、海軍でも予備学生制度や見習士官制度によって将校となるべき実務を教育し、終了すると促成少尉として任官しました。

陸海軍とも、最もほしかったのは飛行機の搭乗員だったと言われます。「神風特別攻撃隊」の中で学徒兵が多かったのはそのためです。「神風特攻隊」というのは、爆弾を抱いて航空機ごと敵艦船に体当たりする部隊のことです。昭和19年秋、最初の作戦がフィリピンで行われ、翌年4月、米軍の沖縄本島上陸が始まると、大本営は陸海軍合わせて約2000機の特攻機を出撃させ、日本航空部隊の主要な攻撃方法となりました。

特攻作戦で戦死した将校は陸軍の場合、全体の45%ですが、そのうちの71%は学徒出陣者、海軍では全体の32%、うち学徒の占める割合は何と85%に上りました。『アジア・太平洋戦争』（吉田

学徒出陣者の卒業式が行われた東北帝大講堂。平成７年まであった（小﨑）

裕著、岩波新書）によると、学徒出身者は陸軍士官学校や海軍兵学校出身といった正規将校から徹底して差別されました。特攻隊員の戦死者で学徒出身者が多いのも、将校の中で「消耗品」として取り扱われていたからだということです。

一方、学徒兵の日常を描いた『学徒出陣落第記』（福島新吾著、オリジン出版センター）には「学徒は知識を学ぶ者として軍隊（陸軍）で尊敬されることはなく、古参兵からは一般の初年兵以上に『頭でっかちの役立たず』と恨みの対象にされた」と記しています。「最高学府で人徳を磨き学識を得られた」エリートたちの評価は低いものでした。

東北帝大、二高、東北学院の出陣者

全国から出陣した学徒兵の総数は10万人以上と言われています。そのうち、仙台の大学や高校、専門学校からの出陣学徒兵は何人で、戦死、負傷者の数はとなると資料はありません。

東北大史料館の「学徒たちの戦争」という資料には「東北帝大出身者の戦没者数ははっきり把握できないが、戦後、ソ連に抑留中に死亡した学生を含め、少なくとも60人以上はいると思われる。

これはあくまでも『学生』の身分のまま出陣して亡くなった人の数であり、卒業後戦死した学生を含めると、その数は大幅に増えるだろう。軍隊経験した学生は学籍簿から推定すると法文学部だけで１２００～１３００人になるだろう」とあります。

旧制二高では、昭和18年12月、学業半ばで19人が入隊したほか、その後も出陣が相次ぎました。

東北学院専門部（現東北学院大）が当時、文部省に提出した学事報告として同校の1年から3年までの４１６人のうち１６８人が学業半ばで入隊したため、大量出陣で学校運営が事実上不可能になったと記しています。

学徒兵に関する文献としては、昭和22年、東大戦没学生の手記『はるかなる山河に』、24年には全国の戦没学生の手記『きけわだつみのこえ』が出版され、大きな反響を呼びました。このうち『きけわだつみのこえ』は戦没学生75人の日記、手記、書簡を収めた遺稿集です。「九段の靖国神社で会おう」という軍国主義礼賛の遺稿が多い中で、人間的な苦悩を背負っている表現にあふれた遺書もありました。折からの朝鮮戦争を背景に爆発的反響を呼び、平和を望む理念は翌昭和25年、「日本戦没学生記念会」通称わだつみ会が結成され、平和運動の原点になりました。

第５章　昭和19（１９４４）年

玉砕相次ぎ、戦線縮小

日本を守る防波堤　サイパンなど失う

振り返ってみると昭和19年という年は、いいとこなしの1年間でした。反攻に転じた米軍は南太平洋に点在する日本軍占領地を〝飛び石作戦〟で次々破り、その勢いは年が明けてもとどまるところを知りません。

前年、大本営が決定した「絶対国防圏」（地図参照）は、日本の生命線を想定し、「ここからは敵を入れないぞ」という決意を示した、絵に描いた餅にすぎません。後手後手となる防御一方の戦いを強いられて、玉砕が相次ぎました。

仙台から約2500キロ南にあるマリアナ諸島サイパン、グアム、テニアン3島は人気の観光地で、新型コロナウイルス感染症がまん延する前は仙台からグアムへ直行便が出ていました。元々は米国の領土だったのですが、開戦直後、日本軍が占領した島です。サイパンはマリアナ諸島の中心地で第1次世界大戦の勝利後、ドイツ領から日本の委任統治領となり、砂糖産業に従事する日本人がたくさん移住していました。

これらの島を奪われると、長い航続距離を持つ「超空の要塞《ようさい》」B29爆撃機による本土空襲が避けられなくなります。米軍はこれまで中国の基地からB29を飛ばして北九州の八幡製鉄所などを爆撃していました。あまりにも遠距離なので空襲する時間が短く効果はいまひとつ、マリアナ諸島はどうしてもほしい島でした。

日本本土を守る防波堤としてのサイパンには陸海軍4万5000の大部隊を配置して守備を固めました。陸軍の指揮官は仙台出身の斎藤義次中将、海軍は開戦劈頭《へきとう》航空艦隊を率いて真珠湾を攻撃した南雲忠一中将。

6月15日、米軍はサイパンに艦砲射撃と空襲を加えた後、約2万人が上陸して来ます。日本軍は上陸地点でその1割を死傷させ、その後も島にそびえる山の洞窟に潜んで夜襲をかけました。3週間にわたる激しい戦闘が続きましたが武運つたなく7月7日、陸海軍は全滅しました。

島には守備隊のほか軍に協力した民間人2万5000人がいました。戦闘の後、1万5000人は保護収容されました。

翌8月にはグアム、テニアン両島も米軍の手に落ちてしまいます。グアムでは1万8500人が戦没、テニアンには8500人の兵力がありましたが戦没者は不明、民間人3500人が犠牲になりました。

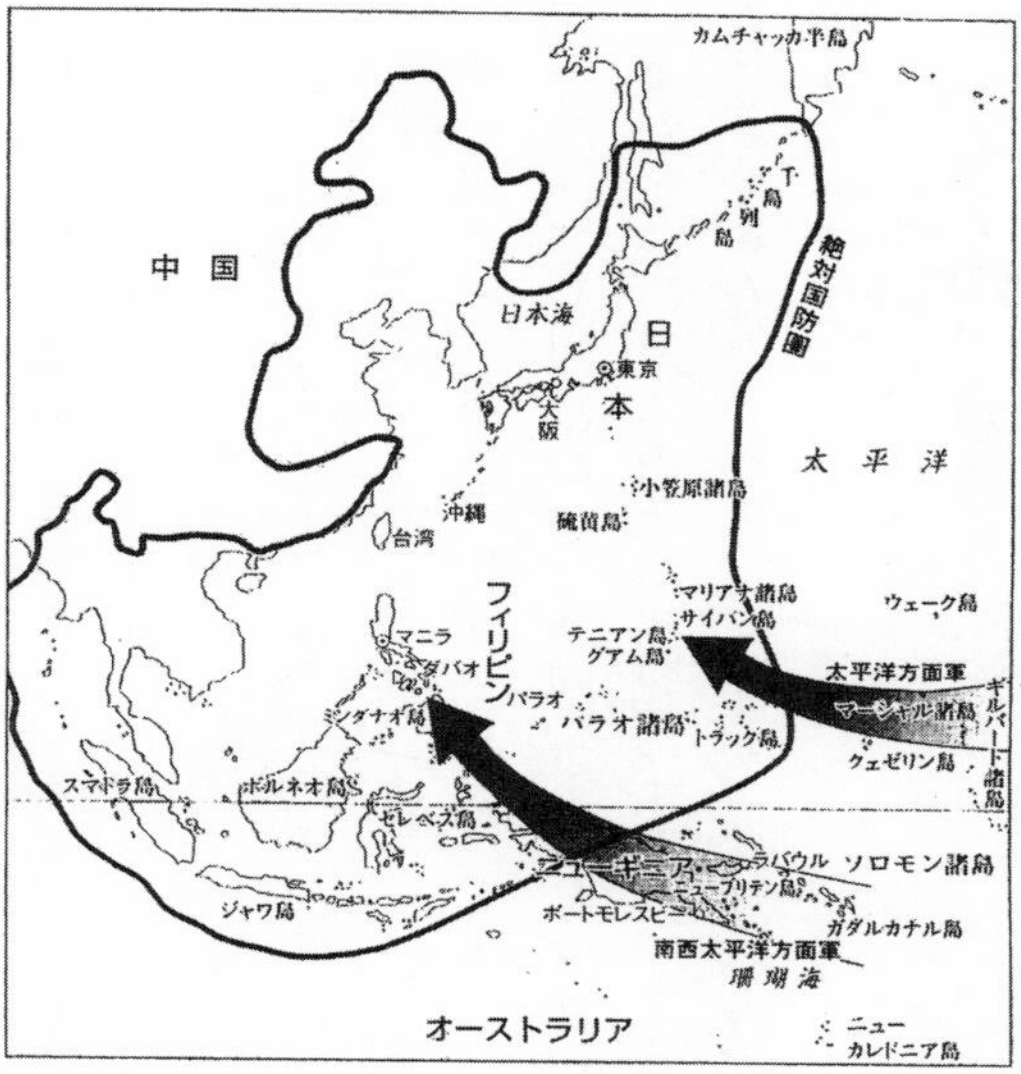

日本の生命線と想定した「絶対国防圏」も簡単に突破され……

戦争中最大の海戦でも敗退

日本海軍も黙って見ていたわけではなく、米軍のサイパン上陸の4日後、マリアナ沖に空母9、戦艦7、搭載機490機を超す機動部隊を出動させ、空母15、戦艦7、搭載機891機の米艦隊と太平洋戦争中で最大の空母海戦が行われました。

これによって戦局を挽回しようとした海軍でしたが、戦闘初日に航空機300機と空母2隻を失って大敗。レーダー能力、パイロットの訓練不足、航空機の防弾装置の不十分さが敗因と言われています。

その後、日本陸海軍の爆撃機が9回にわたり途中の硫黄島で給油を受けてサイパンの米基地を爆撃するのですが、決定打にはなりませんでした。

米軍が占領した三つの島ではブルドーザーを使って整地後、鉄板を敷き詰め翌年6月まで2000メートル滑走路を6本完成、常時1000機のB29が待機するまでになりました。昭和19年11月、80機のB29が東京・武蔵野の中島飛行機を空襲したのを皮切りに本土空襲が本格化します。

——仙台市一番町、株式会社中居堂会長、中居光男さんは昭和47（1972）年4月、サイパン島に「平和観音像」を建立、僧侶ら46人が参列して法要を営みました。中井さんは「玉砕の島サイパンには多くの英霊が置き去りにされている。誰かがやるだろうと人任せにしてきたことを見かね、米国政府と交渉、許可をもらって建立、慰霊団を募って2回にわたり訪問しました。仙台空襲に来たB29は近くのテニアン島イーズリー基地からやってきたということで、仙台と無縁の場所ではないのです」。

レイテ沖で戦艦武蔵失う

押せ押せムードの米軍は10月になるとフィリピン攻撃を開始、マッカーサー将軍率いる約10万の部隊が、武器弾薬を満載した輸送船４２０隻に分乗してレイテ島に上陸しました。

日本軍は首都マニラ市のあるルソン島を主戦場に考えていたので、レイテ島は第十六師団が対応しました。猛烈な空爆、砲弾を跳ね返すＭ４戦車の登場により10日間で約1万の将兵が戦死。その後、方針を変更して周辺諸島にいた４個師団を増

マリアナ、レイテ開戦の敗北で、日本海軍は壊滅状態に

派して戦いましたが、優秀な武器と物量作戦に押されて敗退しました。

一方、レイテ沖では日米の海戦があり、両国海軍が全力を挙げて戦った結果、戦艦武蔵をはじめ連合艦隊の主力を失いました。先のマリアナ沖海戦の敗退と合わせて、連合艦隊は壊滅状態になりました。国民は知らされませんでしたが、戦闘できる軍艦がほとんど残っていません。

レイテ作戦のとき、敵艦艇に爆弾を抱いて攻撃する「神風特別攻撃隊」が初めて編成され、以後陸海軍とも多数の特攻機が敵艦に突入して行きました。

またも補給で失敗、インパール作戦

こちらはマリアナ諸島やフィリピンから遠く離れたビルマ（現ミャンマー）です。英国の植民地だったビルマは開戦当初、日本軍が占領し、平穏な状態が続いていました。米軍の反攻作戦と連動するかのように、英軍は中国へ武器弾薬を援助する北部ルートで活発な動きを見せ始めます。大本営はこれを遮断し、隣接する英国の植民地のインド国民を宗主国から離反させる狙いもあって、北部ビルマ国境からインドのインパールに進攻させる作戦を立てました。作戦にはインドの武力解放を目指すチャンドラ・ボース率いるインド国民軍も参加しています。

昭和19年3月、約８万５０００の大部隊は３方向からインパール、コヒマに向けて作戦を開始します。この中には郷土部隊の第二師団も含まれていました。ガダルカナルから救出された第二師団将兵は、ブーゲンビル島でしばらく休息したあと、日本に帰されることはなく、フィリピン、ジャワで補充兵を加えて態勢を整え、ビルマの戦場に送り込まれたのです。

標高２０００メートル級のアラカン山系を超える厳しい作戦でしたが、それを超えたと思ったら英印軍の頑強な抵抗を受け、貧弱な補給態勢がたたって壊滅的打撃を受け、作戦は7月に中止されました。さらに退却の際に多くの将兵が飢えと伝染病に倒れました。

食糧、武器弾薬などの物資は十分あったのですが、米英軍がやったように空中から補給を続けるだけの飛行機がありません。わずか３週間分の米を背負い、足りない分は各師団数千頭の牛を引き連れての出撃でした。食料がなくなったら牛を処分しながら進軍しようというのです。補給を軽視した作戦の失敗はガダルカナルで痛いほど経験したのに、ここでもまた同じ愚策が繰り返されました。

ビルマ北部に到着した第二師団主力も、米英軍機による銃爆撃や優勢な火砲攻撃を受け、5月、雨季を迎えたフーコン峡谷の沼や密林の中で食糧や弾薬不足、疫病に苦しみ次第に後退しました。翌年1月、第二師団は仏印に転戦を命じられました。しかし同師団歩兵第十六連隊、野砲、工兵、衛生隊で編成された青葉兵団と歩兵第四連隊はビルマに残り戦闘を続けました。

インパール作戦の戦記、手記のたぐいは数多く残されています。いずれを読んでも栄養失調に加えてマラリアと赤痢のまん延で戦病死者が続出、落後した兵は手りゅう弾を抱いて自決したなど悲惨な話ばかりです。兵たちは退却してきた道を「靖国街道」「白骨街道」と呼びました。

厚生省の調査によると、インパール作戦では参加兵力8万5000人のうち戦死、行方不明2万2000人、戦病死8400人、戦傷者約3万人と推定されます。このうち第二師団の戦死、戦病死者は1万2748人を数え、師団兵力の3分の2を失いました。ガダルカナルでは同師団7671人が戦死、戦病死しています。これほど多くの戦没者を出した師団は全国でも数少ないと思います。

ただひとつの勝利、中国・打通作戦

中国で長い間駐屯生活を続けてきた支那派遣軍（畑俊六大将）は総兵力62万のうちの50万と馬10万頭、自動車1万5000台、火砲1500門を動員して中国中央部を南北に縦断する打通作戦を計画しました。昭和13（1938）年秋の武漢三鎮攻略以来の大作戦です。郷土部隊の第十三師団もこれに参戦しています。

作戦は昭和19年4月から翌年2月まで行われました。作戦距離1500キロ。華北から華南までの鉄道を確保し、南方からの資源輸送を船舶輸送から鉄道に切り替えようというのがひとつ、沿岸の大都市、長沙、衡陽、桂林を占領し、周辺に建設した米軍基地をたたき、北九州地区への空襲を防ごうというもくろみもありました。

第十三師団兵士として参戦した仙台市青葉区桜ケ丘、日下誠さんから「ひたすら歩いた。鉄砲かついで背嚢《はいのう》しょって、歩きながら眠った。生涯でこんなに歩いたことはなかったね」とうかがったことがあります。

第十三師団、第三師団で構成する第十二軍は開封付近から新黄河を渡り河南省に進出、ここを支配する中国軍を追い出して北京――漢口間の鉄道を確保、その後、桂林、柳州の飛行場なども占領しました。『宮城県史』には、「スズメも屋根で焼ける猛暑、マラリアに悩まされながら、徒歩による大遠征を成し遂げ、軍の期待にこたえた」とあります。

だが、いったん占領した飛行場をずっと確保する力はなく、破壊して引き揚げた後、中国軍や米軍が復旧して再び使うという状況だったそうです。

――私事になりますが、妻の父は昭和19年7月、中国湖南省で戦死しています。多分この作戦に参加していたのでしょう。義母は残された17歳を頭に7人の子を女手ひとつで立派に育て上げました。妻が5歳の時で、父の記憶はほとんどないと言います。戦後、同じ部隊にいた人が訪ねて来てそのときの状況を話してくれました。陸軍少尉で指揮官として先頭を行軍中、狙撃されて足に被弾、「やられた」と言って倒れたところを今度は胸に被弾し即死状態だったそうです。享年45。

日中戦争当時の中国地図

あちらでもこちらでも空襲相次ぐ

戦局の悪化とともに東南アジアのほかの占領地でも、米軍の激しい空襲を受けるようになります。前に紹介した『戦争聞き書き』（阪野吉平著、新風舎）からほかの前線の状況を拾ってみると――。

「開戦から2年目の昭和17年、インドネシアのジャワ島に駐屯した。太平洋の制海権、制空権は日本にあったから航海は平穏、島では休日に散歩、見物など自由に街を歩けた。一変したのは昭和19年の秋からだ。空爆が始まった。そのころ、日本本土への転勤命令が出て喜んだが、日本に着くまで5カ月かかった。乗った船がマラッカ海峡で機雷に接触、船は沈まなかったが航行不能になり漂流、バリクババン（現インドネシア、ボルネオ島）に上陸した。運悪くここは油田地帯だったので空爆が激しかった。その後、シンガポールから8隻の船団で出発、ベトナム沖で潜水艦に攻撃されて5隻が沈んだ。当方は船尾に魚雷がかすっただけで済んだ。台湾に立ち寄ったところで敵機の襲来で機銃掃射を受けた。ここから砂糖を積んだ船で何とか門司にたどり着いた。航海中、何度も死ぬかと思った。そのたびに必ず母親の顔が浮かんだ。その次に神様仏様へ一心に念じた」（山形県川西町、小林幸二郎さん、大正5年生まれ）

「戦争中の3年間、海軍の特別陸戦隊として米軍から占領した太平洋のど真ん中、ウェーク島にいた。１万８０００人いた日本兵が敗戦時生き残ったのは８０００人だった。上陸してから米兵と軍属各２０００人、合計４０００人を捕虜にし、兵隊は横浜に移し、軍属は現地で使役した。米軍の飛行場だったので食糧、兵器など10年分くらい残っていた。それがB29爆撃機の空襲で全て破壊され、たちまち食糧が不足した。それからが大変だ。海に入って魚を獲ったが皆食えるほど獲れない。だんだん栄養失調で死んでいった。おれ、体重20キロになった。一人で歩けない。倒れればそれきりよ。よく生きて帰ったものよ」（同町、鷲尾誠司さん、大正10年生まれ）

「ビルマの飛行場で通信隊として勤務中、英国の爆撃機と戦闘機の攻撃を受け8人戦死、私も負傷した。ひざに弾が当たり血がどろどろ出た。バンドで太ももを結んで止血し、野戦病院で軍医の手術を受けた。野戦病院なんて名ばかり、そのへんの掘っ立て小屋だ。麻酔がない。骨をのこぎりで切って、回りの肉を寄せ集め17針も縫った。若かったから助かった。今も年に数回、ものすごく痛む。このときは薬に頼らず、戦死した戦友を思い出して我慢している」（米沢市、高橋七郎さん、大正5年生まれ）

急に戦死者が増えた

3年8カ月にわたる「太平洋戦争」で、戦没者が急増するのは、戦争後半の昭和19年から20年にかけてです。大河原町を例にとると、同町では明治時代から太平洋戦争の敗戦までに461人の戦死者、戦病死者を出しています。出征者は1319人ですから死亡率は31％に上りました。

このうち「日清戦争」「日露戦争」「満州事変」の戦没者は合計18人、満州事変ではただひとりでした。太平洋戦争開戦後は昭和17年35人、同18年41人となり、戦局が押され気味になる同19年になると125人、敗戦の年は164人と飛び抜けて多くなっています。

戦没した場所も昭和19年はビルマ、南洋諸島、ニューギニア、フィリピン、中国中部、同20年になると硫黄島、フィリピン、ソ満国境、広島、横須賀など戦闘の激戦地、国内では空襲による戦没者を出していることが分かります。

動物園の猛獣が殺された

昭和19年5月19日午後、仙台市評定河原の市動物園で、空襲に備えて処分された動物たちの慰霊祭が行われました。逃げ出して市民に危害を加えることを事前に防ぐという大義名分からの措置でした。

慰霊祭は白木の供養塔の前に鮮魚や野菜が備えられ、菅野天満宮宮司が「猛《たけ》き性質を持ちながら無心な子どもたちのよき友達となり、あるいは学びの道の助けとなり、皆に惜しまれつつ大東亜戦争のためあたら命を捧げ……」と追悼の言葉を述べました。この日、国民学校以下の子どもたちは入場無料になり、園内は久しぶりでにぎわいを見せました。

前にも触れたように、市動物園は昭和11年4月、東京以北では初めて、全国で11番目の動物園として開園。動物園の用地は、仙台市の失業対策事業として評定河原の広瀬川河川敷を埋め立てて造成した市有地2万6900平方メートルです。ここに約100種200点の動物が展示されました。中国との戦争が始まっても入場者は増え続け、年間20万～28万人が訪れました。

昭和18年になると市議会から動物園への風当たりが強くなり、市は廃止を決定します。猛獣類は「国土防衛上、保安警備の万全を期すため処分するよう」内務省から指示がありました。市議会の建議案には「今、猛獣が食べる肉は1日7貫（26・3キロ）に上り、年に馬だけで70頭も屠殺《とさつ》している。貴重な肉は市民の栄養に回し、敷地は農園に転換すべき」とあります。

仙台では何頭処分された？

処分された猛獣類の種類、頭数は75年たった今もはっきりしません。『仙台市交通局五十年史』には「クマ4頭、シロクマ、ヒグマ、ライオン各2頭、ヒョウ、トラ各1頭の12頭を射殺」とあるのですが、『仙台市史』では「シロクマ、ライオン各2頭、ヒョウ、トラ、ヒグマ、クマ各1頭の合計8頭」とあり、一致しません。このほか「西公園で飼っていたクマも同時に処分しているので、それを含めると13頭」という文献もあります。処分した日は3月25日説が有力です。猛獣処分のニュースは慰霊祭の報道で初めて明らかになりました。

　どんな方法で処分したのか、仙台に記録は残っていません。『仙台市史』には射殺とありますが、27頭を処分した東京・上野動物園の記録には「ホクマンヒグマは3㌘の硝酸ストリキニーネを入れたサツマイモを与えて22分後絶命、ツキノワグマは首にロープを巻き付け、数人がかりで引っ張り15分後絶命した」とあります。毎日世話をしている動物を射殺することにはためらいがあったのでしょう。仙台でも職員の気持ちは同じはずです。

級友が見た猛獣たち

　仙台の資料があやふやなのは、動物園を運営していたのが市電を運行する電車部だったからでしょう。今で言うと交通局が動物園を経営しているようなもので、どうしても動物園は2次的な扱いになったのではないでしょうか。

　もうひとつ、象が処分されたかどうかもはっきりしません。仙台市太白区緑ケ丘、『仙臺文化』発行人、渡辺慎也さんは、昭和19年3月、片平丁国民学校を卒業した翌日、級友10人ほどで動物園にペロンコしました。ペロンコは仙台の方言で、入場料を払わずにただで入場することです。渡辺さんはその様子を『仙台はフェニックス――戦中戦後の証言と聞き書き集』（仙台「市民の手でつくる戦災の記録」の会編、宝文堂）に次のように書いています。

　「象舎はテントで覆われ立ち入り禁止になっていた。それでも中をのぞいて見るとあのユーモラスな象の姿はなく、生白い大きなラード状の固まりが小高く横たわり、別の場所では象の皮の内側とみられる脂ぎったシート状のものを大人たちがブラシでこすっている。見てはならぬものを見た後悔と残酷な場面に傷心し、言葉を失った。（中略）猛獣舎で生きていたのはライオン、トラ、シロクマ、クマの5頭だった。いずれもあばら骨が突き出るほどやせ細っていた。ヒョウの眉間には明らかに銃で撃たれた跡があって皮はむけ、血は黒く固まっていた。『かわいそうだごど』『餌をやらねんだっちゃ』（餌を与えないのだな）と皆で餌を探し、フクロウにやる馬肉を横取りして竹に刺して猛獣舎に向かった。『ヒョウ撃たれてっからかわいそうだ。ヒョウにやっぺ』と竹竿の先で押し込んだところ、ほかの猛獣たちは肉をほしがって歯をむき出し、あらん限りの声でほえ続けた。あまりの恐ろしさに逃げ出した」

少年は鋭い観察眼で見ています。渡辺さんの話によると猛獣舎は広瀬川が蛇行している現在の自動車学校のところにあり、北側にシロクマ、クマ、南側にライオン、ヒョウ、トラがいたそうです。

処分した猛獣の肉を食べたという証言も残っています。河北新報社写真部員の石幡利行さんは動物園取材の帰りに動物園の人に新聞紙に包んだ猛獣の肉をもらい、ほかに何軒かに届けてほしいと頼まれています。一見赳夫仙台市立病院長の日記（昭和19年4月12日）には「動物園で殺したライオンの肉を（病院で）昼食に出す。副院長は気持ち悪くなってやめたそうだが、余はうまかった」とあり、毒殺ではないことが分かります。

仙台市動物園で飼われていた象

象はどうなった?

どうしても分からないのが、渡辺少年が見たという象のことです。市の資料に象が処分されたという記述はありません。だとすると渡辺さんが級友たちと見た「生白いラード状の固まり」はなんだったのだろう。

昭和11年4月の開園時、仙台の動物園には浅草・花屋敷から求めたインド象がいました。間もなく死に、二代目が同15年10月にお目見えします。当時、象の輸入は禁止されていましたが上野動物園のあっせんでタイ政府と交渉し、タンチョウヅルのつがいと交換することでまとまりました。この象が死んだという報道は見当たりません。となれば、象は生存していたことになります。

一方、上野動物園の記録に、「仙台には象がいなかった」とあります。上野では猛獣を全部殺すのは忍びないと、3頭の象のうちもっともおとなしい「トンキー」を象のいない仙台に疎開させることが現場で決まり、仙台の関係者が上京して、象は駅まで歩かせて貨物列車で輸送することで上野警察署の許可を取っていました。大達茂雄東京都知事がこれを聞いて「例外はダメ」と反対、実現しませんでした。

真実はどうなのか、平成年間、仙台市動物公園長を務めた遠藤源一郎さんがいろいろ調べたことがありました。その結果、「どうも象はいなかったようです」というのが結論でした。

猛獣の処分によって空き家になった動物園の建物には市議会の建議通りブタ15頭が飼われ、花壇や通路では野菜を栽培、動物舎付近はカボチャ畑になりました。動物園は猛獣抜きで営業を続け、昭和20年4月に閉園、同年7月の空襲で焼失しています。

全国的には上野動物園で14種類27頭、大阪の天王寺動物園で10種類26頭、京都市動物園で14頭、名古屋の東山動物園、神戸の諏訪山動物園など合計100頭を超す猛獣が処分されました。

動物園が空襲の被害を受けたのは日本ばかりではありません。ドイツのベルリン動物園は、1943（昭和18）年8月に5回も空襲を受け、さらに11月の夜間空襲で象7頭、ライオン3頭、、サイ、チンパンジーなどが死に、翌年7月まで閉園を余儀なくされました。

仙台市動物園は敗戦から12年後の昭和32（1957）年、同市三居沢に「子供動物園」として復活、最初は20種類、53点の小型動物園だったのですが、後にライオン、ヒョウ、クマ、象も増えて最終的には68種類、268匹の動物園となりました。同40（1965）年、八木山の市有地に移転、それが現在の「八木山動物公園」です。

東京から2万人が学童集団疎開

昭和19年の夏から秋にかけて、東京都内の子どもたちが学校ぐるみで宮城県内30の市町村に疎開してきました。宮城県だけではなく、13の県に分散疎開です。これを「学童集団疎開」と呼んでいます。

先生や職員に引率されてやってきた子らは戦争が終わるまでのほぼ1年間、親と離れて温泉旅館、寺院、学校などで集団生活を送りました。臨時列車に乗って東京を離れるときは遠足気分で大はしゃぎでしたが疎開先ではいろんな苦労が待っていました。

丸山鶴吉知事は、秋保温泉に向かう学童を長町駅で出迎え激励しています。

宮城県に疎開してきた子どもたちは、半端な数ではありません。『資料・東京都の学童疎開』（東京都編）によると26国民学校の3年生から6年生までの総数1万7535人、それに教職員119 6人が加わって1万8731人に上ります。

空襲が現実味を帯びてきた

なぜこのような「民族大移動」みたいなことになったのかというと、本土空襲が現実味を帯びてきたからです。前にも触れたように日本本土を空襲から守る防波堤の役目を持っていたマリアナ諸島サイパン、グアム、テニアン三島がこの年の夏、米軍に占領され、長い航続距離を持つ「超空の要塞」B29爆撃機による本土空襲は避けられない状態になりました。事実、同年11月から翌年にかけて東京、大阪、神戸、名古屋など大都市は空襲を受けるようになります（宮城県の資料では合計1万5471人）。

文部省（現文部科学省）は昭和18年暮れ、空襲から学童を守るため「縁故疎開」の促進を発表、父母の実家などへの転校を勧め、東京では約10万人の児童が応じました。それでも80万人が残っています。そこで縁故のないこれらの学童を学校ごと全国各地の学校、お寺、旅館、寮などに集団疎開させることになったのです。東北では宮城、山形、福島の3県が受け入れ地に選ばれました。後に空襲が激しくなると静岡、千葉、茨城県に集団疎開していた児童は岩手、山形両県に再疎開することになります。

宮城県に割り当てられたのは小石川区（現文京区の一地区）、浅草区（現台東区の一地域）の26国民学校児童です。昭和19年8月4日から9月24日にかけて臨時列車で13時間かけて到着、翌年3月、6年生が卒業して帰ると、4月からは新3年生が代わりにやって来ました。

受け入れを前に宮城県は各地方事務所と協議し30町村の温泉地や観光旅館、寺院、民家などでひとり1畳（3人で2畳説もある）の割合で宿舎を決定します。最大の受け入れ先は鳴子、川渡などの温泉地を抱える大崎地方事務所管内です。町村長、旅館、農業会、鮮魚小売商などと協議し、県は「経費は国が持つから修繕したいところは急いで直すよう。主食の米はもちろん調味料も不自由なく供給する」と約束しました。

「宮城県知事引継書」にも「受け入れてくれる

温泉、旅館、寺院の食糧、冬季燃料については各地方事務所と連絡を密にしている。皇后陛下からは児童たちにお菓子を賜わった。今後、保健衛生面に気を付け、地元学童との連携を密にする必要がある」との記述が見られます。

第1次分の受け入れ先として小石川区学童4500人は鳴子温泉と松島町、浅草区学童6700人は遠刈田、川渡、東鳴子温泉の20旅館、小原、鎌先、作並の各温泉、松島に決まりました。疎開学童はその後も増え、同年暮れまで次の国民学校が疎開して来ました。

▽名取郡高館村（現名取市）＝杉並第六▽秋保温泉4旅館＝浅草区の3国民学校▽中新田町（現加美町）＝東京第一師範付属▽松山町（現大崎市）＝杉並区第一、第三▽若柳町（現栗原市）＝同区高井戸第二▽吉岡町（現大和町）＝同区第三▽角田町（現角田市）＝同区福井▽涌谷町＝同区桃井第一▽岩ケ崎町、金成町（現栗原市）＝同区桃井第一▽築館町（現栗原市）＝同区第六▽登米町、米谷町（現登米市）＝同区桃井第三▽佐沼町（現登米市）＝同区高井戸

疎開先の学校へ向かう

空腹とさびしさが襲った

作並温泉岩松旅館に疎開した浅草区浅草国民学校の記録が残っています。児童483人は教師8人、寮母12人に引率されて到着。日課は起床6時（冬は7時）朝食8時、授業9時～正午、午後作業（農作業の手伝いなど）、夕食5時、入浴5時半～7時半、就寝8時となっており、合図はラッパか太鼓、授業は旅館の大広間が使われました。

食事のメニューは、朝ご飯（茶わんに軽く1杯）、みそ汁、野菜、納豆、ワカメ、昼サツマイモかジャガイモ2個、夜ご飯、次のうち1品（魚煮つけ、サトイモ、カボチャ、サケの缶づめ）。たまにおやつ、乾パン、干し柿。

白石町（現白石市）の温泉に疎開した浅草区済美国民学校では皆並んで登下校の時、ラッパ手2人が先頭に立って交代で吹きました。これが地元から重宝がられ、学区内から出征する人が出たときは動員されたということです。

このような元気あふれる話もありますが、疎開児童を襲ったのは空腹感とさびしさだったと体験者は声をそろえて語ります。鳴子温泉に疎開した小石川区窪町国民学校、安田一男さんは「最初のころは2食お米を食べたが、だんだんスイトン、イモが主食となり、それも量が少なかったのでいつも空腹状態だった」。同温泉に疎開した岩楯英子さんは「ご飯は小さな茶わんに申し訳程度、それにみそ汁と漬物が少々、昼はふかした少しばかりのサツマイモに決まっていた。やがてそれさえ満足に食べられないようになり、付近の農家の畑から野菜を盗み食いする子が増えました」。

親との面会は原則として1学期1回。ただし子どもが病気の場合は別です。親は洗濯物を持って帰り、今度来るときに渡します。弁当など食べ物は与えていけないことになっていますが、工面して持ってきた食べ物を面会室で出すとあまりにもがつがつ食べるので驚いたという話もあります。「お手玉」にいり豆をこっそり入れて手渡す親もいました。面会日の翌日は、家族が持ってきたものを食べすぎて腹具合を悪くする子が増えたそうです。

脱走して東京に向かう

疎開してきた学童は中高学年と言ってもまだ国民学校児童です。親元から離れるのは初めての子もいて心細さが付きまといました。浅草区済美国民学校職員で白石地区の責任者だった福井邦弘さんの手記には「きのうは鎌先温泉の学童が3人、上野行きの列車に乗って帰ってしまった。きょうは小原温泉の子が2人逃げて探している。駅では先生が見張っている」と書いています。

鳴子温泉では夜、宿舎を抜け出して鉄道の線路に沿って東京の方へ向かって歩き、鉄橋の上で歩けなくなり駅員に保護された子がいました。学校によってはひとりで数回脱走歴のある子もいて、そのたびに体罰を受けました。脱走防止のために班ができて班長1人、副班長2人、班員3人のグループは常に一緒に行動するようにしたところ、グループごと集団で脱走するケースが増えたということです。

地元の人たちの献身的な歓迎ぶりは疎開児の間で長く語り継がれています。白石地区では「国から預かった大事な子どもたちだから」と肉親のようにしてくれ、鳴子地区では疎開児童と地元学童との運動会、相撲大会、スキー大会が開かれました。東鳴子の温泉では日曜日を団らんの日として10人ずつを呼んでご飯とみそ汁を何杯も振る舞ったのです。秋保温泉では絵本や童話の本をたくさん届けてくれたおじいさん、婦人会ではぼた餅をつくって子どもたちに配りました。

登米市は疎開から半世紀になる平成7（1995）年、杉並区桃井第三国民学校の疎開児童を招待、651人のうち123人が参加しました。1泊2日の初日は歓迎の集いが開かれ、疎開生活をした寺院、旅館、料亭、個人宅11カ所の代表者に花束が贈られ、「ここでの生活は一生の思い出、懐かしい人ちと再会できてうれしい」と謝辞を述べました。翌日はかつて学んだ旧登米高等尋常小学校を見学しました。

秋保町に疎開した旧浅草区正徳国民学校の女子30人は、昭和51（1976）年、かつて生活した佐藤屋旅館に泊まって旧交を温め「食べ物がなくてカボチャのつるを食べたり、歯磨きをなめて飢えをしのいだ」と昔話で盛り上がりました。

宿泊先の旅館で授業

戦災孤児も生まれた

昭和20（１９４５）年８月15日の敗戦とともに、子どもたちの帰京が始まります。不幸にも度重なる東京空襲で両親やきょうだいを亡くし戦災孤児になった子どもは東京都全体で１１６９人に上りました。鳴子温泉に滞在していた疎開児童の中から孤児が30人も出て、関係者が相談して新聞広告で里親を募集、大崎地方の農家に引き取られた子もいました。女子は良かったのですが、男子は荒れて里親が困り、切符を買って上野駅まで送り、そのまま置いてきた人もいたということです。

作並温泉の岩松旅館に疎開していた浅草国民学校の６年生は、旅館で仮の卒業式を終えた後、本校で卒業式をするから東京に帰るように言われ、帰った途端、３月10日の東京大空襲に遭遇しました。一夜にして23万戸が焼失、12万人を超す死傷者を出したあの東京・下町の大空襲です。

同旅館の離れに家族ぐるみで縁故疎開していた青葉区上杉、高尾和子さん（当時台東区黒門国民学校５年生）は「冬場は雪が深くて分教場まで通学できないので旅館に疎開した浅草国民学校の人たちと旅館の大広間で一緒に勉強しました。6年生は卒業式に出席するため東京へ帰って行ったのですが、後で8人が空襲の犠牲になったと聞かされました」。

このほかクラスの半分の子が犠牲になった（浅草区精華国民学校）とか、担任したクラス80人の児童のうち両親死亡8人、片親死亡8人、親類で死亡した人は108人に上った（同区済美国民学校福井邦弘先生）——などの報告があります。

なぜこのように6年生を急いで東京に帰したのかと言うと、空襲が激しさを増す中で4月から3年生になる児童を受け入れなければなりません。今でさえ食糧、宿舎が手一杯なので、6年生を帰して新3年生の準備をする「入れ替え」のためという事情がありました。

昭和19年8月、沖縄から九州へ向かっていた集団疎開の児童を乗せた輸送船対馬丸が米軍の潜水艦に撃沈され、767人の児童の命が失われる悲劇が起きました。

宮城県でただ一校、集団疎開

宮城県内の学校では、宮城師範男子部（現宮城教育大）付属国民学校の児童が仙台空襲の後で宮崎村（現加美町）へ集団疎開しています。県内で学校ぐるみ疎開したのは同校ただ一校です。児童の7割は縁故をたどって既に疎開したのですが、保護者に転勤族が多いこの学校の児童は縁故がありません。仙台が空襲された後で学校が候補地を探し、宮崎村から「村を挙げて協力する」と好意ある返事が寄せられました。

空襲から18日後の7月28日、全校生の25％に当たる4年生以上の男女129人が仙台軽便鉄道北仙台駅から列車で出発し、宮崎村東町洞雲寺、柳町長泉寺、それに近所の農家に振り分けられました。学校では地元の婦人12人に炊事作業を頼み、寺にはトイレが増設されました。風呂はそういうわけにはいかず、多くの子は近くを流れる田川に毎日のように泳ぎに行きました。日課は朝6時、本堂の太鼓の音で起床、朝食の後、寺の広間で学校から持参した裁縫台の長机を並べて自由勉強です。夏休みに入っていたので授業はありませんでした。

防空演習と防空壕づくり

敵機が近づくと警戒警報、敵機が現れると空襲警報が鳴り渡りました。一度だけウーというのが警戒警報、ウーウーと繰り返し鳴るのが空襲警報です。私のように古い人間は、七十数年前に聞いた恐怖の音が今でも忘れられず、全国高校野球で甲子園から聞こえてくるサイレン、大雨の後で、大倉ダムから広瀬川へ放水するサイレンの音を聞いてもついあのころを思い出してしまいます。

昭和19年4月から警戒、空襲警報の鳴る時間が以前より短縮されました。仙台では市役所屋上からサイレンを鳴らしていたのですが、ここだけかと思っていたらそうではなく、裁判所の屋上からも聞こえてきたそうです。

——仙台市役所のサイレンの機械は貴重な戦時遺産として市戦災復興記念館に展示されており、当時のサイレンの録音を聞くことができます。もともとは昭和4（１９２９）年、庁舎を新築したとき、正午の時間を知らせる時報用に設置されました。

宮城県で最初の防空演習

宮城県で大規模な防空演習が初めて行われたのは昭和5（１９３０）年11月、第二師団が仙台を中心に22町村を対象に民間も含めて実施しました。「満州事変」が起きるのは翌6年9月です。誰も日本が空襲を受けるなんて思っていませんでした。

「太平洋戦争」が始まると演習は年々、本格化します。開戦翌年の昭和17年9月、仙台市東二番丁国民学校で行われた総合訓練には、本物の焼夷《しょうい》弾が持ち込まれ、東二番丁警防分団、育英中学（現在の仙台育英高校）生徒が消火訓練をしました。

それでも日本軍が勝ち進んでいたころですからまだ空襲の現実味はありません。「仙台市公報」が主催した警察、警防団、指導員、隣組、行政担当者による座談会を読むと、繁華街で訓練しているそばのビアホールに長い列ができて訓練どこ吹く風だったなど防空意識の低さが指摘されました。

訓練の核となる警防団は、仙台で言うと隣組が二つ程度合体した組織で、全市に３４１１つくられました。警防団長は市長、国民学校の学区ごと分団があり役員は在郷軍人、青年団員、医師、薬剤師会会員、婦人団体などです。

戦局が厳しくなると防空演習は防空訓練と名称を変え、訓練は毎月３回、警防団単位で防火、消防、救護に重点を置いて実施されました。主婦がモンペ姿、防空頭巾をかぶって標的に向けてバケツの水を勢いよく掛けました。それだけでなく警報の伝達、灯火管制、家庭応急などの作業もありました。各家庭では防火水槽、砂、バケツ、むしろ、ホース、火たたきのど消火道具を用意することが義務づけられました。

防空壕を急いでつくれ

北九州が空襲され、マリアナ諸島が米軍に占領されると空襲はもう避けようがありません。昭和19年、内務省の指示で宮城県内の市部（仙台、石巻、塩釜３市）では防空壕《ごう》をつくることになりました。工場疎開、都市の建物や人口の疎開とともに空襲対策の一環です。

仙台では市内の学校、警防団、一般家庭が防空壕をつくる際の資材として丸太20万本が配給されました。「宮城県知事引継書」には、仙台市内の繁華街１５７カ所、全市では５７５カ所に約１万人収容の公共待避所がつくられたほか、横穴防空壕15カ所（約２０００人収容）一般待避所５万５０００（約23万人収容）が完成したとあります。

このほか塩釜、石巻両市と海軍の基地があった女川町にも公共待避所、横穴防空壕、一般待避所がつくられ、県内では合計６万４５０７カ所となりました。

横穴防空壕が突出しているのは塩釜市です。民間50カ所と各国民学校、中学校でつくったものが５カ所あり、２０００人収容とか１６００人収容という超大型もありました。さらに７カ所を申請中で、市内の国民学校児童全員と市民合わせて３万４０００人が収容できる防空壕がつくられました。

防空壕というと、平成22（２０１０）年11月、韓国延坪《ヨンピョン》島に北朝鮮が突然砲撃を加えてきて、民間人を含む二十数人の死傷者を出した事件を思い出します。テレビで見ると島にはあちこちにコンクリート製の防空壕が設けられています。仙台で戦時中につくられた壕の大半は、こんなに頑丈なものではなく、庭や畑、空き地に穴を掘って木材やトタンでふたをし、土盛りをした壕でした。

防空訓練は役立ったのか

役立った防火貯水槽

広瀬川河畔や段丘崖には横穴防空壕が掘られ、一部は戦後もしばらくそのままの姿で残っていました。公共土木施設として市の指導でつくられた横穴の総数は17カ所、総延長2260メートルに及びます。もっとも多いのは評定河原の13カ所706メートル、次いで西公園西側12カ所480メートル、ほかに北山輪王寺、青葉神社付近、蟹子沢、中島丁、愛宕橋付近にもありました。

今ではほとんど埋め立てられてしまい元の姿を見ることはできません。青葉区八幡、東北大名誉教授手島貞一さんのお宅の南崖に掘った横穴式防空壕は今も健在で、たまに戦争遺産を見学する人が訪れます。入り口を石で囲み、コンクリートで覆った本格的な防空壕です。

庭や畑、道路わきにつくった

竪穴防空壕が空襲のとき役立ったかというと必ずしもそうではありません。基本は爆弾の爆風除《よ》けなので、仙台空襲のように油脂焼夷弾など焼夷弾が多くばらまかれた地区では壕の中に火がついた焼夷弾が流れ込んできて犠牲者を増やしました。

それに比べると防火貯水槽は威力を発揮しました。江戸時代につくられた四ツ谷用水の水路を改修したり、道路わきや神社仏閣の境内に、隣組総出で数多くの貯水槽を設置したりしました。その数、全市で３１０カ所、南町には17カ所、土橋通には10カ所ありました。

貯水槽を使って消火活動したという話はあまり聞きません。消火どころではなく逃げるのに精いっぱいでした。熱風の中、逃げ回る人たちは顔や体を防火用水に就け、かぶっていた布団や毛布を水で浸して難を避けたのです。

灯火管制というのもあって家庭では夜10時以降、部屋の電気に黒い布をかけ、就寝時には必ず消灯するよう命令されました。光が外に漏れていないか、隣組の人たちが巡回して確かめました。

本格的防空壕もあった（小﨑）

県内の陸海軍基地と軍需工場

仙台は第二師団を擁する「軍都」として知られていたことは、たびたび触れてきた通りです。それだけでなく、宮城県内には陸海軍の航空基地や、軍直営の軍需工場、民間の軍需産業が集積し戦争を支えていました。

航空基地は県内に3カ所。現在の仙台国際空港と仙台市若林区、霞目飛行場は陸軍が使い、矢本（現東松島市）には海軍の航空隊がありました。戦後、防衛庁（現防衛省）が引き継ぎ、仙台国際空港をのぞいて自衛隊が使っています。

この中で最も古いのは昭和8（1933）年、民間飛行場として誕生した霞目の「仙台飛行場」です。同12年4月から同空港は羽田－札幌間を結ぶ定期航空路のルートになり、日本航空輸送株式会社のフォッカー・スーパーユニバーサル機（旅客6人乗り）が発着しました。しかし冬季は休便を強いられて効率が悪い上、中国との開戦が影響して翌年休止となりました。

「太平洋戦争」開戦とともに陸軍は仙台飛行場の拡張と整備を重ね、航空機乗員養成所、軍用機操縦訓練施設として使用しました。敗戦後、米軍に接収されて落下傘部隊の駐屯地に。同30年、自衛隊の管轄下となり輸送部門や災害救援のヘリコプター基地になっています。

仙台空港の前身「玉浦飛行場」

戦争が拡大すると陸軍はもっと広い飛行場が必要になりました。そこで昭和14（1939）年、名取郡玉浦村矢野目（現岩沼市）と同郡下増田（現名取市）にまたがる松林と農地約300㌶を買収し、突貫工事で玉浦飛行場を造成、熊谷陸軍飛行学校増田分教場としてパイロットの養成に当たりました。2年後に熟練パイロット養成の部隊に通信隊を併設、昭和20年、本土決戦に備えて隼《はやぶさ》、鍾馗《しょうき》、疾風《はやて》などの偵察機や重爆撃機が配備されましたが、活躍の場がないまま敗戦を迎えます。

敗戦後、ここも米軍に接収され、講和条約締結後に返還されました。その後、航空自衛隊第2操縦学校が開設され、パイロットの養成に務めました。学校を宇都宮、熊谷に移したので飛行場は運輸省（現国土交通省）へ所管替えとなり、同37年、仙台空港と改名して東北の空の玄関としてスタートします。2500メートルの滑走路も完成し、平成28年に全国で初めて民営化して仙台国際空港と名称を変え外国路線を含めて十数路線が運行しています。

松島航空隊には爆撃機など配備

矢本の松島海軍航空隊の飛行場が完成したのは、太平洋戦争が開戦した昭和16年12月、約300ヘクタールの国有林や65人が所有する田畑を買収、昼夜兼行の突貫工事が行われました。翌年5月には3本の滑走路が完成し、戦闘、補給、管理の3部隊約1000人が配置され、一式陸上攻撃機20～30機、爆撃機銀河約50機、夜間戦闘機月光5～6機を持つ一大航空基地となりました。

敗戦後、米軍第11空挺師団第188連隊が進駐してきたのですが、米軍の飛行機は大型なので、飛行場に隣接する宅地、山林、田畑約55ヘクタールを接収して滑走路を延長しました。

講和条約締結後、米軍は撤退、航空自衛隊が使用しています。ここに所属するアクロバット飛行チーム、ブルーインパルスは有名です。平成23（2011）年3月11日の東日本大震災では海岸近くにあったのでジェット機二十数機が水没するなど大きな被害を受けました。

「知事引継書」には、「宮城県は軍の要請により、陸軍関係では名取郡増田町（現名取市）の国道4号線から飛行場までの幹線道路（幅員8メートル、コンクリート）建設、霞目飛行場へは敷地拡張工事の委託を受けて実施、松島海軍航空隊では滑走路の舗装工事や道路改修工事を手掛けた」とあります。

陸海軍の軍需工場

陸海軍は宮城県内にそれぞれ直営の軍需工場を持っていました。民間も含めて軍需工場がこれだけ集積していた県は東北にはありません。

一番早くできたのは昭和14年に完成した船岡の第一海軍火薬廠《かやくしょう》です。現在の角田市と柴田町にまたがる2万坪（約6・6ヘクタール）に東北最大の火薬製造工場が完成しました。海軍は平塚に第二、舞鶴に第三火薬廠を持っていました。現在は陸上自衛隊、仙台大学が使用しています。

海軍は多賀城にも工廠を持ち、こちらは昭和17年から、旧多賀城村のほぼ4分の1に当たる500ヘクタールを強制買収して建設しました。翌年、全体の整備が整わないうちから操業を開始します。南地区の機銃部でゼロ戦の20ミリ機銃弾、北地区の火工部では爆弾、焼夷《しょうい》弾、親子爆弾、照明弾などを製造。昭和20年3月から松島町高城地区の丘陵地に地下分工場を建設中、敗戦を迎えました。

仙台市原町苦竹には陸軍の造兵廠がありました。正確には東京第一陸軍造兵廠と言い、現在の陸上自衛隊苦竹駐屯地の場所です。昭和15年、仙台市と角田町が軍需工場の誘致を巡って競願になりましたが、輸送面や従業員の通勤などの点から苦竹地区を選び、2年後には稼働しています。四つある工場では戦闘機の銃弾や薬きょうの箱詰め、旋盤、プレス加工をしていました。戦争が激しくなると幸町にも第二工場を建設しました。

これら陸海軍の3工場ではそれぞれ1万人の徴用工や学徒勤労動員の学生生徒が24時間体制で働いていました。

1万人が働いていた多賀城海軍工廠

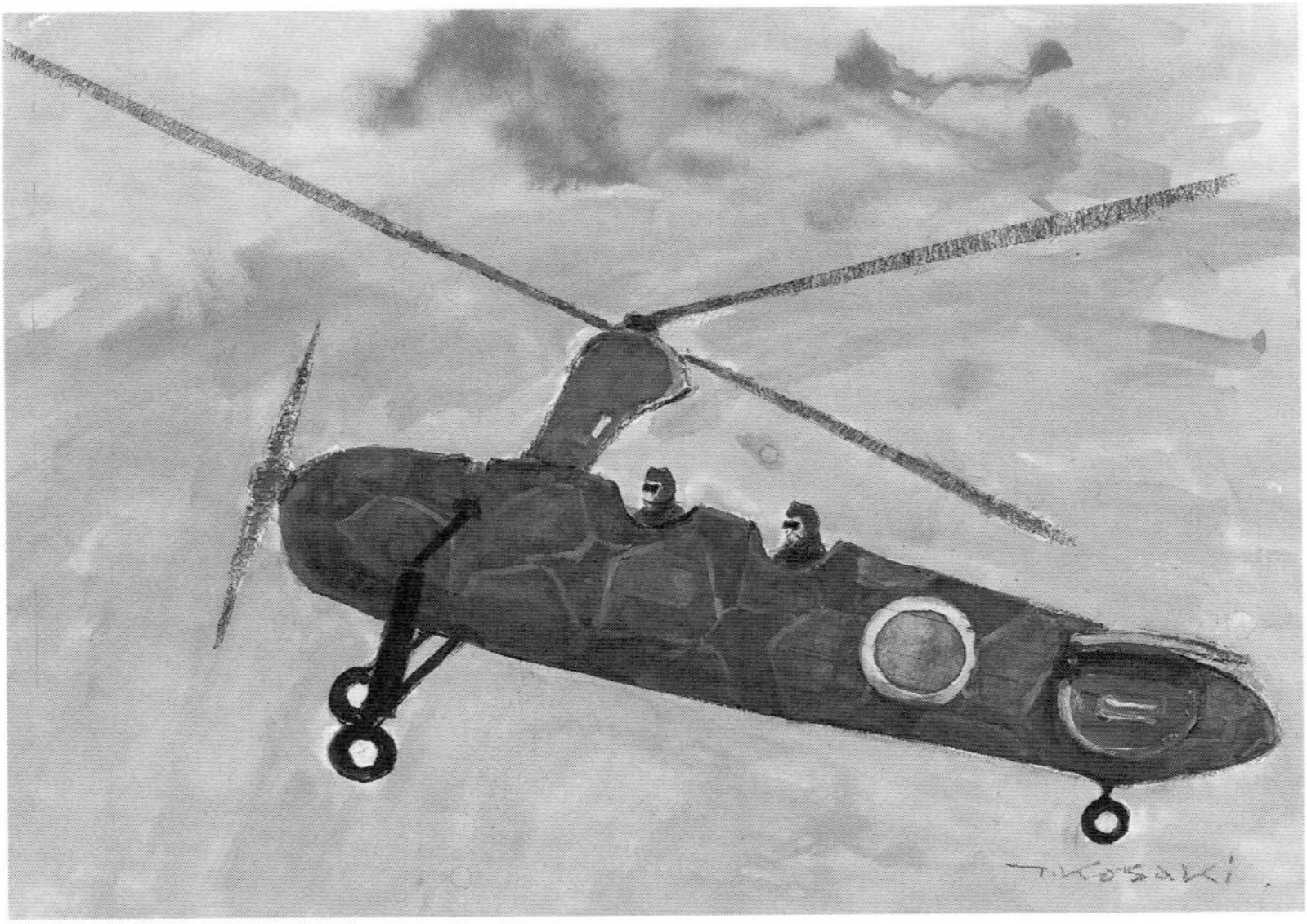

萱場で組み立てられたオートジャイロ（小﨑）

オートジャイロを組み立てる

民間では太白区諏訪の東北金属がマグネット通信機材、機関砲部品、同区長町八幡前、東北特殊鋼は銃の中心部分となる銃身鋼、三馬弘進護謨《ごむ》では軍用地下たび、被服など、大日本航空は新型ジェット機「秋水」の訓練用グライダーをつくっていました。このほか日本電気、東北ゴム、本山製作所でも軍需品をつくっていました。

萱場製作所（現在のカヤバ工業、通称ＫＹＢ）仙台工場は八本松（仙台市太白区）では戦闘機や偵察機の油圧緩衝機のほか、陸軍の委託でオートジャイロの組み立て作業をしました。オートジャイロは普通の飛行機にヘリコプターの要素も加味した航空機で、長い滑走路を必要としません。昭和16年に陸軍技術本部が米国製のオートジャイロの改良に取り組み、2年後に国産化に成功、陸軍は「カ号観測機」と名付けて着弾観測に使うことになりました。

最初は2年間で60機という生産目標だったのですが、戦局が厳しくなると月産20機の生産を命じられます。部品のプロペラやエンジン、燃料タンクなどは他社でつくったものを仙台に運んで来て組み立てるのですが、部品製造が遅れて敗戦までに完成したのは50機程度でした。

仙台市太白区八本松1丁目、伊藤喜六さんは「高等小学校高等科2年のとき学校から10人ほど選ばれて萱場の工場に派遣された。勤務は朝8時から夜8時まで。仕事は流れ作業、私はオートジャイロの胴体に羽根を付ける仕事だった。完成品は現在の八本松公園の広場で試験飛行していた」。

多賀城工廠の芳しくない話題

「太平洋戦争」の開戦から半年後の昭和17年5月、横須賀海軍建設部から多賀城村の後藤一義村長へ「軍施設用地として貴村の一部を買収したい。ついては土地所有者を印鑑持参の上、6月4日、村の国民学校に集めてほしい」という文書が届きました。

田畑の大半を買収された庄子延さんによると、会合で海軍側から「その昔、蝦夷《えみし》征伐の際、坂上田村麻呂将軍はここ多賀城の鎮守府を足掛かりに軍政一致、平和を築いた。時は移り、あなた方が快く土地を売ってくれたなら鬼畜米英をたやすく打ち負かすことができる。賛成ならば万歳三唱で意思を表してほしい」と話があり、警察官数十人が取り囲む中、皆は泣く泣く万歳をしてしまったというのです。

村民は1カ月以内に移転するよう強いられ、八幡の沖地区では集落丸ごと、神社や墓地も含めて引っ越しました。『多賀城市史』には「反対すれば非国民と言われるし、半強制的に調印させられた」「ついせんだって土葬したばかりのおばあちゃんの遺体を掘り出した」などの声が収録されています。

同年7月1日から建設工事が始まり、毎日数千人の労働者が働きました。工場や工員住宅、倉庫などの建設工事は大林組、鹿島組、井上工業、木田組、安藤組の5社を中心とした軍の建設協力会のメンバー、最も過酷な整地工事は菅原組（本社釧路市）が請け負ったのですが、これが問題の企業でした。

菅原組に与えられた仕事は、山を崩して土をトロッコで運んで田畑の上に敷いて工場敷地をつくり、工廠用地の周囲に幅6メートル《メートル》の堀をつくる、東北本線陸前山王駅から工廠までの鉄道を敷設することでした。そのころは土木工事に必要な機械力が貧弱で、頼りになるのは人力とツルハシ、モッコといった道具だけです。二十数カ所に飯場をつくり、土木作業員のほか宮城刑務所の服役囚や、朝鮮から連れてきた朝鮮人労働者728人を含む千数百人がこの仕事に従事しました。この会社、北海道では労働者を監禁同様にして働かせる「タコ部屋」企業として知られ、多賀城でも残酷な強制労働が続きました。

なぐられ、監禁された朝鮮人労働者

当時、現場で働いた朝鮮人の具然圭《グヨンギュ》さんの証言が『多賀城市史』に載っています。

「小作人の子で学校にも行けなかった。日本で働くと待遇がいいと聞いたので、父母に黙って家を出た。菅原組に所属し、釜山から小樽、釧路、北千島を経て多賀城の建設現場で働いた。毎朝暗いうちからたたき起こされ、土砂を満載したトロッコ押しをする。少しでも手を緩めると棒頭(現場監督)からカシの棒でなぐられた。風呂はないし、作業の後で手を洗うこともできなかった。食事はどんぶり飯1杯とみそ汁、おしんこだけ。現場から戻るとタコ部屋に押しこめられ、毛布2枚をかぶって寝た。部屋には錠がかけられ、外出はもちろんほかの飯場との交流も禁止されていた」

昭和19年1月、逃走しようとした5人を燃えさしの薪《まき》で20～30回ずつなぐり3人を死亡させた2人の日本人のうちひとりが懲役7年の判決を受ける事件もありました。

戦争が始まって日本国内で労働力が不足すると、政府は国内の鉱山、土木事業の経営者に朝鮮人労働者の集団連行を許可します。昭和19年2月の「知事引継書」によると宮城県内には朝鮮人が6405人住んでおり、このうち「国民動員計画による移入労働鮮人」は1601人、内訳は菅原組多賀城出張所728人、同矢本出張所115人、三菱細倉鉱業所365人、西松組塩釜出張所349人、小原出張所44人でした。県全体で137人(4・9%)が逃亡しており、「特高警察」は一斉取り締まりを実施して探しました。

市民の足　仙台市電の奮闘

戦時中、仙台市民の足といえば、市電だけが頼りでした。昭和51（１９７６）年3月、半世紀の歴史を終えて廃止されたので、もう見ることはできません。再現してみると市中心部をぐるりと回る全長６キロの循環線（仙台駅前―錦町―県庁市役所前―北四番丁―西公園―南町通―仙台駅前）、それに長町線、北仙台線、八幡町線がありました（原町線開通は戦後の昭和23年）。

このほかに昭和17年8月、国策に沿って仙台市街自動車株式会社を買収し、バス85台もあったのですが、こちらはガソリン統制で円滑な運営ができず、その分市電への期待度が高まりました。

市電の1日当たりの利用者は昭和16年度６万２６００人、翌年度7万２０００人、その翌年度は７万５７００人と年々増えて行きました。特に民間の軍需工場が集中していた長町へは市電利用者が多く、短時間で大量に輸送しなければなりません。「朝6時半からの1時間前後は超満員で、会社に着いても疲れて能率が上がらない」と工場側から苦情と要望が出たので、始発時間を5時に10分間繰り上げ、ラッシュ時は長町線の車両を7両増発して10分に3本運行しました。乗降客の少ない九つの停留所を通過する「急行電車」を運行、近距離を電車通学する中学生、女学生には徒歩通学を勧めました。

男性に代わって女性運転手

市電の仕事は乗客の輸送だけではありません。午後10時の終電車が発車した後は野菜などの食料輸送が待っていました。昭和19年以降は一般家庭が防空壕をつくるための木材運びも加わりました。

戦争がますます激しくなると男性運転手は徴兵による入隊や軍需工場への徴用が増えて１１７人のうち50人が欠員となり、18人の女性運転手が取って代わりました。徴用というのは政府の命令で強制的に動員し、決められた業務に就かせることです。

勤労動員の中学生に市電を運転させる試みもあり、市立仙台工業学校（現仙台工業高校）機械科４年生の30余人が電車運転の実習に参加しました。説明と運転練習は１日で終わり、翌日からはお客さんを乗せての運転です。

動員されたひとりの加藤盛治さんは「花京院から仙台駅前までは下り坂で、スピードが上がるとブレーキを力強く巻き上げても止まらない。そのうち停留所を過ぎてしまいそうになる。こんな時指導員が電気ブレーキを使って止めてくれた」と『文集仙台市電』（市交通局振興社編）に書いています。

中学生が運転手に採用されることはありませんでした。「その後、幾人かの女性が運転台に立ったようだが、私たちは間もなく別の軍需工場に回された」との記述があるからです。

職場の男性不足は市電に限ったことではありませんでした。宮城県秘書課が昭和19年2月現在で調べたところ、県庁全体の応召者は２９４人に上り、警察では警官の応召者が増えて犯罪捜査に支障が出ているとの報告があがっています。七十七銀行は、閣議決定で従業員の６割を女性にするよう命令されました。昭和20年7月時点で総行員１２４５人のうち18％に当たる２２４人が召集されて軍隊や軍需工場へ行きました。河北新報社では敗戦まで72人が軍隊に入り、うち特派員を含めて７人が戦死しています。女子従業員は限られた職種ながら男子と肩を並べて仕事をし、敗戦時、４人にひとりは女子従業員となりました。

停留所は電車を待つ人で長い列

資材不足、なんでも修理した

新しい電車を注文しても来ないし、修理部品も不足していました。新車両３両と中型ボギー車５

両は資材不足からいくら待っても届きません。そこで東京都と江ノ島電鉄（神奈川県藤沢市）から中古電車それぞれ3両を購入し、線路の幅が合わないのは改造し、車体の老朽部分を修理して運行にこぎつけました。

　線路の枕木、線路、変電所などの整備も必要ですがモノ不足で何ともなりません。比較的乗客の少ない盲腸線の南町通―芭蕉の辻間0・31キロを廃止、ここで使っていた資材はほかの場所に回しました。

　昭和19年7月の集中豪雨で市電北二番丁車庫は浸水、一部電車のモーターが動かなくなりました。修理をするにもコイルがないとできません。市電事務所の佐藤清助さんは軍需省鉱政課に行って掛け合いましたが「今は承知できない。市民には市電に乗らず歩け歩け運動を提唱せよ」の一点張りで、らちがあきません。佐藤さんは頭にきて「このバカ野郎、何を言うんだ」と怒鳴ってしまいました。このやり取りを隣で聞いていた軍需管理官の陸軍大佐が、もう一度説明してくれというので話したところ、即座に申請を承認してくれたそうです。

後のことになりますが、昭和20年7月10日未明の空襲で52両の電車は奇跡的に全車無事でした。車両を北二番丁車庫だけでなく、北仙台線、八幡町線の終点と秋保電鉄車庫へ分散、いずれの場所も焼夷弾攻撃を免れたのです。

　ただし片平車庫が全焼、中心部の各所で架線が垂れ落ちるなどの被害が出ました。さっそく復旧工事が始まり、驚くことに空襲の翌日には荒町―長町間で運転再開、仙台駅前から荒町までは8月3日、敗戦13日後の8月28日には全線で再開に漕《こ》ぎつけました。

　一方、仙石線は沿線にある仙台市原町苦竹、陸軍造兵廠《ぞうへいしょう》や多賀城の海軍工廠へ通勤する人たちで混雑しました。従業員がそれぞれ1万人という大事業所、しかも24時間稼働しています。電車はフル稼働して対応しました。元々は宮城電鉄という私鉄でしたが、ここも国策によって昭和19年、国鉄が買収しました。

満州開拓に1万2000人

「太平洋戦争」が終わるまで、満州国内には多くの開拓村があり、内地から日本人が渡って食糧増産に励んでいました。宮城県は長野、山形県に次いで全国で3番目に開拓団をたくさん送り出した県と言われ、国策の名のもと38地点に1万2000人の開拓団や義勇隊が渡満しています。

満州国は「満州事変」の項でも触れたように現在の中国東北部に日本がつくりあげた国家です。元清国の宣統帝・溥儀《ふぎ》を皇帝に迎え、建国宣言では満州に住んでいる5民族が協力して新しい国家を打ち立てようとうたっています。が、実際は関東軍の支配下、行政の全てを日本人が握っている傀儡《かいらい》国家でした。

国土は天然資源に恵まれています。その上、食糧基地としての期待も大きく、政府は昭和20（1945）年までに全国から100万戸、500万人の開拓団を送り込む計画を立てました。

満州移民が年々多くなるにつれて現地の治安も平静を保つようになります。「満州良いとこ、この世の楽土」「1戸当たり20ヘクタールの地主になれる」といった宣伝文句も魅力になりました。当時日本の全人口のほぼ半分は農民、そのうちの3割は自分の土地を持たない小作農でした。

宮城県開拓村の実態

宮城県から渡満した開拓団のリストが林信夫知事から加藤於兎丸《おとまる》知事への引き継ぎ書（昭和17年10月7日）に載っています。報告には「北海道自作農や、南米、南洋方面への移住希望者はほとんどなく、目下満州開拓民の送出に全力を挙げている。特に（南郷村のような）分村計画を樹立したところもあり移民業務は円滑に行われている」とあります。

開拓団は2種類に分かれていました。農業に従事する開拓団と、開拓のほかソ連対策の補助的役割を持った軍事色の強い「満蒙開拓青少年義勇軍」です。

このうち宮城県の開拓団移住の歴史をたどると次のようになります。
▽昭和7年、第1次弥栄村37人
▽8年、第2次千振郷39人
▽9年、第3次瑞穂村17人
▽10年、第4次城子河、吟達河44人
▽11年、第5次大安屯、朝陽卍、黒台南郷、自警村移民１６８人
▽12年、第6次湯原、第7次先遣隊３０４人
▽13年、第7次本隊拉林、安井、第八次先遣隊４２０人
▽14年、第8次本隊横泰、青葉、韓家、第9次先遣隊１７３人
▽15年、第8次、第9次補充、第10次先遣隊１３７人
▽16年、第8、9、10次補充２１０人
▽17年、第8、9、10次補充２１６人
「県知事引継書」にあるのはここまでです。開拓団の送出は昭和19年まで続き、沙河子仙台６５７人、三棵樹北方村34人、三竜津久毛45人、吟達村南郷１２２人が移住しました。(『宮城県開拓団の記録』鈴木文男編著、あづま書房)

南郷村の分村計画

宮城県内で満州開拓に最も熱心だったのは南郷村(現美里町)と言われます。同村の国民学校校長をしていた松川五郎さんが、南郷村を母村とし、満州に南郷の分村をつくろうと提唱、多くの村民がこれに応じたのです。

南郷村は鳴瀬川がゆるやかに蛇行する流域に、見渡す限り美田が広がる穀倉地帯です。安定した経営を図るには1戸３㌶が必要ですが、それを満たすだけの土地が村にはありません。計算するとはみ出す農家が４０５戸あり、この人たちを満州に移住して南郷村の分村をつくろうという計画でした。昭和11(１９３６)年の第5次黒台村50戸を手始めに第6次宮城村、第7次安拝村と満洲各地に数十戸ずつの「南郷集落」を展開し、その総数は約３００戸、１５００人に達しました。大陸の花嫁のはしりとなる乙女たちが渡満したのも南郷村が先駆者です。敗色濃くなる昭和19年には、第13次南郷開拓団として１２２人をソ連国境付近に送り出しています。

ユニークな仙台開拓団

満洲には「仙台村」もありました。ここはよそと違って、物価統制、配給制になって仕事がなくなった中小商工業の人たち、クリーニング、大工、飲食業、染め物業などに従事していた人たち、それに仙台近郊に住む農家の次三男が一緒になった村です。昭和17年3月に結成されて、25人の先遣隊が広瀬村（現仙台市青葉区）の県農学寮で1カ月の訓練を受けてから現地に向かいました。

入植地は朝鮮半島に近い中部満州の浜江省五常県沙河子の盆地です。多くの開拓地はソ満国境に近い北部に点在していたので、それに比べると条件は良い方ですが、それでも中心都市ハルビンから列車で4時間、さらに森林鉄道で4時間かかりました。

開拓団が耕す農地は約1万㌶、ここばかりではありませんが、満州国政府が現地に住んでいた満州人、朝鮮人から強制的に買い上げたと言われ、敗戦後これが原因で開拓団員は現地民から攻撃を受けることになります。その状況は後に詳しく述べることにしましょう。

仙台村、春の農作業

第1陣入植から経営は順調に進み、昭和18年9月の人口は450人、9組の結婚と13人の赤ちゃんが誕生、1年前に比べると17倍の人口になりました。開拓団本部は東西500メートル、南北800メートルの土壁で囲まれ、これを二分して半分が日本人、残る半分に満州国民、朝鮮人が住んでいました。

農作業は4戸がひと組になり水田3ヘクタール、畑7ヘクタールを共同経営する方法が取られました。お米のほか、大豆、小豆、大麦、小麦、コーリャン（高粱）、馬鈴薯《ばれいしょ》、家畜として牛38頭、馬60頭、ニワトリ350羽を飼っていました。毎朝6時に起床、朝食7時、8時から夕方5時まで作業、朝だけは共同炊事場でつくったものを皆で食べることにしました。

同郷の士が集まり経営順調

内地ではそろそろ食糧事情が悪くなっていました。部落長の大島忠夫さん（当時38歳）は仙台市に「米のご飯と新鮮な野菜を腹いっぱい食べながら内地の皆さんのことを考えるともったいない気がしてくる。スイカ、トマト、トオミギ（トウモロコシのこと）は食べきれないほどあります」と近況を寄せています。大島さんは仙台市連坊小路で豆腐屋さんを営んでいました。

国策として入植した仙台村には激励を兼ねて宮城県や仙台市の職員が視察に訪れています。河北新報社の成田篤郎記者もそのひとりで、昭和18年9月18日の紙面に現地ルポが掲載されています。

「周囲の景色は仙台に似ている。山紫水明とはいかないが、広瀬川に代わる濁流渦巻く垃林河あり、青葉山に代わる沙河山あり、さらにまじりっけない仙台弁が氾濫して、つい満州にいることを忘れてしまう」

「農業経験のない人が多い割に成績は順調である。立地条件に恵まれたこともあるが、入植2年まで自給自足の農業経営を確立し、来年からは現金収入の方策を考えている。これ、菊地碩夫団長の手腕にあるほか、開拓団が他県との寄合ではなく、言語風俗を一にしているところが大きい」

「医療設備もいい。現地の開業医が仙台出身の人だから夜中でも診てもらえる。欲を言えばきりがないが、ほしいのは郷土の情報を伝える新聞、それに海から遠いので海藻類の食べ物を食べたいという」

農漁村スタイルの亘理開拓団

亘理郡の農漁民で構成する興城亘理開拓団は、昭和15年11月、山下村（現山元町）、荒浜村（現亘理町）から13人の先遣隊を送り込んだのが最初です。場所は大連と山海関の中間、渤海湾に面した温暖な海岸で、近くには興城温泉、陸軍の温泉保養所、飛行場もある南満州随一の保養、観光施設に恵まれていました。

開拓団は中国人の没落豪族の屋敷を買い取って本部にし、敗戦時の戸数六十数戸、３００人の中規模開拓団です。米と魚の二本立てで経営し、漁業では内地から漁船を運んできて、現地の幼稚な漁法の改善を指導、カニ、エビ、カレイなどの漁獲高を一気に倍増しました。一方、水田経営もこれまで満洲で行われていた北海道式の直まき方式をやめて内地でやっている本植えにした結果、収量は5割増しに。敗戦時の水田面積１５０ヘクタル、１戸平均３ヘクタルを耕作していました。

満蒙開拓青少年義勇隊

開拓のほかにも軍事的な性格を持った「満蒙開拓青少年義勇隊」があり、昭和17年時点で宮城県からは１５４８人が満洲に渡っていました。歴史は古く、昭和13年、満15歳から18歳までの希望者が各地の連隊区司令部で口頭試問や身体検査を受け、茨城県内原訓練所で2カ月、満州で3年間訓練された後、本格的な活動に入りました。開拓団の組織内には警備隊もあって軍事的性格を持つ団体です。訓練所はその後、全国に拡大、山形県大高根道場、岩手県六原道場などでも入植上の訓練が行われました。

ソ連国境近くに満蒙開拓青少年義勇隊の東寧訓練所がありました。第一中隊は宮城、秋田県出身者約２５０人で構成し、苦楽をともにしました。昭和46年、第一中隊の有志で回想記『鳴々東吟達湾』を発行しています。

これを読むと、湿地を水田に開発する作業、山奥から木炭を運搬するなど開拓民の仕事もしていますが、関東軍と連動した軍事行動が目につきます。本土から送られてくる軍需物資、食料品を列車から降ろして倉庫に入れる作業とか、無線を傍受して広報用文書を作成するなど。敗色濃くなる昭和19年秋になると隊員は続々召集されて入隊、

仕事の前に宮城（皇居）遥拝

戦後ソ連軍によってシベリアに送られ過酷な抑留生活を送った人もたくさんいました。昭和44年8月、松島・瑞巌寺で物故者50人の慰霊祭が挙行されました。

ソ連参戦、悲劇が待っていた

昭和20年8月、開拓民に悲劇が待っていました。日ソ中立条約を破棄してソ連軍が宣戦を布告、国境を越えて侵攻してきたのです。開拓民は各地でソ連軍に追われ、現地民の襲撃を受け、食糧も確保できないまま身一つで逃げ回りました。

ソ連軍による強盗、強姦、殺人、窃盗などは都市部に多く、開拓団は近くに住んでいた満州人、朝鮮人に襲われました。それと言うのも、開拓団が耕作していた土地は彼らの先祖伝来の土地だったのです。満州国政府により半ば強制的に買い上げられ、土地を奪われた農民は土木作業員として他で働いたり、日本人農家の作男になった人もいました。日本の敗戦とともにこれまでの怨念が一度に爆発、暴行事件に発展したのです。

北満州鉄力県城地区には宮城県から渡満した安

拝、垃林など七つの開拓団3033人と他県出身者、青少年義勇隊など3500人を超す人たちが住んでいました。敗色濃くなる昭和19年になると、どこの開拓地でも同じですが、本土防衛を目指した軍の〝根こそぎ動員〟によって男たちは軍隊に取られ、村に残っているのは高齢男子と婦女子だけ、そこへ突然「ソ連宣戦布告」の連絡です。

満州国軍の手によって武装解除され、開拓団には銃などの武器はなくなりました。それを待っていたかのように一部満州人農民は凶器を持って襲ってきて抵抗する者は撲殺され、抵抗しない者は衣類をはぎ取られ、中には持っていた毒薬を飲んで自殺する人もいました。

生き残った約2000人の開拓民が韓家地区に集まりました。度重なる襲撃、暴行にうっ積した空気が皆の心にこもり、かまなどで武器をつくり襲撃に備えました。暴徒との小競り合いのなかで暴徒ひとりが負傷したのがきっかけになって、現地の農民が土塁で囲んでいた塀の門を破って「日本人を皆殺せ」と叫びながら乱入、射殺されたり、中には自殺をする人もいたりして160人が犠牲になりました。

帰国できたのは48%

生活がやっと安定してきた仙台村では周囲を囲んでいた土塁を破って数百人の暴徒が侵入、立ちはだかる者に容赦なく大きな鳶口《とびぐち》（消防士などが物をひっかけて運んだり壊す棒）が振り落とされました。男たちだけでなく婦女子、赤ちゃんも殺され、それだけではなく、逃亡の途中にも栄養失調で餓死したり、絶望の果てに自殺したりした人もいました。「子どもを売れ」と言われて従った人、生きるために中国人妻になった人もいました。

この結果、仙台村に入植した約250戸、1000人のうちで、帰国できたのは209人（『仙台市史』）とか、657人中、引き揚げたのは396人（『宮城県開拓団の記録』）との説もあります。

この本にはほかの開拓村の状況も記述してあり、宮城県関係者6743人のうち帰国できたのは3267人、全体の48%にすぎないということです。国策に従って満州に夢を託した人たちには何の罪もないのに悲劇的な結末に終わりました。

授業休んで学徒勤労動員

戦時中の学生や生徒は少し年齢が違うだけで、将来どうなるかまで変わってくる、人によっては死が待っているかも知れない、大げさではなく、そういう運命にありました。

国民学校児童はイナゴ捕りくらいの「奉仕」ですが、中学校以上は「学徒勤労動員」と言って授業を休んで学校ごと軍需工場などで働かされました。旧制高校、専門学校、大学の学生は「徴兵猶予」の優遇措置が撤廃され、兵役の年齢になると軍籍に入り、わずかの教育期間を経て戦争の第一線に配属されました。こちらは「学徒出陣」です。

これからお話するのは「学徒勤労動員」のことです。昭和19年8月、政府は国家総動員法に基づいて「学徒勤労令」を発令、中学校、高等女学校以上の学徒は、この年の秋から翌年1月にかけて指定された場所へ向かうよう命じられます。動員先は軍需工場や食糧増産のための開墾、農作業、飛行場造成、家屋疎開作業など広範囲な職場です。全国で310余万、全学徒の約7割が対象になりました。内訳は軍需生産が200万人、食糧増産100万人、防空防衛14万人、重要研究2000人。

最初は動員期間を4カ月とみたのですが、やってみるとそれでは十分ではない。そこで1年を通じての「通年動員」に変更されます。同年7月には動員の対象から外されていた夜間学校や、体が弱くて除外されていた生徒も含まれるようになり、翌20年4月からは国民学校を除き1年間、学業停止へ。教室での授業は無くなりました。

動員先のうち「防空防衛」14万人というのは、空襲の際、都心部で消防車が入れる道路や鉄道を守る広場を確保するため一般家屋を急いで解体する作業に従事する学徒。仙台市では第1次として仙台駅周辺など1065戸が対象になりました。

「重要研究」2000人は、大学の研究室で軍事研究に携わる学生のことで、勤労動員から外されただけでなく「徴兵猶予」撤廃で軍隊に入った学生も大学に呼び戻されました。東北帝大工学部長を務めた佐藤利三郎先生もそのひとりで、昭和19年、東北帝大工学部卒業と同時に兵役に就いたのですが、突然除隊を命じられ、同大大学院特別研究生になり高周波回路の研究をしていたそうです。

学徒勤労動員はこれが初めてではありません。「勤労奉仕」と言って、それ以前にもいろいろ活動をしていました。今は東北大に包摂されて学校がありませんが、県立宮城女子専門学校では昭和15年に「報国団」が結成され、仙台市中田方面の出征兵士の留守宅を訪ね、農作業を手伝いました。『宮城県女専史』には「田んぼの草取り、畑仕事の奉仕等、目で見るような楽な仕事ではない。お尻を水田に落としてしまう人、ヒルに吸い付かれて大声を出す人などハプニングが続出、それでも昼食に農家心づくしのお弁当、おやつに団子が出されて感激した」とあります。

それに比べると今回は規模と言い、期間と言い、経験したことのないスケールです。しかも、行き先は軍需工場という未経験の職場が含まれています。

農作業の手伝い（宮城女専）

通年であらゆる軍需工場へ

宮城県の学徒勤労動員の状況について、丸山鶴吉知事から生悦住求馬《いけずみもとめ》知事への「引継書」（昭和20年6月）には「宮城県としては学徒動員本部を設置、専任視学員を置いて事業所の受け入れ態勢、作業状況、厚生施設、給与、保健の改善に努めている」とあり、動員数は昭和20年4月時点で農業、商業を含めて男子中学校1万1616人、女子中学校1万953人とあります。

動員先は陸軍造兵廠《ぞうへいしょう》、海軍工廠、海軍火薬廠といった軍直属の工場が多いのですが、それ以外の民間工場にも振り分けられました。しかもひとつの学校が同じところに行くとは限りません。たとえば仙台中学（現仙台高校）の場合、5年生は仙台の陸軍造兵廠、4年生は神奈川県川崎市の東芝、後に仙台の東北特殊鋼に移る、3年生は作並製炭所、2年生は仙台近郊の農家の手伝いといった具合です。

宮城学院女子大学の大平聡教授は学生たちと一緒に平成12（2000）年から県内の39旧高等女学校の協力を得て271人の卒業生の聞き取り調査をし『戦時下女学校の学徒勤労動員』（学校法人宮城学院発行）にまとめ、発表会も開きました。平成21年には大平教授の指導を受けた同大大学院人文科学研究科、鈴木陽子さんが男子中学校の勤労動員の実態を調べて発表しています。

このほかにも宮城県第一高等女学校（現宮城一高）の生徒が軍需工場で働いた記録『海鳴りの響きは遠く』（神谷恵美子監修、草思社）、尚絅高女卒業生による記録と追想『太平洋戦争を生きた少女たち』（高澤計以編、私家版）などがあります。

県内に陸海軍の軍需工場

宮城県内には軍直轄、民間の軍需工場が集積していました。「宮城県内の軍事基地と軍需工場」の項で触れた通りです。陸軍は仙台市原町苦竹にあった造兵廠、海軍は多賀城海軍工廠と船岡の海軍火薬廠、それぞれ最盛期には1万人が働いていました。

民間は仙台市内では東北金属、東北特殊鋼、三馬弘進護謨、萱場製作所、大日本航空、東北護謨、本山製作所、仙台発動機、このほか塩釜ドック、東北船渠など。軍需工場ではありませんが、秋保電鉄、仙台貯金局、仙台鉄道局、仙台逓信局、仙台市電軌道敷石工事なども学徒動員の勤務先となりました。仙台市内の学徒は自宅から、郡部の学徒は指定された寮に学校ごと寄宿して通勤しました。

仙台市原町苦竹の陸軍造兵廠には市内の中学校、高等女学校、旧制二高、東北学院高等商学部など14校のほか県内各地の中学校、女学校からも動員され、機関砲の薬きょうの箱詰め、旋盤などの仕事をしていました。

女性や少年に禁止されていた深夜作業が昭和18年から復活、同造兵廠では甲班、乙班に分かれ1週間ずつ男女とも昼夜交代で働きました。

本書に挿絵を描いている村上典夫さんは仙台二中（現仙台二高）4年生の時、同造兵廠に通年動員されました。製造したばかりの機関砲弾や薬きょうを大八車に積んで2人ひと組になって別の棟に運ぶ作業です。「作業衣の支給はなくいつもの学生服を着て、日勤と夜勤を交互にやった。帰りは守衛室前で厳しい検査があり、怪しいと思わ

航空機の組み立て作業

れるとポケットの中まで調べられた。食事は大食堂で皆一緒に食べた。白米に近いご飯、サツマイモのみそ汁だったが、白いご飯は珍しく、それだけでもいいと思った。女子挺身《ていしん》隊員がたくさん働いており、殺風景な職場を癒やしてくれた。彼女たちは魅力的だった」

　寮から造兵廠に通っていた気仙沼中（現気仙沼高）のある生徒は県内から来ていた高女生に「防空壕の中で食べて」と言われて大きなおにぎりをもらいました。防空壕の暗闇の中で食べていたら、おにぎりの中から手紙が出てきたので、後で読んでみるとそれがラブレター。つらいことがいっぱいあった中で、こんなほほえましい話もありました。

多賀城工廠で大爆発、38人死亡

　多賀城海軍工廠は南地区の機銃部、北地区の火工部に分かれ、ゼロ戦の機関砲弾、爆弾、焼夷《しょうい》弾などをつくっていました。ここには仙台市内の仙台育英、東北学院、常盤木、尚絅のほか、佐沼中、塩釜、若柳、登米、石巻高女など県内各地の生徒が勤務していました。

　昭和18（１９４３）年11月23日の午後1時過ぎ、装填工場で爆発事故が起きました。工廠で働いていた佐藤たみ子さんは「昼休みが終わって机に向かったとたん、大きな音がして全工員があわてて工場から逃げた。その後、私は総務部に移り、そこで37人が犠牲になったことを知った。負傷者の数は知らされなかった。焼失した工場の復旧には3カ月かかった」と語っています。もちろん極秘事項ですから報道されることはなく、戦後になって明らかになりました。

薬害で顔はカボチャみたいな色に

「数ある宮城県内の軍需工場の中で、もっとも危険なのは船岡の東北最大の海軍火薬廠だった」と宮城学院の調査は指摘しています。平成16（２００４）年10月、同学院の主催で行われた「戦時下女学校の学徒勤労動員」の集いに同工廠で勤務した2人の女性が出席して証言しました。

　武藤あき子さん（佐沼高女出身）「粉末火薬のセクションでは円筒形30キロ爆弾の信管をつくる作業をした。全身黄燐《おうりん》まみれになり、軍手、マスクをして作業をするが、おしゃかばかりでうまくい

完成した弾丸をチェックする女学生

かない。そのうちに体が黄色になり、かぶれてウミが出てかゆくなった。家族がもちをついて面会に来たが、カボチャみたいだと驚いていた」。

小室かつゑさん（大河原高女出身）「黒い作業衣は硫酸でぼろぼろになるし、何に使うのか教えられないまま綿火薬を製造した。硝酸と硫酸の混合液から出る有毒ガスに歯のエナメル質を解かされ、生理が止まるし大変だった」。

火薬廠で働いていたのは旧制二高、東北薬学校、白石中、白石高女、柴田農林、大河原高女、岩沼高女、鹿又高女、角田中、角田高女、佐沼高女、岩手県黒沢尻高女、大船渡専修学校の13校。

首都圏の軍需工場では……

首都圏の軍需工場へ向かった学生、生徒は寮や国民学校の校舎で共同生活を送りました。『宮城県教育百年史』（県教委発行）には「昭和19年以降、仙台市内の生徒のうち神奈川、茨城両県に限っても川崎、横浜、横須賀、湘南、日立などの工場に男子６３８人、女子９４６人の合計１５８４人が動員された」とあります。

宮城学院女子大の大平聡教授の調べでは、首都圏に動員された県内の女学校は一高女、二高女、三高女、宮城、尚絅、吉田、朴沢、角田、石巻、石巻実業、白石の11校945人、これに中学校、高校などが加わります。『仙台市史』によると、市内の学校では一中、二中、仙台中、仙台育英、梅檀、県工、仙台工、仙台商、旧制二高、仙台工専、県女専、東北学院専、東北帝大が首都圏に配置されました。

慣れない集団生活の上、空襲の危険もありました。茨城県の日立製作所で勤務していた県工業学校の生徒5人は米艦からの艦砲射撃で亡くなりました。このほか事故による死傷、栄養失調と疲労、病気で亡くなる人も少なくありませんでした。

一高女では4年生の約100人が逗子の寮から横須賀海軍工廠に通い、高角砲の砲弾の弾頭部に火薬を入れたり、航空特攻兵器「桜花《おうか》」の部品づくりの作業、尚絅高女4年生約200人は農家や国民学校に泊まり込んで神奈川県（その前は東京・蒲田）の東京計器で飛行機の部品づくりをしていました。

公開された日記、両親への手紙を読むと食糧事情が悪くていつも空腹を我慢し、空襲が激しくなって予定されていた帰郷が中止になったことなどが書かれています。「あまりおなかがすいたのでカボチャの種を2合3円で買ってきて炒《い》ってむしゃむしゃ食べたら胸が悪くなったり下痢したりで散々でした」（尚絅高女）とか、「火薬を扱うので真冬でも火の気は一切なし。コーリャン、豆かす、サツマイモの食事で耐え忍んでいます」（一女高）といった家族あての手紙が残っています。

このほか、翌春卒業予定の高等女学校生徒を「女子挺身隊」として学校のもとで組織するよう指示があり、県内の多くの女学校で挺身隊が組織され仙台市原町苦竹の陸軍造兵廠などに動員されました。

——私は当時、国民学校児童でしたが「学徒勤労動員」という言葉は知っていました。父が気仙沼中学校の教師をしていて、昭和19年11月、仙台の陸軍造兵廠へ動員された生徒の引率教師のひとりとして敗戦まで仙台で暮らしていたからです。作業中、ひとりの生徒が煮立った油の中に転落、大やけどを負って亡くなる事故があり、父は戦後も幾度となく線香をあげに生徒宅にうかがっていました。

「腹減った！」深刻な食糧難

戦争中の思い出の中で、特に印象的なのは空襲のこわさと、腹が減ったことです。年がら年中腹をすかしていたのではありません。負け戦になるにつれて食糧難はひどくなり、戦争が終わってからがもっとひどかったような気がします。

お米だけのご飯は夢のような存在で、大根、ジャガイモなどを混ぜた「糧飯《かてめし》」や、メリケン粉の「つめいり」（すいとんのこと）、カボチャやジャガイモの代用食が主流となりました。たまになら風情があっていいけれど、これが毎日ですから考えただけでいやになります。

「おれたち、育ち盛りに十分食えなかったから血管が弱いんだ。気をつけろよ」。仙台で医院を開業する高校時代の級友はいつもこう言います。

先日、年寄りたちが集まった席で食糧難の時代のことが話題になりました。7人のうちで、父親の実家が農家の方と、家業が運送業だった方から「幸い、そういうつらい経験がなかった」と発言があり、あの時代にも個人差があったことを知りました。

山間地ではアワ、ヒエが主食

「食をめぐっては、戦時中は特別としても、戦前から地域差、貧困の差がはっきり出ていた」と斎藤美奈子さんは『戦下のレシピ――太平洋戦争下の食を知る』（岩波アクティブ新書）で指摘しています。

米どころの農村でさえお米だけを主食としていた家は少なく、ましてや小作農は収穫の半分を小作料として物納させられるので、ほとんどは、米に麦や野菜、イモを混ぜた「糧飯」が普通でした。農地の少ない山間部では米がとれないので高冷地でも育つアワ、ヒエ、キビなどの雑穀やイモが主食だったのです。新聞社に勤務していた時、取材で行った岩手県の北上山地、岩泉町安家地区の農家の方から「お米が配給制になって初めてお米を食べられるようになった」と聞かされました。

一方、都市部では「大衆文化」の時代を迎え、多彩な食文化の華が開きつつありました。主食は米屋さんが届けてくれる白米、朝はパンとコーヒーの家もあって洋食化が進みました。ライスカレー、ハンバーグ、ロールキャベツ、シチュー、オムレツなども普及し始め、街のレストラン、百貨店の食堂が人気を集めました。

戦争になってしばらくたつと農村部と都市部の形勢は逆転、都会からは食物が消え、自給自足の農村には食糧が残っているという事態になります。都市部の人たちはタンスの中から一張羅の背広や女性の着物を持ち出して、混雑する列車に乗って農村部に行き、お米や野菜と物々交換して飢えをしのぎました。

代用食の配給が拡大

今、日本では米の消費がぐんと減りましたが、戦前の日本人は一生懸命お米を食べていました。仙台で米穀類が配給制になるのは昭和16（1941）年12月からです。このとき成人ひとり当たり1日に2合3勺（145ｸﾞﾗﾑ）が配給されました。おかずとのバランスなどはあまり気にしないで、せっせとご飯中心の食事をしていたのです。戦争後半になるとお米に代わって代用食が配給されるようになったことは前に触れた通りです。

戦時中配給されたお米は白米ではありません。「太平洋戦争」が始まったころは七分つきと言ってぬかを70％取り去ったものです。昭和18年からは五分つき以下にしたので玄米に近くなりました。少しでも白い米にしようと家庭では配給米を一升びんに入れて棒で突いたものでした。

戦争初期のころ、隣組の人たちが一緒になって食事をつくる「共同炊事」の試みも行われました。食材を持ち寄って皆さんの英知を傾けたならば、安くて栄養のあるおかずができるのではないかという考えでした。でもあまり長続きはしませんでした。

そのころの「仙台市公報」を通して読んでみると、当局は口を酸っぱくして「白米禁止」「節米」を呼びかけています。昭和18年9月1日号では「お米だけを主食と思っている人はもういないと思うが、馬鈴薯《ばれいしょ》（ジャガイモ）、大豆などの混合食をもっともっと強化し、場合によっては（糧を）3～4

割まで入ることを覚悟しなければならない」と力説しています。その後、お米の代用食としてジャガイモが配給されるようになります。こうなるとお米の中にジャガイモというよりは、ジャガイモの回りにご飯がくっついているといった状態になりました。

食べられるものは何でも食べる

なぜお米が不足したのかと言うと、生産は十分だったのですが、軍需品の輸送を優先した結果、朝鮮、台湾からの米の輸送が円滑に進まなくなったためです。その上、野菜類の8割、魚介類の7割が軍需用に回されるようになり、値段も高騰しました。

敗戦間際になると、米軍機の空襲によって輸送中の列車や船舶が攻撃を受けるようになり、配給が遅れがちになります。こうなると農漁村への買い出しとともに、空き地を耕して畑にし、野菜を植える運動が始まります。東京では国会議事堂の庭がサツマイモ畑になりました。宮城県でも同様、家庭の庭先に菜園が次々つくられ、学校の校庭の一部も耕され、大豆やカボチャが植えられました。

食べられるものは何でも食べよう――戦時中の新聞、雑誌はこれでもかというくらい、いろいろのアイデアを紹介しています。

昭和18年4月1日の河北新報は、米のぬかを粉にして小麦粉を35％加えるとそば粉ができると報じ、同年5月1日の紙面ではカボチャの種とトウモロコシの茎、柿の皮を使って決戦食パンをつくった話が掲載されています。

昭和20年7月から主食の配給量が10％減らされました。「これを契機に食生活も決戦切り替えだ」という見出しで祖先が飢饉《ききん》のときに食べた草木の芽、皮、根、木の実も食糧になると報じています。

敗戦後も復員や引き揚げ者の激増で人口が増え、食糧不足は深刻でした。主食の配給は継続されましたが、ひどいときは全国平均で20日遅れ、米の代わりにコーリャンや砂糖が配給されることがあり、砂糖を使ったカルメラ焼きが大流行しました。米国で家畜のえさになっているデントコーンが配られたのもこのころです。

――私の通っていた気仙沼国民学校のクラスでは、敗戦直後、弁当を持って来ることのできない人が毎日5～6人いて、昼食時になると教室をそっと抜け出して校舎を背にひなたぼっこをしていました。そのころの恥ずかしい思い出があります。クラスに農家の子がいて毎日、真っ白いご飯の弁当を持参するのです。皆はそれを知っていました。ある日の休み時間、その子が席を外したすきに級友のひとりが机の中から問題の弁当を取り出し、ふたを開け、皆が弁当を取り囲みました。

ご飯の真ん中に真っ赤な梅干しが1個。「毎日、こういうご飯食べているんだべが」と言いながら、そのうち誰からともなく、弁当目がけてつばをかけ始めました。かく言う私もそのひとりでした。弁当箱はまもなく包んでいた新聞紙に包まれて机の中にしまわれました。

白米にしようと玄米を1升びんに入れて突く

どんなものを食べていたの？

数多くの戦時下の記録から、皆さんどんなものを食べていたのか、いくつかの例を紹介しましょう。（東京から集団疎開してきた国民学校児童の食事については「学童集団疎開」の項参照）

◇尚絅高女本科47回生、菊地和子さんは学徒勤労動員で神奈川県茅ケ崎の東京計器に行っていました。家族への手紙から――。

「ご飯は十分です。お菜が少し足りません。東京の人は、ご飯が足りないので、子どもに先に食べさせ、大人は残りご飯で間に合わせているとのこと、それから見たらもったいない話です。最近の献立は、▽昭和19年11月8日＝朝、うどん、大根葉、昼、大根白煮、夜、タコ、野菜煮▽9日＝朝、同じ、昼、イモ煮、大根漬、夜、大根葉、昆布▽10日＝朝、同じ、昼、イカ、大根、イモ煮、夜、イモ、大根、白菜▽11日＝朝、ご飯の上にイモ、昼、塩マス、夜、五目飯（イモ昆布）」（『太平洋戦争を生きた少女たち――尚絅卒業生の記録と追想から』）

◇仙台市、和泉いきさんはご主人、5人の子ども、じいちゃん、ばあちゃんの9人家族。

「食べ物は配給だけでは足りないので、こっそり隠れてヤミ値で食糧や日用品を買っていた。ヤミは値段が高いのでそう簡単には買えない。家にあるもので9人家族のおなかをいっぱいにするのは大変なことだ。そこで大根葉ご飯、つめいりをよくつくった。どうしても食べられなかったのが『まぐそパン』。配給された米を白米にする際に出るぬかでつくってみたが誰も手を付けなかった」（『おばあちゃんから孫たちへ――みやぎの戦争』退職女性教職員の会、宮城白萩の会中央支部編集から）

「まぐそ」というのは馬糞《ばふん》のこと。そのころ道路によく落ちていました。

◇宮城刑務所に収監されていた袴田里美さん。

「昭和20年7月10日（仙台空襲があった朝）＝晴れ。空襲のため起床7時、就寝6時、朝大根葉みそ汁、昼大根煮付、夕キャベツ煮付▽14日＝雨。朝大根みそ汁、昼大根、ニラ煮付、夕ニラ煮付、▽25日＝晴れ。朝ホウレンソウのみそ汁、昼キャベツおひたし、夕ホウレンソウのみそ汁」

袴田さんは治安維持法違反で逮捕され、昭和18年3月から出獄までの2年7カ月間、宮城刑務所で過ごしました。戦後、日本共産党中央委員会幹部会副委員長。獄中では栄養失調で受刑者20〜30人が死亡したということです。

敗戦の年に健康優良校

いつの世でも子どもが健やかに育つことを願わない親はいません。しかも戦時下「富国強兵」の国策に合わせて男子は強い兵隊、女子は産めよ増やせよの母親像が期待されました。そこで毎年実施されたのが「全日本健康優良児表彰」です。

　植民地の台湾、朝鮮、かいらい国家満州を含めた54地方の国民学校児童が対象で、学年ごとの身長、体重、運動能力、健康状態を記入した調査カードが各校から提出され、それを基に審査が行われました。

　敗戦の年、昭和20年度の審査でなんと男女とも仙台の国民学校が日本一に輝きました。男子荒町国民学校、女子東六番丁国民学校、そればかりか1学年の在籍児童100人以下の小規模校では宮城師範男子付属国民学校（現宮城教育大付属小）が栄冠に輝き、仙台はトリプル受賞となりました。

　まさかあの敗戦直後の飢餓のころ、健康優良児でもあるまいと、にわかに信じられないのですが、呆然としている国民に明るいニュースを提供しようという配慮もあったのでしょう。

　仙台の学校がそろって優秀な成績を収めたのは各学校がいろいろと健康増進に取り組んだ成果です。荒町国民学校は2年前にも男子1位、女子3位になっています。同校は市の中心部にあり、約2000人が学んでいる割に校庭が狭い。そこで、愛宕橋を渡って愛宕神社までの往復2キロの健康路

健康優良校日本一に選ばれた荒町国民学校のラジオ体操（小崎）

を設定して実行し、早朝２時間の柔道、剣道練習、４月～11月まではだし励行を実践しました。

東六番丁国民学校はトラホーム絶滅運動を進め、太陽灯浴室をつくり虚弱児の健康増進を図りました。運動能力向上のため毎日10分間体操、月１回の学級対抗リレーも続けました。

このほか、仙台市が、戦時中、他都市には見られない昼食を補完する「みそ汁給食」を実施したことも大きな要素かもしれません。ある日の献立を見ると、ジャガイモとワカメ、それにイナゴとイワシの粉末というのですから、当時としてはなかなか豪華メニューですね。それは敗戦の日まで続きました。

今の子どもと比較してみる

当時の子どもと現代っ子の身長、体重はどのくらい違うものだろう。幸いなことに荒町小学校に戦時中と現在の６年生の平均身長、体重のデータがそろっているので比べてみるとこうなります。

左側が平成24（２０１２）年、右側は昭和18（１９４３）年です。

▽身長＝男１３４センチ、女子１３４・５センチ
　　男１４５センチ、女子１４８センチ
▽体重＝男29・７キロ、女子29・７キロ
　　男37・１キロ、女子40・９キロ

身長では今の男子が11センチ、女子は13・５センチ伸びています。体重では男子７・３キロ、女子は11・２キロの増。当時は子どもだけでなく、日本人全体が小柄だったので仕方がない面もありますが、「日本一」に輝いた学校のデータですから、平均するともっともっと数字は低くなります。

今、町にはおいしいもの、栄養価の高いものが氾濫、肥満が国民的課題になっています。しかもわが国の食糧自給率は39％にすぎません。飽食を謳歌《おうか》するこの生活、いつまでも続くとは限りません。

塩釜が空襲を受け四百数十戸焼失

ついに宮城県も空襲を受けるようになりました。

昭和19年暮れも押し詰まった12月29日、東部軍管区司令部は「マリアナ基地のＢ29　１機は29日午前４時ごろ、東方面より宮城県に侵入、５時半ごろ東方に退去せり。敵の焼夷弾投下で若干の民家を焼失」と発表しました。宮城県が空襲を受けたのは神武以来これが初めてです。

この夏、日本を防衛する砦《とりで》の役割を果たしていたマリアナ諸島サイパン、グアム、テニアンの３島が米軍の手に落ちてから、本土空襲は現実のものとなります。この年11月、80機のＢ29爆撃機が東京郊外の軍需工場を爆撃したのを手始めに、本土空襲が始まりました。

東北地方では、宮城県への空襲の１週間前に福島県常磐炭鉱付近の日曹株式会社赤井工業所にＢ29が１機飛来して25キ ロ爆弾11発と焼夷弾《しょうい》を投下しました。幸いけが人はありませんでしたが、東北も空襲が近いことを思わせる出来事でした。

軍は被災地名も発表しなかった

軍の発表は、「敵の焼夷弾攻撃により宮城県内で少しばかりの民家が焼失した」という内容です。これだけ見ると大したことのないように思いがちですが、とんでもない。塩釜市尾島町、南町、本町に小型油脂焼夷弾約５００発（５７０発説も）が投下され、４４１戸（４８３戸説も）２１４２人（２２４０人説も）が焼け出されたのです。いくら言論統制下とはいえ、これだけ大きな被害を出しながら「若干の民家焼失」もないでしょう。しかも被災地名も発表しませんでした。

四百数十戸を焼失する大火、今なら全国向けのトップニュースです。軍はどんな感覚を持っていたのでしょう。この後も宮城県下の空襲では仙台を除き被災市町村名を発表しませんでした。

軍が隠しても塩釜が空襲を受けたという情報は瞬く間に広まりました。被害が大きくなったのは、警戒警報が発令され、解除になってほっとした直後の空襲で、しかも早朝だったため就寝中の人が多かったのと、一度に多くの場所に落とされて消防力が分散されてしまいフル活動ができなかったことなどが考えられます。

河北新報の紙面には「恐れるな焼夷弾、厳たり防空東北の堅陣」「ひるまずあわてず断じて皇土守れ、県民の決意促す丸山知事」「今後も続く空襲、加藤警察部長は語る」などの勇ましい記事とともに、二階に落ちてきた焼夷弾を家族が協力して消し止めた武勇伝が紹介されています。

料亭を経営する清水勘吉さん（57歳）は語ります。「サイレンが鳴るので飛び起きた。どーんと2階に何か落ちてきたような音がした。東京から疎開していたおいの国民学校4年生の森不二彦君が『おじさん、焼夷弾だ』と叫んだ。さすが東京で経験しているから大したものだ。2階に上がってみる。盛んに燃え、火はふすまに移っている。隣室にあった座布団7枚を投げかけ、下の茶の間に（焼夷弾を）落として長男泰さんが組み付いて消し止めた。初期消火の大事なことはもちろんだが、消さねばならぬという信念が一番大事だと思う」

（二）　昭和十九年十二月三十日　（土曜日）

B29宮城縣に侵入す

恐るな燒夷彈

嚴たり防空東北の堅陣

初期防火は「最初の一分間」で

今後に活かせ 貴重な體驗

油斷は禁物

仙臺師團參謀長談

塩釜空襲を報道する新聞。「塩釜」の地名はどこにもない

『秘録大東亜戦史』に河北新報社の佐藤英敏記者が書いたものによると、「警戒警報が解除された途端の空襲だったので、初期消火は完全に失敗、さらに隣組で用意していた防火用水は凍結していたので手の施しようがなく、あれよあれよとただ見つめるばかりだった。消防ポンプは市役所付近に集中してしまったので、反対方向の尾島町方面は火魔のじゅうたんにまかせるままだった」という状況でした。

なぜ塩釜が狙われたのか

Ｂ29はなぜ塩釜に焼夷弾を投下したのか、今もってはっきりしません。『秘録大東亜戦史』では、岩手県の偵察に行った帰り、塩釜港の標識灯が点滅しているのを発見、投下したのだろうと推測します。『塩竈市史』には、気仙沼港（釜石港とも言われる）から海上に出て塩釜まで南下したところ、炊事のための明かりがあちこちから漏れるのを見て大きな港町と判断したとあります。

戦時中、航空隊で爆撃機に乗務していた知人から「東南アジアの戦線で、爆撃に行っても濃霧などで目標がはっきりしないときは帰り際に『この辺で落としていくか』と持って行った爆弾を全部投下、機体を軽くして帰投したものだった」と話していました。これと似たような感じもします。

宮城県の空襲に詳しい、『宮城県空襲略記』の著者、新関昌利さんが、米国公文書館の資料で調べましたが、塩釜空襲の記述は欠落していて見つからなかったということです。

幸い、赤ちゃんがひとり、やけどしただけで死人はいなかったせいか、塩釜空襲を書いたものには悲惨な話は見当たりません。被災者は第三国民学校に収容されましたが、そこで出されたのはお赤飯。何かの会合が予定されていたらしく、それを活用したのです。東園寺の手前には仮小屋があり、配給用の砂糖が入っていました。そこへ焼夷弾が落ちて砂糖は解けて流れ倉庫の周辺は砂糖の山となり、大勢の人が押し掛けたということです。

ここで今後もたびたび出て来るＢ29について説明しておきます。日本本土を空襲するためだけに、米国が巨費を投じて開発した爆撃機です。ドイツを相手にしたヨーロッパ戦線と違って太平洋戦線は戦域が広い。航続距離が長くてスピードが速く、大量の爆弾、焼夷弾を積める爆撃機が必要でした。受注を受けたボーイング社は昭和18年、厳しい条件をクリアして開発に成功します。

ジェット機が登場する前です。４基のプロペラエンジンを持ち、主翼の長さ43メートルという巨大な飛行機で「超空の要塞」と呼ばれました。９トンの爆弾、焼夷弾を積み、時速５８０キロで４５８５～６６００キロ飛ぶことができました。日本本土を空襲して悠々帰還できるのです。しかも1万メートルという飛行高度を保つことができるので、わが軍の高射砲や迎撃戦闘機ではなかなか落とすことはできませんでした。戦後の昭和25（１９５０）年に起きた朝鮮戦争では、北朝鮮爆撃に行ったＢ29がソ連から提供を受けたミグ戦闘機にばたばた撃ち落され、ジェット機時代には太刀打ちできないことが判明し、製造中止になりました。

――Ｂ29は都市部や軍需工業地帯の爆撃に出動することが多く、私が住んでいた気仙沼には一度も姿を見せませんでした。敗戦直後、高高度を飛ぶ十数機の編隊を見たことがあります。ジュラルミン製の機体は塗装していないので、太陽に反射してキラキラ輝いて格好よかった、と空襲を体験した友人に言ったら、「冗談じゃないよ。おれが見たＢ29は火災で燃え上がる炎の色が低空で飛行する機体に反射して真っ赤だったぜ」。

第6章　昭和20（1945）年

仙台大空襲と敗戦、占領

「一億総特攻」が合言葉に

歴史的な年となる昭和20年は、新年早々、あまり経験したことのない寒さに見舞われました。仙台管区気象台に残っている資料では1月26日、仙台の最低気温は氷点下11・7度、この記録はまだ破られていません。わが家では水道が凍ってしまい、お湯をかけてもびくともしません。水道屋さんは出征してしまったので、3月まで近所からのもらい水で過ごしました。その上、この秋はまれに見る冷害となり、弱り目にたたり目というのはこういう年を言うのでしょう。

戦争は最終段階となり、戦場も銃後もなく「一億総特攻」が合言葉です。今村武志仙台市長は市公報の元日号で「今こそ国土も戦場だ。一億国民が神風特別攻撃隊のあの精神、あの気概で生産に、防空に体当たりしよう」と檄《げき》を飛ばしています。

神風特攻隊は前にも触れたように、米空母などに爆弾を積んで航空機ごと体当たりする生還を期さない一種の自殺戦術のことです。沖縄戦でも、今後予想される米軍の本土上陸作戦でも、軍はこの方法を取ろうとしました。

硫黄島、沖縄本島で玉砕続く

戦局は相変わらずの負け戦が続いています。日本の生命線と想定した「絶対国防圏」は軽く突破され、制海権、制空権を失った日本軍は、マリアナ沖、レイテ沖海戦の敗戦で、海戦できるだけの艦隊がもはや残っていませんでした。

昭和20年2月になると米軍は硫黄島に上陸し1カ月にわたる戦闘の末、島を占領します。縦横に巡らせた地下壕《ごう》に立てこもる2万３０００人の日本守備隊の必死の抵抗で、米軍は海兵隊を中心に７０００人の死者と2万２０００人の戦傷者を出しました。それだけの犠牲を払ってもこの島が欲しかったのは、日本を空襲する際の中継基地として確保したかったからです。

同年3月、米軍は沖縄本島に艦砲射撃と空爆を繰り返した後に上陸してきます。沖縄守備隊はもちろん、沖縄県内の中学生、女学生も戦闘員や看護婦として戦いました。６月に守備隊は全滅、９万の兵士と15万余の民間人が犠牲になりました。連合艦隊は戦艦大和や巡洋艦、駆逐艦８隻からなる「海上特攻」を沖縄に向かわせますが途中で米艦載機の魚雷攻撃にさらされて沈みました。空の特攻では約２０００機が沖縄戦に出撃しています。

仙台初空襲は霞目陸軍飛行場

仙台が初の空襲を受けるのはこの年の３月10日、東京下町大空襲の夜です。Ｂ29爆撃機１機が霞目陸軍飛行場（現若林区）と太白区四郎丸地区を爆撃するのですが、被害はほとんどありませんでした。霞目にはパイロット養成の仙台少年飛行学校がありました。油脂焼夷《しょうい》弾１３７１発が投下され、うち２４８発は不発弾、西風が強く、焼夷弾は目標を外れて周辺の田んぼに落ちて燃え上がりました。

この夜、宮城県では吹雪の蔵王連峰不忘岳に３機のＢ29が間をおいて激突、34人の乗員全員が死亡しました。時刻は10日午後９時50分ごろ、その１時間後、翌11日午前２時ごろの３回、「爆音遠雷のごとく響き、空も真っ赤に焼けた」と白石町（現白石市）のホテル宿泊客は語っています。

11日、不忘岳のそばの横川集落（七ヶ宿村）の警防団十数人が、吹雪と積雪１メートルの悪条件をついて現場に向かいました。念のため猟銃持参です。

元白石公民館長菅野新一さんが地元の人から聞いた話によると「Ｂ29の機体は二つに割れてくすぶっていた。遺体が何体か散乱していた。体にさわるとまだ温かみが残っており、ちょっと前まで生きていたのではと思われた。ひとりの搭乗員のポケットには妻と２人の子どもが写った写真が入っており、敵兵だということを忘れて涙を流す人もいた」ということです。残る２機の残骸はしばらくたってから発見されました。

同年５月、仙台の藤崎百貨店で機内から回収した救命具、携行食品などの展示会が開かれ、「これが鬼畜米国」と戦意をかき立てました。

蔵王は気象条件の厳しい山脈として知られ、恐らく気流の変化が原因と思われます。後のことになりますが、昭和38（１９６３）年、蔵王エコーライン開通を取材中の河北新報社のセスナ機が墜落、パイロットが死亡する事故がありました。この時も乱気流に巻き込まれたと断定されました。

昭和36年9月、蔵王不忘岳を愛する山男たちのグループ「不忘会」が呼びかけ、地元婦人会、キリスト教会、仏教会、航空自衛隊などが協力し、現地にB29搭乗員の慰霊碑「不忘の碑」が建立されました。碑文を刻んだブロンズ板は陸上自衛隊の大型ヘリで運ばれ、除幕式には地元の300人のほか、米極東軍司令官スマート中将、米国大使館オズボーン一等書記官も駆けつけました。

蔵王に3機が激突した夜、東北地方では、いわき市、盛岡市、青森県上北郡もB29の空襲を受け、いわきで16人、盛岡では4人の死者を出しました。『東京大空襲の夜――B29墜落の謎と東北空襲』（本の森）の著者加藤昭雄さんは「マリアナ基地からやってくるB29は、硫黄島占領前は航続距離の点から東北を攻撃するためには相当高いリスクを伴っていたはずだ。それでも東北地方で攻撃したい都市があり、そのため最初から機体を軽くし、補助タンクを付けて直接東北を目指したのではないか」と推測しています。

国旗を先頭に護国神社に必勝祈願

夜間、都市部の無差別爆撃に変更

昭和20年3月10日の東京・下町大空襲では340機のB29が無差別に人家密集地に投弾、10万人が死亡、7万人が負傷し27万戸が焼失。本所、深川区は全滅、城東、向島、浅草、日本橋の各区も壊滅状態になり、関東大震災に匹敵する犠牲者を出しました。

それまでは東京、名古屋、阪神の軍事目標を高高度からレーダーで爆撃する方法を取っていたのですが、偏西風にあおられて成果はいまひとつでした。昭和20年1月、欧州戦線から転勤してきたカーチス・E・ルメイ少将は空襲の効果を高めるため軍事施設だけでなく夜間、都市部を低空からあたりかまわず爆撃する無差別攻撃を指示します。

夜間、しかも低空からの爆撃となるとこれまで以上にリスクを伴うので、現場の搭乗員から「今度の司令官はおれたちを殺す気か」と拒否反応も出たということですが、2月4日の神戸空襲から採用され、市の東半分は焦土と化しました。信じられないことに、戦後、日本政府はルメイに「自衛隊の育成に貢献した」と勲一等旭日大綬章を贈っています。

米軍の本土上陸に備える

沖縄の次に米軍が上陸するのはおそらく日本本土で、10月ごろ九州南部、翌年3月ごろ関東地方だろうと大本営は想定しました。上陸前に徹底した空襲で本土の鉄道、通信線は破壊されるに違いない。となれば地域ごとに孤立状態の中で決戦を行うことになるだろう。そういう前提で計画が立てられました。

戦後になって、米軍は九州では宮崎海岸、有明海、薩摩半島の3カ所、関東では相模湾、鹿島灘、九十九里浜の3カ所から上陸する計画だったことが分かり、日本側の想定と合致しました。あまりにどんぴしゃだったので米軍では「スパイがいたのでは」という話まで出たそうです。

4月に本土防衛の総司令部が設置され「本土上陸を図る敵の4分の1は特攻によって海上で撃破、残りは陸上で撃滅する」基本方針が決まりました。この方針に従って全国で250万人の兵士、徴用工が召集され、兵役年齢も45歳まで引き上げられました。〝根こそぎ動員〟と呼ばれるものです。あんまり多く召集してしまって全員に武器が行き渡りませんでした。

本土防衛を構築するにあたって軍は、全国を5ブロックに分けました。最も手厚く布陣したのは上陸が予想される関東甲信越担当の第十二方面軍と九州を担当する第十六方面軍です。東北担当は第十一方面軍、中部北陸は十三軍、なぜか十四軍は欠番で、十五軍は中国四国地方です。

東北6県を担当する第十一方面軍司令部は仙台市青葉山に地下防空壕を設け、7月までに兵力を整備し、9月までに強化、10月以降は速やかに行動できるよう計画を立てましたが、途中で敗戦となりました。仙台市川内には従来の第二師団（仙台師団と改称）の各部隊のほか、防空を担当する東北軍管区司令部など三つの管理、監督機関も設けられました。

方面軍司令部の地下壕は青葉山につくられたと『仙台市史』などにあるのですが、場所は特定できておりません。平成27（２０１５）年3月、宮城県内の亜炭の歴史を調べている「亜炭香学」（仙台市市民文化財団企画）のグループが青葉山の東北大植物園内のがけ下で本格的な地下壕《ごう》を発見しました。会を主宰する伊達伸明さんは「植物園の傾斜地に3本のトンネル（幅1・8メートル）が並行してつくられ、中央には会議ができる30坪ほどの広い部屋があった。排水溝が掘られるなど本格的な壕だった。ここが地下司令部だったかもしれない」と語っています。

仙台を守る護仙部隊など結成

軍は東北の太平洋沿岸に敵が上陸してくるとすれば地形などから福島県から宮城県中部にかけてだろうと想定、仙台周辺、八戸地区の守備とともに大量の軍を配備しました。第七十二師団（通称伝部隊）は福島、宮城両県に展開、第一四二師団（通称護仙部隊）は仙台を守る部隊ですから当然仙台中心に、第一五七師団は八戸に配置されました。

敗戦近い昭和20年6月になると、さらに第二二二師団、第三二二師団、独立混成一一三旅団、独立混成第十二連隊が編成されて第十一方面軍の指揮下に入りました。

これらの部隊の役割、編成、戦力については仙台在住の戦時研究家、新関昌利さんの労作『日本空襲の中の宮城の空襲誌』（私家版）に詳しいので同書から引くことにします。

▽第七十二師団（師団長千葉熊治中将）伝部隊＝司令部は仙台市から福島市に移し、会津、山形、仙台出身者で編成。福島県では阿武隈山地の陣地

構築、宮城県内では現在の行政区で言うと岩沼、名取両市、亘理、山元両町などの学校や公共施設、民家に兵隊が宿泊して作業をしました。

宮城県名取郡では山間部にトンネルやタコツボ（個人用の小さな塹壕《ざんごう》）の陣地構築や道路建設、亘理吉田海岸では杉の丸太を伐採して海岸線に上陸を阻止するくいを立てました。逢隈国民学校では常磐線の鉄道を守るため高射機関砲の射撃訓練、大河原町には野戦病院が設置されました。

▽第一四二師団（師団長寺垣忠雄中将）護仙部隊＝司令部を仙台の旧制二高校舎に置きました。宮城、福島、山形三県出身者で構成、石巻海岸を中心に志津川町（現南三陸町）から七ヶ浜まで要所要所に壕を掘って機関銃を据え、主要道路には戦車爆破用のタコツボを数多くつくりました。

青葉区柏木、大内四郎さんは作業に従事したひとりです。「横須賀で逓信省簡易保険の仕事をしていた19歳の時召集された。最初、分厚い新品の軍服を渡されて満洲行きかと思っていたら本土決戦が近いということで護仙部隊に組み入れられた。志津川港が見える小高い丘で毎日タコツボを掘った。人間ひとりが入れるほどの穴を掘って、敵が上陸したらここに入って向かってくる戦車に爆弾を持って突っ込む訓練だった」

王城寺原でも敵戦車に速射砲を発射する訓練、それでもだめなら地雷を抱いて体当たりする演習、鉄道の要衝、小牛田（現美里町）では鉄道空襲に対する防空訓練、鹿島台（現大崎市）には野戦病院がつくられました。

仙台市内の学校やお寺には小規模部隊が駐屯し、八木山に壕をつくるとか、町内の婦人に消防訓練を実施、戦車への体当たり自爆訓練、白兵戦用の短剣術などを教えました。

作戦は陸海空共同で行われ、海軍は牡鹿半島を中心に特攻艇「震洋」、小型潜航艇「海竜」、人間魚雷「回天」91隻を配備することになり、特攻作戦に備えたのですが、敗戦まで配備されたのは11隻にすぎませんでした。「回天」というのは無航跡酸素魚雷を人間が操縦できるように改造し、頭部には1・5トンを超える爆薬を詰め込んだ特攻兵器です。

鉄砲が全員に行き渡らない

決戦に備えて全国で250万人も急に集めた軍隊です。いろいろ不備な点もありました。何人かの証言がそれを物語っています。

「川内の東部第二十七部隊（山砲）に入隊した。被服や靴など一通りのものは支給されたが、銃や帯剣は中隊に5～6丁程度。訓練は徒手教練、軍歌合唱が主で、雨が降れば山砲か馬の講義。食事は豆や大豆入りのぼろぼろのご飯を竹製の食器で食べた」（千葉勝衛さん）

「東部第二十二部隊の一員として岩沼町、金蛇神社の山の上にツルハシなどを使って塹壕掘りをした。山の上に杉丸太を組んで一個中隊が入れるほど大きい仮小屋を建て、ここを本拠に地下に山砲隊の陣地もできた。岩を掘ったところが近くにあって弾薬庫にした。壕掘り作業の時は手製のぞうりをはいて作業した。軍靴はいよいよ敵が上陸したときはくのだと教えられた」（佐藤虎雄さん）

「護仙部隊迫撃砲中隊に所属し、仙台市長町国民学校を宿舎に、毎日八木山で壕や地下坑道掘りをした。まず仮設小屋を10棟ほど作った。休憩、小銃・兵器庫などに使うためで、これが終わると測量や坑木組み立ての専門家が設計し、他の者は木の伐採、運搬に当たった。私は運搬要員だったので長さ3～4メートル、直径20メートルの丸たんぼを2人でかついで山の工事現場まで運んだ。生木なので重かった。八木山と仙台城跡西側の工兵山は軍の機密ということで人の出入りは厳しく、全員腕章をつけさせられた」（佐藤公夫さん）

「真冬の2月に召集され、兵舎は仙台一中（現仙台一高）の教室。板の床にじかにワラを敷き、2～3枚の毛布を渡された。寒いしシラミはわくし囚人のようであった。食事は主食がコーリャン、おかずは細切れのクジラ肉と野菜の煮込み。演習は基礎訓練がなく、戦車に見たてた大八車へ爆弾を持って体当たりする訓練と、橋の爆破訓練をやらされた」（瀬川善太郎さん）

「東部第二十五部隊騎兵隊は加美郡色麻村国民学校が宿舎だった。米軍は上陸したら戦車を先頭に攻めてくるという想定で、対戦車用速射砲大隊に組み入れられ日夜猛訓練でしごかれた。敵戦車が400メートルまで接近したら発射せよと教えられた。食事は玄米にひじきと大豆の入った混合食、

普通ならとてものどを通らない代物だが、空腹には耐えられず一粒も残さず平らげ、下痢に悩まされた」（牧野珪船さん）
戦争末期の軍隊がどんなものであったのか、これでお分かりになると思います。

学校は軍や軍需産業で使用

昭和20年4月から中学校以上の学校は授業が停止され、学生生徒は軍需工場などで働いています。使わなくなった学校は陸海軍の施設として活用されました。仙台周辺の状況は次の通りです。
▽第二高等学校＝第一四二師団司令部（護仙部隊）
▽東北学院高等部＝被服廠、海軍人事部▽同学院中学部＝出征部隊編成所、鉄道輸送部隊▽同学院礼拝堂＝特設非常電話局
▽尚絅女学院専攻科＝陸軍糧秣《りょうまつ》廠《しょう》
▽宮城学院家政科教室＝仙台連隊区司令部▽同学院専攻科教室＝日本電気学校工場
▽仙台一中＝臨時兵舎
▽仙台二中＝陸軍造兵廠工場
▽仙台高等工業学校＝仙台陸軍燃料部
▽宮城県女子専門学校＝軍需品廠
▽仙台市役所（現青葉区役所）＝東北地方海軍部、仙台地方海軍人事部
▽三越百貨店＝防衛通信東北施設部、通信機械資材庫
▽斎藤報恩館＝東北方面軍需部
▽日本キリスト教会＝海軍経理部

航空部隊の対応

宮城県内の陸海軍航空基地3カ所では敵が上陸してきたら全機特攻となって輸送船団に突っ込むという基本方針が決まっていました。そのためには戦力温存が必要です。米軍のB29や艦載機が空襲にやってきても、日本の飛行機が迎撃しなかったのはこういう理由からでした。

増田飛行場（現仙台空港）には戦闘機の「隼《はやぶさ》」「鐘馗《しょうき》」、「疾風《はやて》」や偵察機、重爆撃機が多数配置されていました。昭和20年6月になると飛行場には1機も姿は見られなくなります。

最初のうちは名取郡愛島国民学校の桜の並木の下に「隼」、「鐘馗」など3～4機に偽装網をかぶせて分散駐機するなど、飛行場の近くに疎開した

のですが、後に全機、白石町（現白石市）に疎開することになります。その場所は大鷹沢の飛行機山と呼ばれた森林の中で、飛行機を解体して列車やトラックで運び、現地で組み立てました。これに要する約１３００人の部隊は近くの複数の国民学校に分宿しました。霞目飛行場の航空機もここに集められました。戦争が長引いた場合は滑走路を建設する計画もあったということです。

一方、海軍松島航空隊はＢ29の出撃拠点、マリアナ諸島サイパン島をほかの陸海軍部隊と共同で空襲する「剣作戦」「烈作戦」をひそかに計画していました。実施する前に敗戦となるのですが、それに備えて戦闘機、爆撃機群が温存されていました。後に空母から飛び立って来る艦載機などから執ような攻撃を受けるのですが、それでも敗戦時、一式陸上攻撃機39機、陸上爆撃機「銀河」36機、艦上爆撃機「彗星《すいせい》」６機など百機を超す航空機が残っていました。

全県下で「国民義勇隊」発足

宮城県知事は昭和20年6月10日、丸山鶴吉氏から生悦住求馬《いけずみもとめ》氏に代わりました。せっかく就任した生悦住氏でしたが、宮城県在任は10月までのわずか4カ月半だけ。しかも敗戦、占領軍進駐といった激動の県政を担いました。

前任者の丸山氏は宮城県知事を辞任した後、東北６県の行政協議会をまとめるため新設された東北地方総監に就任しました。このポストは空襲が激しくなると鉄道、通信網の途絶が想定されるので、ブロック単位で実情に合った戦争遂行の施策を進めようとの判断から生まれました。丸山氏は東京市助役、警視総監を歴任しています。

5月、国民を本土決戦に総動員する国民義勇隊の兵役法が公布されました。これがまたとんでもない法律で、全国の国民学校初等科卒業以上、今で言うと中学1年生から65歳未満の男子、同じく45歳以下の女子は強制的に隊員に加入させられました。もう少し戦争が続いていたら、私も隊員に入れられるところでした。当初の計画では防空、被害復旧、疎開輸送、食糧増産などの仕事を考えたのですが、「状況急迫した場合には必要地域の国民義勇隊を戦闘などに移転させること」になりました。

いざ、敵の本土上陸作戦が始まったら15～60歳の男子と、17～40歳の女子は国民義勇戦闘隊に編入され、陸海軍の司令官の指揮に従って戦いに参加しなければなりません。従来の大政翼賛会や隣組は解散し、義勇隊に組み入れられました。

全市町村にくまなく組織網

県内では急いで組織づくりが行われました。「知事事務引継書」によると同年5月31日、刈田郡で連合国民義勇隊が結成されたのを皮切りに6月9日までの短期間に全県下3市194町村に義勇隊ができあがりました。仙台市では7月5日（仙台空襲の5日前）、仙台城本丸跡の護国神社で結成式が行われ、今村市長は「全員火の玉になって敵撃滅の戦列へ参加しよう」と挨拶しています。

丸山知事（国民義勇隊県本部長）は「郷土防衛の組織体として訓練と活動をなすのみならず、事態急迫して軍の要請あれば戦闘隊として戦線に出て軍務に服すのであり、これが従来の国民運動と大きく異なるところであります」と談話を発表しました。宮城県の義勇隊副本部長は一力次郎河北新報社社長と佐藤正在郷軍人会県支部副長（陸軍少将）、事務局長は長門頼三宮城県商工経済会事務局長。

殺人のやり方を教える

大本営陸軍部は「国民抗戦必携」「国民築城必携」を刊行して国民に配布、国民義勇戦闘隊の教育参考書として敵と戦う方法を教えました。河北新報は10回にわたって仙台連隊区司令部の解説付きで「国民抗戦必携」を連載していますが、それはまさに殺人のやり方教授法でした。

狙撃、手りゅう弾の投げ方、戦車肉薄攻撃、ガス、火炎防護などとともに「白兵戦闘格闘」の項目では「鉄砲はもちろん、刀、やり、かたな、出刃包丁、玄能（金づち）までを兵器として用いる。刀やりの場合は背の高いヤンキーどもの目を突け。玄能、出刃包丁の場合は後ろから奇襲すると効果がある。格闘になったらみずおちを突くか、睾丸《こうがん》を蹴る。ひとり一殺の気持ちで……」と、挿絵入りでこまごまと説明しています。

これを読んで、米軍上陸が現実のものとなれば、全国各地で沖縄戦と同じ状況が生まれただろうと想像しました。軍と民間が一緒になって敵と戦い、多くの犠牲者を出したサイパンや沖縄の例を知っています。幸い、こうなる前に戦争が終わったので、悲惨なことにはなりませんでしたが、人間性を無視したこのような組織が生まれていたことは意外に知られていません。

どこに行くのにも防空頭巾と救急袋は必需品

戦時下最後の「知事引継書」

戦時下の記録をたどる上で貴重な資料となる河北新報の保存紙は、昭和20年元旦から半年分すっぽり欠落しています。仙台空襲で焼失してしまい、戦後、国会図書館や宮城県図書館、東北大図書館、東京大図書館の協力を得て修復作業をしたのですが、この部分、いまだに見つかっておりません。

夕刊は前年3月から全国的に廃止され、さらに1年後には政府の掛け声で「空襲で都市に被害が出ても新聞は読めるように」と地方紙を母体にした共同印刷の方法が進められました。宮城県では河北新報社が読売報知、毎日新聞、朝日新聞の題字を併記した新聞を制作しました。宮城県で読める新聞はこれ1紙、用紙事情の悪化から建てページは2ページ、日によってはタブロイド版2ページの時もありました。

一方、仙台市公報もB5判4ページの貧弱なものになりました。となると、この時期の情報はごく限られたものしか残っていません。その意味で昭和20年6月10日に後任者に引き継がれた戦時下最後の「知事引継書」は貴重な資料です。その中から戦争末期の話題をいくつか紹介しましょう。

首都圏から軍需工場も疎開

宮城県には首都圏などから空襲を避けて、あるいは空襲被災者が７万７４９０人疎開してきました。この中には東京からの学童集団疎開１万３６６９人、付き添いの教職員１８０２人も含まれています。それ以外に縁故疎開者４万人、空襲で家を焼かれた人が2万人いました。

地方事務所別では多くの集団疎開児童を鳴子温泉郷に収容している大崎事務所管内が1万２４１人と最も多く、５０００~７０００人台が柴田、伊具、亘理・名取、宮城・黒川、遠田、栗原、登米、桃生・牡鹿各地方事務所となっています。市部では仙台市５８５６人、石巻市２８１５人、塩釜市７３３人。

県は戦災転入者について、国鉄の主要駅に相談所を開設、食糧、薪炭《しんたん》などの生活必需品などを支給し、生活保護を徹底し、路頭に迷うことのないよう対応しました。

東京都から縁故のない妊婦28人と乳幼児68人の集団疎開を受け入れてほしいと依頼があり、古川健民修練所に入れることで準備中。伊豆七島から住民を全員引き揚げることになり、宮城県は１０００人を引き受けるよう要請がありました。未耕作農地のある6村（宮城郡広瀬、大沢、根白石、名取郡生出、遠田郡沼部、黒川郡富谷、栗原郡藤里、登米郡米山）で準備を進めています。ただし、住民を運ぶ輸送船の都合がつかず実現はしていません。

疎開するのは人間ばかりではありません。空襲で被災した東京など首都圏の軍需工場など98の企業から宮城県に疎開したいと希望が寄せられ、53工場が既に操業中、残りも対応中です。

さらに仙台市内にある軍需工場10カ所も空襲に備えて疎開することが東北臨時生産防衛対策委員会で決定します。一例をあげると東北特殊鋼は仙台市長町から山形県北村山郡西郷村の国民学校へ、三馬弘進護謨は仙台市行人塚から鳴子町川端へといった具合です。

大東亜省からの電報で、満州開拓の青少年義勇軍一個中隊250人を宮城県から送るよう指示がありました。「戦局の推移、情勢の変化急にして国内戦力増強、皇土防衛上、労働力を国内で充実させる必要から同義勇軍の送出は中止すべきとの結論に達した」ので、その旨大東亜省満州事務局長あて連絡しました。

「特高警察」の報告から

これまでの「特高警察報告」には敵性外国人と朝鮮人の動向が繰り返して出てきます。戦時下最後の報告もこれに触れており、特別関心を持っていたことが分かります。

（1）本土決戦を迎え、報道宣伝は重要なので東北軍管区司令部と特高警察が連絡を取り、河北新報社を主体に東京各紙、東北6県の記者を包括した報道義勇隊の結成を計画中。

（2）ドイツの戦線離脱、沖縄戦の急迫、主要都市に対する空襲の激化により、国民の一部に不安、焦燥感を持つ者あり、敗戦的和平策動の容疑人物を重点観察中。

（3）現在、仙台市元寺小路、カトリック元寺小路教会に拘束中の外国人は35人。内訳は横須賀海軍警備隊から引き継いだインドネシア人35人（うち1人死亡）、広島県から送られて来た米国人1人。ほかに敵性修道女26人を同市畳屋丁の教会に軟禁中。現在、仙台に居住している外国人は中国満州人160人、ドイツ人など16人。

（4）東京、大阪など大都市の空襲で被災したり、縁故疎開で宮城県に移ってきた朝鮮人は546人（うち335人は戦災）に上った。中には要観察中の者、不良朝鮮人もあり視察、取り締まりを強化している。

（5）国民動員計画に基づく朝鮮人労務者は県内に1442人居住している。うち239人は今年1年間の契約期間満了となる。法令によりさらに1年間契約を延長することになったので労務者の間で動揺が広がり、逃亡者が出ることも予想される。それでなくても環境、言語習慣の違いから各種事故が増加する傾向にある。その改善のため移入朝鮮人の多い塩釜、若柳両警察署に本年3月、「移入労務者事故防止協議会」を設置、事前指導の強化徹底を図っている。

航空燃料に使う松の根っこ掘り

政府は昭和19年10月、松根油《しょうこんゆ》から航空燃料を生産する緊急対策を決定、大政翼賛会の運動として全国都道府県、市町村に発掘量を割り当て、宮城県の分は年間２０３４万貫（７６００トン）と決まりました。

航空機の高高度飛行には高いオクタン価燃料が必要ですが、制海権、制空権を敵に奪われて、南方からの石油輸送は絶望的です。研究の結果、松根油には高性能オクタンの成分が多いことが判明、航空燃料の不足を補うため全国の松の木が伐採されることになりました。

松の根を掘っただけでは何にもなりません。乾留釜（高さ１・２メートル、直径85センチ）で精製するのですが、材料のセメント、釘《くぎ》、針金などが不足し、海軍の協力を受けながら県が非常用として備蓄していたものを一時流用し、昭和20年３月まで２０１釜、５月まで４３２釜が完成しました。掘り出した根を小さく割って窯に入れ、ふたを粘土で密封の上、12～15時間燃やします。それでできあがる量は松の根の５％足らずです。陸海軍の協定で、東北地方で生産される松根油は海軍が使うことになっていました。

松根掘りの苦労話は「知事引継書」には載って

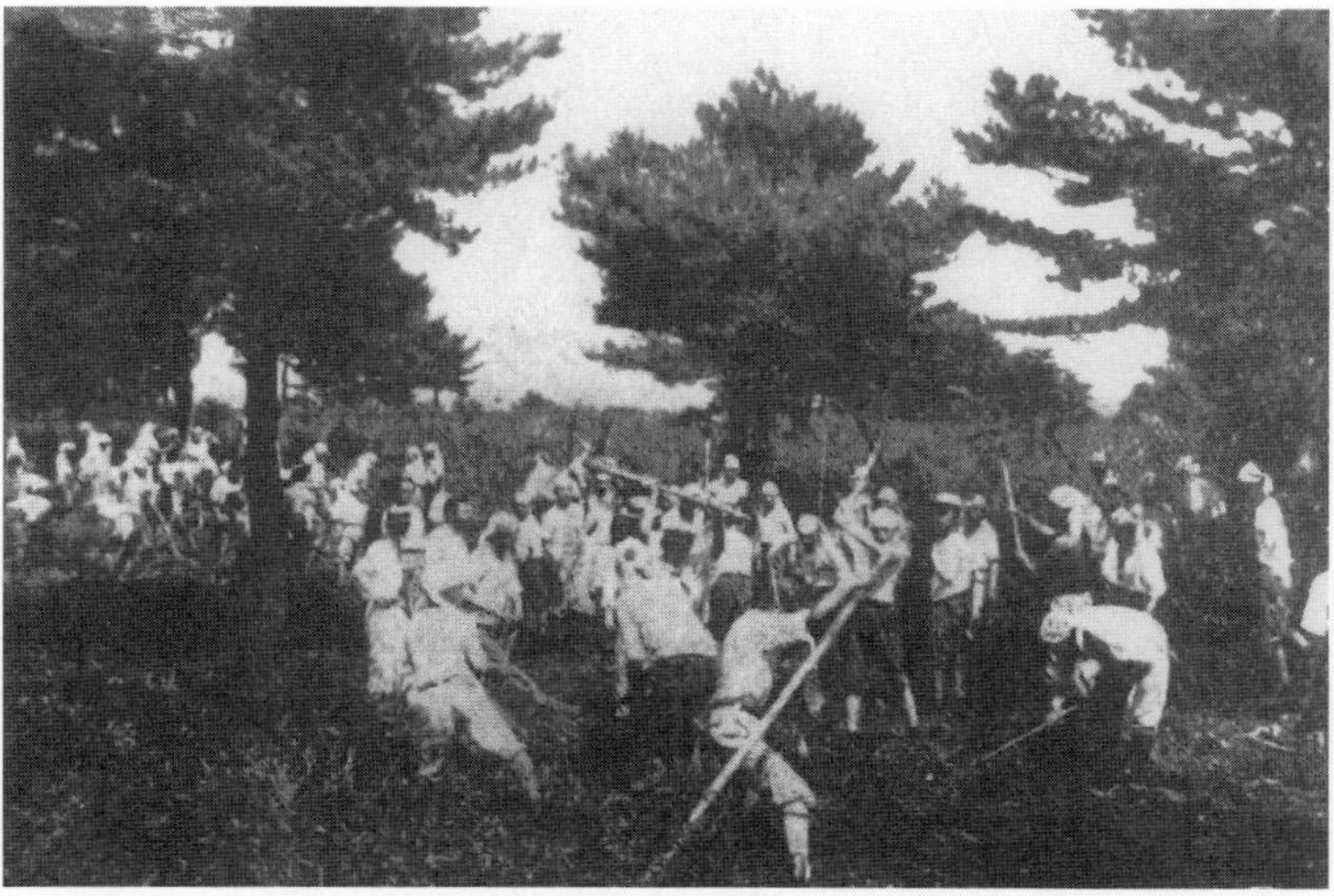

大勢が出て松の根っこ掘り（仙台市戦災復興記念館提供）

いませんが、県民総出であちこちの街道の松並木や山の松が伐採されました。これが意外に大変で、「根の周りを掘ってから木を倒すと楽だった。倒した木が電話線や電線に引っかかって警察にしかられた」（富谷市、本郷きみ子さん）、「中学1～2年のころ、週に2回は動員されて、ツルハシとしゃべるだけで大汗をかきながら根っこ掘りをした」（仙台市青葉区柏木、平井奐さん）などの経験談があります。

多くの松並木が姿を消した中で、仙台市八木山の松並木が無傷のまま残ったのは不思議な気がします。今でもｔｂｃ東北放送や東北工大周辺の道路わきにある百八十本は平成６（１９９４）年、仙台市の「都市景観大賞」に選ばれるほど見事な松の木です。これはあくまでも推測ですが、当時軍は米軍の上陸に備えて八木山のあちこちで陣地作りを急いでおり、部外者の立ち入りを嫌っていました。そういう事情から意識的にこの地区を除外したのではないでしょうか。

仙台大空襲前に市街地を撮影

五月晴れの仙台上空を東に西に忙しく飛ぶ１機の米軍機が目撃されました。仙台大空襲を前に市域の精密写真を撮影するＢ29です。

仙台市立病院長、一見赳夫さんの日記にこうあります。「（昭和20年）５月25日快晴、朝、警戒警報が出たが間もなく解除。東二番丁の病院（当時市立病院は現在の仙台第一生命タワービルの場所にあった）に着くと騒々しい。聞くとＢ29が頭上に来ているという。窓から見るとなるほど白い飛行機雲を引いて北東に飛んでいる。誰も彼もただ見ているだけだ。見えなくなって玄関先に出ると今度はこの飛行機、反転して西北に進み、後に福島方面に脱出した」

やって来たのは正確にはＢ29を改装した「Ｆ13Ａ」と呼ばれる写真偵察機です。地図作成用の３面撮影装置１基、特定目標物撮影用カメラ３台を備え、1回の偵察で５０００枚撮影することができました。

この時撮影した写真のうちの6枚を仙台市博物館がワシントンの国立公文書館から入手、平成18（２００６）年9月発行の『市史せんだい』第17号に掲載しています。写真には仙台駅や市電の線路、人家密集地の中心部、川内の軍事地帯、原町苦竹の陸軍造兵廠《ぞうへいしょう》などが鮮明に写っています。

仙台市民は昭和20年3月10日夜、空襲を受けてからずっと平穏無事の生活を送っていました。名古屋、大阪、神戸といった大都市の爆撃に忙しかったのと、沖縄作戦支援のため九州地区に爆撃を集中したからです。一段落すると攻撃目標は仙台など全国の57中小都市に移ります。

仙台は空襲に最も適した町

仙台を空襲したのは米軍第58航空団で、マリアナ諸島西テニアン基地に約１５０機のB29を持ち東北では青森、郡山市を爆撃しています。6月になると偵察機が撮影してきた仙台市街地の写真を基に家屋密集度、耐火構造物を分析し、爆撃方法について検討を始めました。深夜、低空から人家密集地を無差別攻撃する東京大空襲と同じやり方を仙台でもやろうとしています。１００機以上で空襲することを大空襲と言うそうですから、１２３機がやってきた仙台はまさしく大空襲でした。

米国立公文書館に保管されている作戦任務詳報には「仙台の市街地は焼夷弾攻撃にとって東京以北では最上の都市である。人口の大半は駅を中心に2平方キロ以内に固まっており、2〜3の広い通りを除き、防火に有効な公園、広場はない。家屋は木と紙でできている」とあります。

確かに市街地の大半は江戸時代そのままの街並みで、狭い道路の両側に木造住宅が密集していました。鉄筋コンクリートの建物は県庁、市役所、三越、藤崎、生保支店、簡易保険局、東北帝大、東北学院など数えるほどしかありません。

さらにこんな記述も見られます。

「仙台は本州北部の交通の要衝で、鉄道は四通八達、工業面では市南部に整然とした工場地域、東の郊外に多分飛行機の組み立て工場、北東に大規模な各種砲弾と火薬製造工場がある。西方には広瀬川を挟んで軍事施設、兵舎群が位置している」

少し間違っている所もありますが、米軍の見立ては大体正確です。当時の仙台の人口は約29万、今、東北大キャンパスがある川内地区は大半が陸軍用地で第二師団司令部のほか、野砲、工兵の各連隊、連隊区司令部、本土防衛の司令部、仙台予備士官学校、火薬、兵器、被服の倉庫が点在していました。

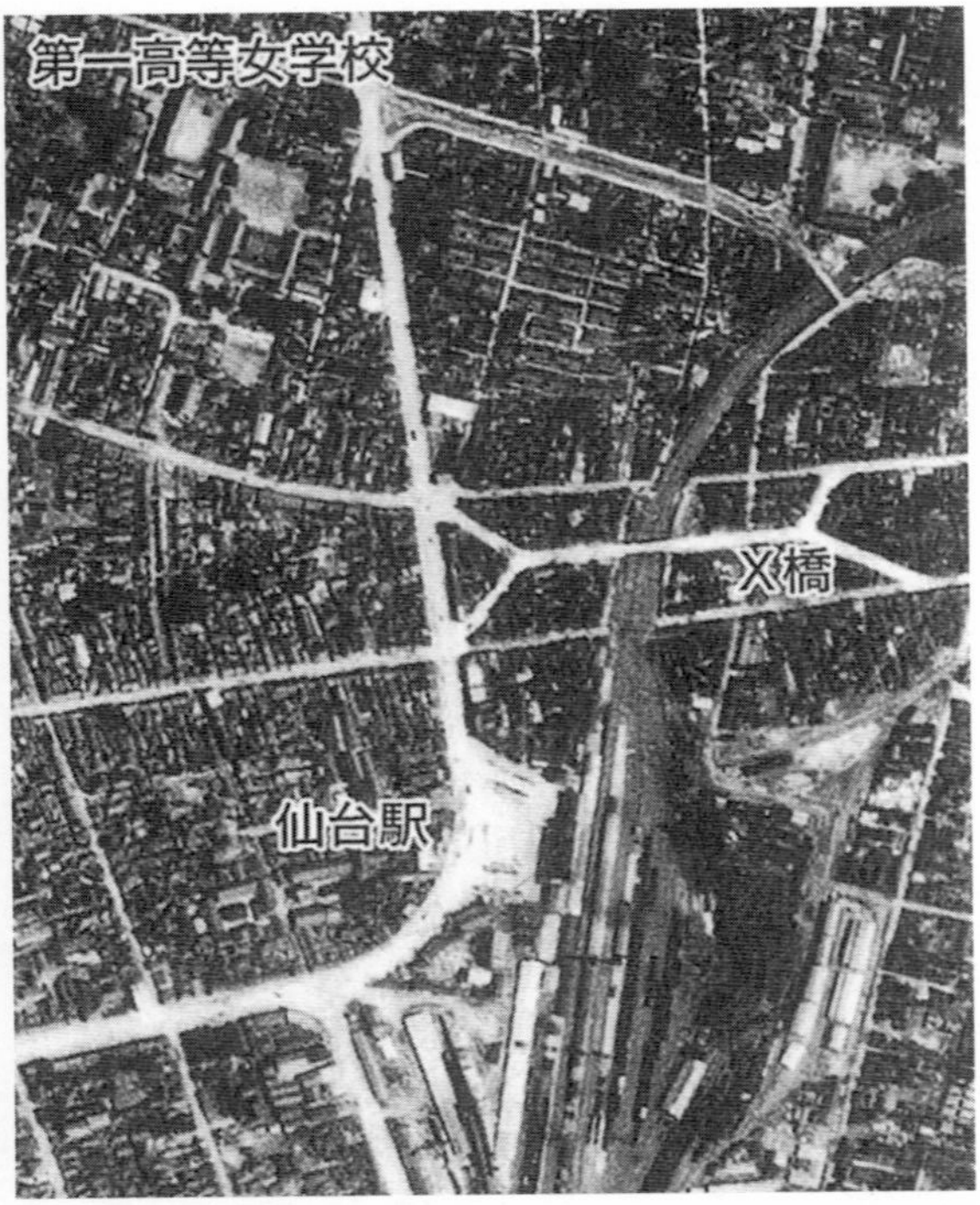

米軍が撮影した仙台の市街地、太くはっきり見えるのは市電路線

仙台とその周辺は東北有数の軍需工業地帯です。前に触れたので重複は避けますが、陸軍造兵《ぞうへい》廠《しょう》や民間の航空機、通信機材、機関砲部品の工場もありました。不思議なことに、ほとんどはB29の爆撃を免れています。

仙台大空襲前の攻撃

仙台が大空襲を受けるのは7月10日未明です。

宮城県にはその前にB29、B24が単独、あるいは2~4機で9回にわたって姿を見せています。5~6月では5月29日、6月10、29、30日の4回。このうち6月10日には2機のB24が硫黄島から飛来し、鮎川港に停泊中の捕鯨船4隻を攻撃し乗組員7人が負傷しました。同月30日未明には何を勘違いしたのか4機のB29のうちの1機が村田町早稲原地区に港湾封鎖のため敷設する機雷1個を落下傘で落とし、大きな穴をあけました。

仙台には7月3、5、6、7、9日と連続して来襲、7月3日白昼の空襲ではB29（1機）が太白区西多賀三神峯の仙台陸軍幼年学校（現東北大施設）付近と八木山に爆弾14発を投下、幼年学校と民家の窓ガラスが割れましたが死傷者はありませんでした。偵察で撮影した写真に高射砲陣地らしきものを発見したので、空襲前にたたきつぶしておこうという魂胆があったのでしょう。

ビラをまいて空襲予告

空襲前に米軍は短波放送と航空機を使って仙台空襲を予告しました。そんなことをしたら危険が増すだけなのに、日本にはもはやB29を撃ち落とす力がないと思ったのか、あるいは夜間、民間人を無差別爆撃する非人道的行為を少しは恥じていたのでしょうか。

当時、短波放送は聴取禁止、ビラは拾ったらすぐ届けるよう厳しく命令されていました。昭和20年6月1日号の仙台市公報は「ビラにはいかにももっともらしいことが書いてあるが、国民を惑わし混乱させるための謀略だ。発見したら警察か憲兵に必ず届けるように。届けないと3年以下の懲役か禁固、あるいは100円以下の罰金に処せられる」と呼び掛けています。

日本放送協会（現NHK）仙台中央放送局勤務の神山孜さんら同局の4～5人は日本向けの米軍短波放送で「7月9日、仙台にお邪魔しますから疎開するように」と繰り返し言っているのを聞いていました。医師で市公民館長も務めた半沢正二郎さんも「患者が持ってきてひそかに渡してくれた米国大統領トルーマンの日本人民に対する宣伝ビラの一片で『仙台空襲近し』と覚悟を決めていた」と著書の『砂時計』（私家版）に記しています。

「七月十日は灰の町」

ビラにはどんな文言が印刷してあったのか、興味を持ちながら長い間分かりませんでした。平成18（2006）年暮れ、河北新報社の一力一夫社主・会長から「私が見たビラには、

仙台よい町森の町
七月十日は灰の町

と印刷してあった」という話をうかがいました。

当時、ビラのことを伝単と呼び、米軍の捕虜になった日本兵か日系2世、あるいは米軍の情報専

門家がつくったと言われていました。しかし、このようなスマートで軽みのある言い回しの文章は「日本語がよくできる」程度で書けるものではありません。有能なコピーライターが米軍にいたことに驚きました。

新聞社に勤めていたころの同僚馬場道君にこの話をしたところ、「あれ、どこかで同じようなものを見たことがあるぞ」と言い出して、まもなく現物を探してくれました。作家阿川弘之さんが『文藝春秋』の巻頭言に書いた「日本よい国花の国」という文章でした。

「昭和20年春、東京に空襲に来るB29群は、湘南地方上空で大量の宣伝ビラをまいた。『鎌倉藤沢忘れたわけではありません』というのが、気味の悪い傑作として話題になった」という書き出しで、「最近、私は、古い資料を操っていて、これとは別の『傑作』をひとつ見つけ出した。

日本よい国花の国
五月六月灰の国
七月八月よその国

まさしくその通りの経過をたどって、日本はこの年夏、降伏終戦の日を迎える。ひとつの帝国が崩れ去る運命を、たった三行で的確に表しており、敵ながらおみごとだと思った」

阿川さんは続けて、おそらく日系2世や白人の

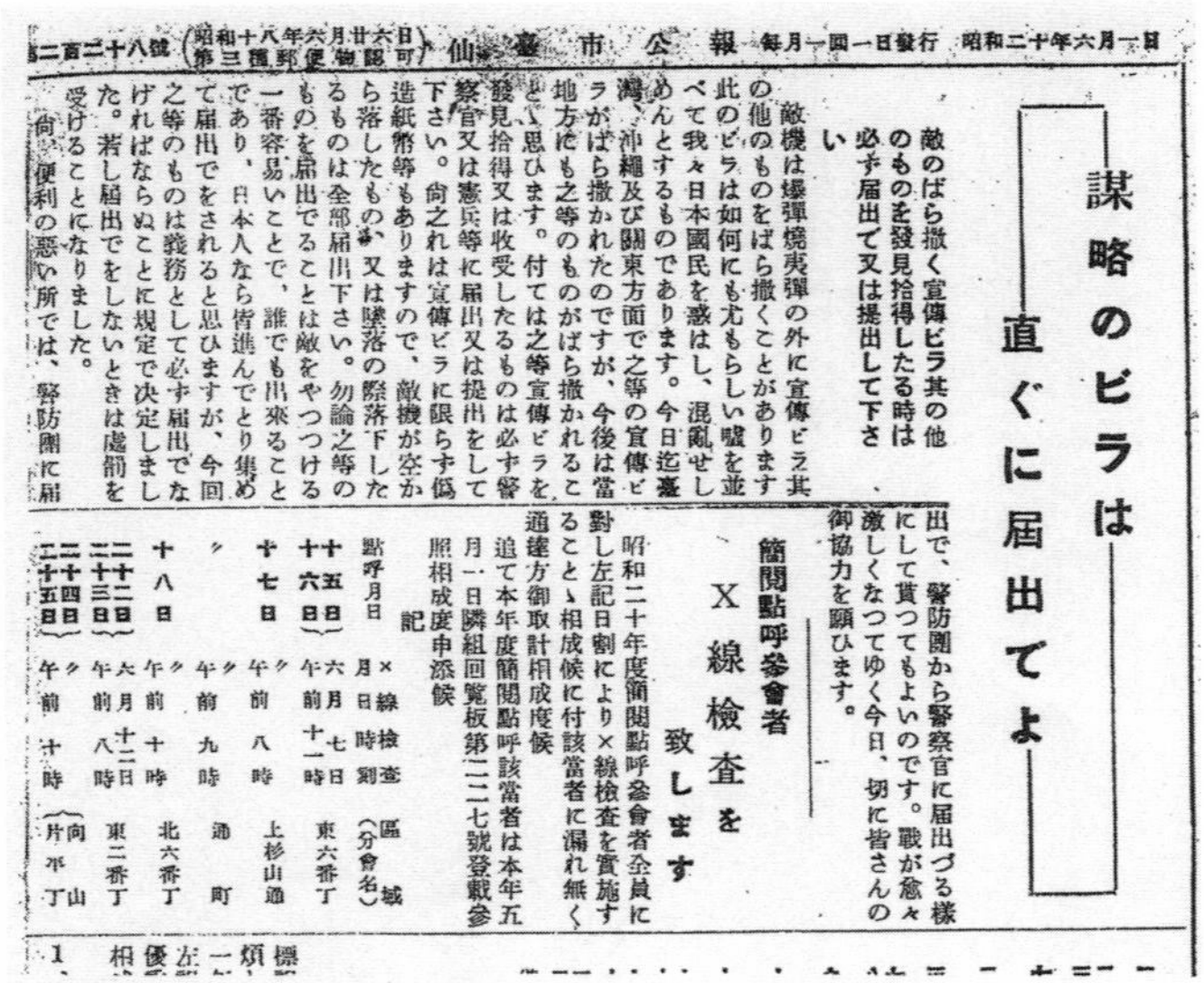
昭和二十年六月一日　毎月一回一日發行　仙臺市公報　(昭和十八年六月廿六日 第三種郵便物認可)　第二百二十八號

謀略のビラは直ぐに届出てよ

敵のばら撒く宣傳ビラ其の他のものを發見拾得したる時は必ず届出て又は提出して下さい

敵機は爆彈燒夷彈の外に宣傳ビラ其の他のものをばら撒くことがあります此のビラは如何にも尤もらしい嘘を並べて我々日本國民を惑はし、混亂せしめんとするものであります。今日迄臺灣、沖繩及び關東方面で之等の宣傳ビラがばら撒かれたのですが、今後は當地方にも之等のものがばら撒かれることゝ思ひます。付ては之等宣傳ビラを發見拾得又は收受したるものは必ず警察官又は憲兵等に届出又は提出をして下さい。尚之れは宣傳ビラに限らず僞造紙幣等もありますので、敵機が空から落したものか、又は墜落の際落下したるものは全部届出下さい。勿論之等のものを届出でることは敵をやつつける一番容易いことで、誰でも出來ることであり、日本人なら皆進んでとり集めて届出でをされると思ひますが、今回之等のものは義務として必ず届出でなければならぬことに規定で決定しました。若し届出でをしないときは處罰を受けることになりました。

向、便利の惡い所では、警防團に届出で、警防團から警察官に届出づる様にして貰つてもよいのです。戰が愈々激しくなつてゆく今日、切に皆さんの御協力を願ひます。

簡閲點呼參會者　X線檢査を致します

昭和二十年度簡閲點呼參會者全員に對し左記日割により×線檢査を實施することゝ相成候に付該當者に漏れ無く通達方御取計相成度候

追て本年度簡閲點呼該當者は本年五月一日隣組回覧板第二二七號登載參照相成度申添候

記

點呼月日	×線檢査月日時刻	區域(分會名)
十五日・十六日	六月七日 午前十一時	東六番丁
十七日	〃 午前八時	上杉山通
〃	〃 午前九時	通町
十八日	〃 午前十時	北六番丁
二十二日・二十三日	六月十二日 午前八時	東二番丁
二十四日・二十五日	〃 午前十時	向山・片平丁

敵の謀略に惑わされるなと呼び掛ける仙台市公報

アメリカ人にこれだけ簡潔な敗戦予告の文章はつくれないだろうと、鹿児島生まれで夫人とともにアメリカに亡命した八島太郎さんを引き合いに出します。それはともかく、「日本よい国」も「仙台よい町」も同じ作者であることに間違いなかろうと思います。

空襲前日にもビラまく

米軍は空襲前日にも仙台上空からビラをまいているのを当時仙台二中（現仙台二高）2年生の青葉区柏木、好川埼雄さんが見ています。学校の校庭で教練の授業中、敵機が1機、飛行機雲をはきながら東から西へ飛行して行き、キラキラした小さな紙片をまいて行きました。憲兵隊が後で回収に回ったそうです。

今晩空襲があるらしいといううわさは、たちまち市内を駆け回りました。

「学校の仕事が終わって東北線増田駅（現名取駅）で仙台行きの列車を待っていた。その時、仙台からの列車が到着し、下車した人たちが『今夜仙台を空襲するというビラが飛行機からまかれた』と話していた」（名取郡館腰国民学校勤務、千葉ひでよさん）

「夕方、軍需工場に勤める叔父が訪ねて来て『今夜、仙台に敵機が来るという情報が工場に入った。気をつけろ』と言って帰った」（名掛丁、加藤三枝子さん、当時20歳）

「自転車で東四番丁を走っていたらそば屋の女主人に呼び止められ、低い声で『今夜仙台に大空襲があると塩釜で大騒ぎしている。本当でしょうか』と聞かれたが、答えられなかった」（南消防署、小山伊勢治さん、57歳）

東北経済倶楽部の事務局長を務めた佐藤毅さんは「空襲直前、父は急に引っ越しすると言い出して荷車をあちこち手配していた。結局見つからず家は全焼、家財道具を焼いてしまった。どこかで空襲のうわさを聞いてきたのかもしれない」と話しています。

このうわさをどれだけの人が信じて行動に移したかというと、それは疑問で、ほとんどの人は半信半疑のまま空襲を迎えただろうと思います。

B29爆撃機 マリアナ基地出撃

昭和20年7月9日の朝早く(空襲の十数時間前)仙台駅に12～13両の軍用列車が横付けされました。砲身をシートで厳重にくるんだ高射砲21門と、敵機を照らす探照灯18基を積み、高射砲を操作する2個大隊も一緒です。予定にない列車の到着なので仙台駅貨物主任海老原勇三さんは立ち合いに来た軍の停車場司令官に聞いたところ「仙台の空襲が近いということなので、青森に向かう列車を急きょこちらに回した」という話でした。

列車は貨物ヤードがある長町操車場に回され、長町諏訪と広瀬川河畔の飯田団地、原町の現ＮＨＫアンテナ付近に急いで高射砲陣地がつくられました。強大な防空体制が整ったことを米軍はまだ知りません。

空襲に備えて全国の都市では空襲の消火活動を円滑にするため防火帯づくりが進められていました。仙台では鉄道沿線や込み入った住宅街など１次分は１０６７戸が対象です。「重要施設周辺」＝清水沼、長町八本松など、「消防道路」＝南光院丁西側、「鉄道沿線」＝元寺小路X橋からキリンビール工場までと、五橋、専売局前から南染師町までの2地区。対象世帯は立ち退かなければなりません。建築業者や、隣組を母体に編成された国民義勇隊、学徒勤労動員の学生生徒が解体作業を手伝い、仙台駅周辺はこの日が完了予定でした。

宮城県は第2次分として7月9日、仙台市の中心部約２万４０００坪、２０６３戸、８２９４人を指定します。細横丁（現晩翠通）、元寺小路など市中心部の狭い道路に面した家屋を第二師団の工兵隊が出動して取り壊す予定でしたが、空襲で対象地区は全焼してしまいました。

全国5カ所を同時空襲

こちらはマリアナ諸島テニアン島の西基地です。仙台空襲に向かう第58航空団B29爆撃機１２３機は、7月9日午後5時41分（日本時間）離陸しました。一機だけ離陸に失敗して脱落しました。

この日はマリアナ基地の6飛行場から合計540機が出撃し、仙台のほか和歌山、堺、岐阜の各都市と四日市海軍燃料廠《しょう》を爆撃する予定になっていました。編隊を組んで、既に米軍が占領した硫黄島上空まで到着すると、ここで分散してそれぞれの目的地に向かいます。事故に備えて太平洋沿岸から小笠原諸島にかけて多くの飛行艇や潜水艦を待機させました。

　仙台に向かう大編隊は午後11時半過ぎ、千葉県房総半島沖に到達。福島県相馬市松川浦上空からやや西に転じ亘理、岩沼を経て仙台へというコースを取りました。

　午後9時30分、東北南地区（宮城、福島両県）に警戒警報が発令され、同10時22分解除されました。これは仙台空襲に向かう大群とは別のB29（1機）のことで、仙台周辺の天候、風向きを観測して無線で空襲部隊に伝え、作業が終了したので日本本土から離れたのです。

　毎晩のように空襲警報が発令されるので市民はすっかりなれっこになり、大編隊が近くまで迫っているとは知らず「警報は解除されたし、今夜はもう空襲はないだろう」と床に就いた人も多かっ

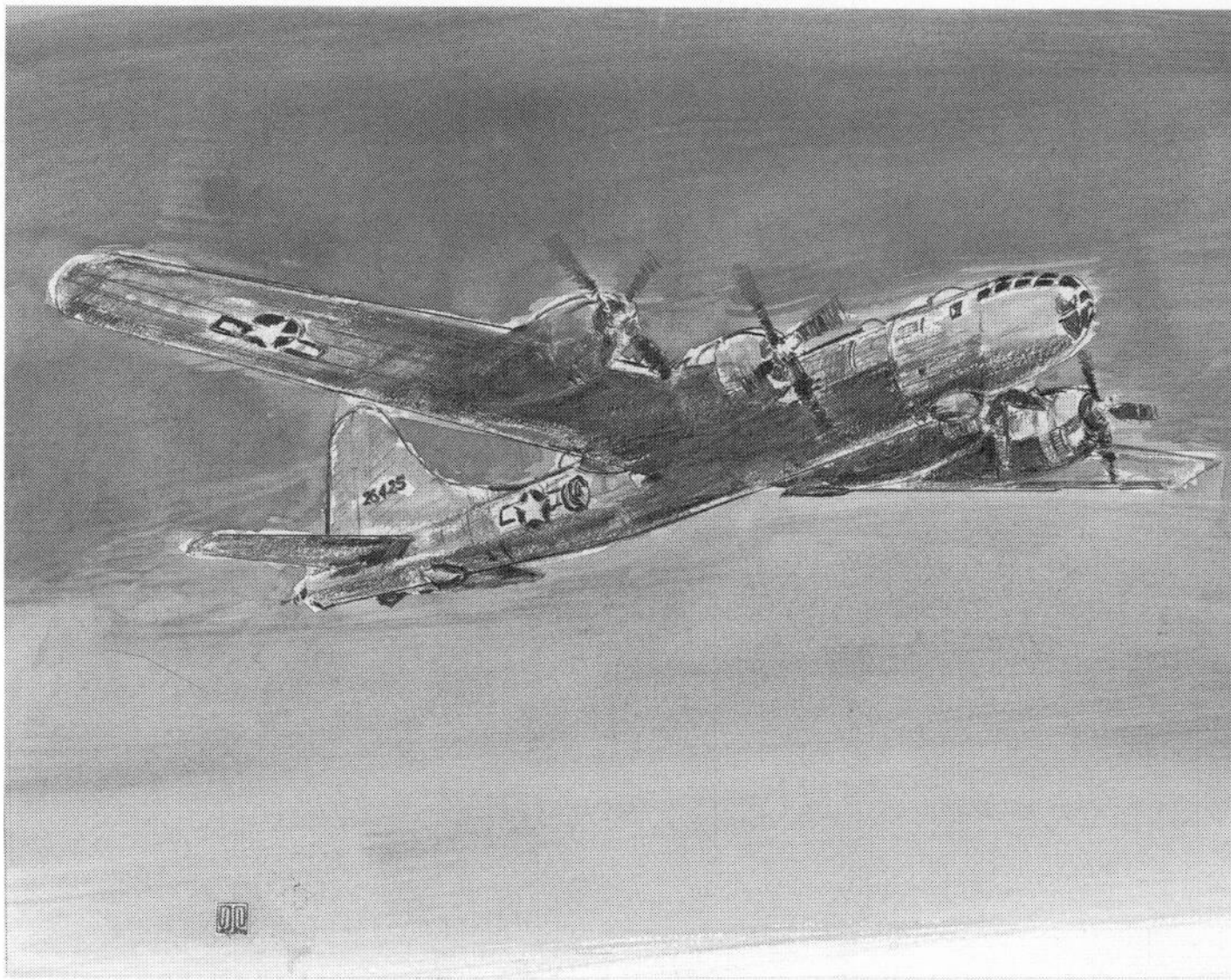

これが「超空の要塞」B29（小﨑）

たということです。

空襲警報発令が遅れた

仙台市川内の東北軍管区司令部防空作戦室には軍人や女子防空通信隊ら約100人が交代で勤務していました。新潟を含む東北7県の防空を担当する部署で、各県の防空監視哨から警察を通じて敵機の動静が電話で入ると、空襲情報が作成され、隣の部屋に待機している日本放送協会のアナウンサーに渡され、ラジオで警報が放送される仕組みです。

B29大編隊の動静については午後10時56分警戒警報発令、日付が変わった7月10日午前零時5分、空襲警報が発令され、仙台では市役所屋上からサイレンが鳴り響きました。ウーウーと4回鳴ったところで後は鳴りません。この時、米軍機は仙台で空襲を始めており、爆撃で電線が切断されたのです。

それにしても、大編隊が頭上に姿を見せるまでなぜ空襲警報は発令されなかったのでしょう。当時、同軍管区参謀だった佐藤多都夫さんはこう回顧しています。

「当直のK参謀は、敵の大編隊が鹿島灘を北上中という情報を得ながら仙台空襲を想定しなかったのは、西に転じて関東を襲うことが多かったからだろう。そのうちに、福島県小名浜の監視哨から敵大編隊が北上中という知らせが届いた。それでも仙台空襲の判断を出せずに宮城、福島県に警戒警報を発令した。だが、宮城県鮎川監視哨から敵大編隊旋回中と入電がありあわてて空襲警報を発令した。空襲警報を発令すると生産工場の操業がストップ、莫大な損害を受ける場合があり、確かなとき以外発令は慎重にすべきとされていた。本番の仙台空襲で失敗したのは残念であった」

同じ職場の同僚の話なので遠慮がちに語っていますが、要はこの夜の当直の判断ミスというところでしょうか。

空襲下どんちゃん騒ぎ

ついでに加えれば東北軍管区司令部参謀部将校の聞き捨てならぬ話が残っています。証言したのは同部庶務班でタイピストをしていた秋元しげさん。

「7月9日、庶務班の上司が『お前たち、今夜はすぐに逃げられるように武装して寝ろよ』と言うのです。東京などで空襲が頻繁にあり、ピンとくればよかったのですが……。家族には『今までにないことを言われた。変だ』と話しました。空襲の夜、軍管区副官部の将校たちは櫓丁の料亭で芸者をあげてどんちゃん騒ぎをしていました。空襲になったので酔いどれの足で出て来るとき、2～3人が焼夷《しょうい》弾の直撃を受けて亡くなったということです」

この証言には疑問な点もあります。「芸者をあげて」とありますが、前年2月「決戦非常措置」の閣議決定により高級料亭は営業停止、芸者さんたちは、お座敷ではなく軍需工場で働いていました。本当のところは営業を続けている料亭で飲酒していた、ということでしょう。事実とすればとんでもないことです。これだけ大っぴらに空襲が予告されていたのですから国民の生命、財産を守る軍としては、「非常態勢」を取り、総力を挙げて市民を守るべきでした。

空襲後、軍は仙台市内の遺体収容に出動していますが、空襲の最中、市民を避難誘導したという事例は文献に見当たりません。「立派な方もいましたが、軍隊の末期はこんな状態でした」と秋元さん。

佐藤元参謀、秋元さんの談話は『仙台空襲』（市民の手で作る戦災を記録する会編、宝文堂）からの引用。

123機が2時間にわたって

米軍資料から仙台大空襲を再現してみましょう。B29の大編隊は熟練した操縦手の搭乗する先導機12機に誘導されて高度3000~3200メートルで市南西部から侵入しました。

この夜、仙台市向山国民学校で宿直だった早川栄男先生と高山先生は、警戒警報が解除になったので今晩はもう来ないだろうと靴をはいたまま横になっていたところ、ブルンブルンと爆音が南西の方向から聞こえてきました。2人で校庭に出てみると美しい星空の中をB29が3~4機ずつ編隊を組んで校舎の上を通り過ぎて行ったそうです。

空襲の前、電波を妨害するため幅1センチほどの長い銀紙を大量にばらまいています。後で拾って畑のカラス除けにした人もいました。実物は仙台市戦災復興記念館に展示しています。

先導機は事前に設定した「爆撃中心点」(MPI)に焼夷《しょうい》爆弾を投下して火災を発生させます。「中心点」は現在の青葉区中央通と東三番丁通の角、桜井薬局付近と想定されます。これを目印に目標区域の周辺に反復して投下し始めました。

その様子を日本発送電(現東北電力)浅野椰さんは三越仙台店屋上から見ていました。当時5階建て鉄筋ビルの三越には軍や県などの公的機関が入居していたのです。

「空襲警報発令とともに屋上からの見張りを命じられ、上がって行った。爆音は頭の上に響いていた。突然百雷が一度に落ちたようなものすごい音がした。駅前から花京院方面まで太い光の虹が走り一斉に燃え上がった。次いで大町頭から一直線に東五、六番丁あたりまで長い帯のように火柱が上がり、あまりの美しさにしばし見とれていた……」おそらくこれが空襲の目撃第1号でしょう。

爆撃の範囲は市電循環線の内側と、陸軍施設が集中する川内地区で、3~5機が編隊になって爆撃すると何分か後にまた別の編隊が攻撃を繰り返すという方法が取られました。その回数、午前零

仙台市中心部の焼失地区（仙台「市民の手でつくる戦災の記録」の会編「仙台空襲」から）

時3分から同2時5分までの2時間、25回にわたりました。同年3月の東京下町大空襲とよく似ています。作戦後の米軍報告には「天候は晴天、先導機の投下弾による火災が後続機によい視界を与えた」とあります。

空襲で被害を受けた地域を言葉で説明するのは難しいことです。大ざっぱに言うと市電循環線内を中心に、北は北六番丁付近から南は向山まで、東は花京院まで。ほかにも虫食い的に焼けたところもあります。

公会ごとにまとめると、次の13公会が全焼しています。（公会は隣組約500戸で構成）

東一番丁、東二・三番丁、元寺小路、新伝馬町、多聞通、東二・四番丁、二日町、大町、国分町、立町、肴町、本櫓丁町、北目町

半焼は田町、米ケ袋など37公会に上りました。詳しくは215ページの地図をご覧ください。昭和48（1973）年、市民の手による戦災の記録の会が苦労してつくった戦災地図ですが、よく見ると誤りもあります。たとえば右上の第二高等学校は全焼しているのにそうはなっていません。いずれにせよ夜間、無辜《むこ》の民を狙った無差別爆撃に間違いありません。

仙台空襲から75年に当たる令和2年、仙台空襲を研究している新妻博子さんらが、焼夷弾投下の目標にした「爆撃中心点」付近の桜井薬局ビル壁面に「仙台空襲を記憶する場」と書いたプレートを設置しました。

米軍が使った焼夷弾、爆弾

空襲には音があると皆さんおっしゃいます。

「B29を照らす探照灯、高射砲の音、3機ずつ川内方面から侵入、ザーザーと竹やぶをかき回すような音を立てて焼夷弾を落とし、ドンドンと爆発音を残して去っていく」（青葉区、永田二郎さん）

「B29のズーンズーンと重々しい爆音が空にとどろいた。ザーザーと雨の降るような音、シューと焼夷弾の落下する音に恐る恐る防空壕《ごう》を出てみると、東の空は真っ赤、駅や中心部は猛火に包まれていた」（同区、青沼もと子さん）

米軍は仙台空襲にM47焼夷爆弾、M17集束焼夷弾、小型油脂焼夷弾を使いました。落ちるとものすごい音がして火が噴きだすのは焼夷爆弾、ザ

アーッと雨のように降ってきてあたりかまわず青白い炎を出して燃えるのが集束焼夷弾です。

このうち焼夷爆弾は空襲の手始めに攻撃目標に対して集中的に投弾し、火災を発生させます。先導機群と2個群団が1万800発を投下しました。集束焼夷弾は1個の中に直径5センチ、長さ35センチの六角棒状のテルミット・マグネシウム焼夷弾が110本入っており、地上300メートルになると自動的に広範囲に巻き取らされるようになっていました。総数23万7000個を投下。小型油脂焼夷弾というのもあって、6個のガソリン、ナフサ入りナパーム弾が集束しており、これも途中で分かれて落下、地上で燃え上がると火を振り払っても落ちませんでした。東西約5キロ、南北約3キロの狭い範囲にダンプカー100台分がばらまかれました。

犠牲者の7割はやけどだった

女優の若尾文子さんは、仙台空襲を体験したひとりです。国民学校6年生の時、父親の仕事の関係で両親、きょうだい5人と東京から疎開して来ました。

「今でもその光景ははっきり覚えています。家の周りに焼夷《しょうい》弾がバラバラ落ちてきたので、私は母と2人、近くの川の土手に逃げて身を潜めたのですが、飛行機が絶え間なく飛んできて、私たちの真上で焼夷弾を落とすのが見えるのね。川の方ではけが人をおぶって避難してくる人が集まり、いま考えると地獄のような光景でした。一夜明けるとあたりは焼け野原、地面の草がちょろちょろ燃えているんですよ。母親が子どもに覆いかぶさるように焼け死んでいるわきを通って自宅に行きました。父と姉が立っているのを見て、そこが家だと分かりました」（平成21年11月のＮＨＫラジ

オ深夜便）
若尾さんが逃げたのは恐らく広瀬川だと思います。炎上する街並みを見ながら市民が向かった避難先は広瀬川河畔のほか、評定河原、大年寺山、愛宕神社、西公園、大崎八幡、北山、北仙台、台原、東照宮、宮城野原など。遠くでは現在の泉区根白石、青葉区落合という人もいました。

防火用水に助けられ

元柳町（現青葉区、立町小学校付近）川崎よしのさんは当時33歳、ご主人は出張中、空襲警報が鳴ったので13歳から1歳まで7人の子に防空頭巾をかぶせて2人ずつ手をつながせ、下の2人はよしのさんと長女がおぶって外に出ました。あたりは火の海、焼夷弾が雨のように降ってきます。やっとの思いで防空壕にたどりついたのですが、近所の日野さんと、川崎さんの子どもたちが入ったら満杯になり、隣に住む2人の中学生、遠藤君、重雄君と広瀬川へ逃げることになりました。「子どもさんは命に代えても守ります」との力強い言葉を信じましたが心配でなりません。

逃げる途中あまりに熱いので防火用水で毛布をぬらし3人でかぶり、歩いていると何かにつまずきました。見ると半身焼けただれて大きく膨らんだ他人の足だったのです。回りには子どもや老人が倒れています。が、助けるなんてとてもできません。呼吸もできないほどの熱風、家や立ち木が燃え、生き地獄を見るような光景です。幸い、子どもたちの無事な顔を翌朝見ることができました。

宮城一高女（現宮城一高）1年生の梅津加知子さんは、東二番丁国民学校付近にあった家から両親、兄弟5人と避難しました。東一番丁から火の手が迫ってきて炎を見た弟は足がすくんで歩けなくなったので父親が背負いました。道の両側の家から炎が噴き出しています。毛布を道端の防火用水で浸してそれぞれかぶって評定河原に到着、やけどをした人たちがたくさんうずくまっていました。

避難途中で一番役立ったのは、市内各所に設置した防火用水でした。背負っていた布団や毛布を防火用水にぬらして熱風をしのいだ人が結構多いのです。

日本の都市部を爆撃するB29の編隊（小崎）

焼夷弾の直撃を受ける

青葉区、羽田松枝さんは、市役所の北側を避難中、花火のような焼夷弾の光が走りました。「このへんの防空壕《ごう》は危ない。出よう」と言った途端、先に出ていた姪《めい》が焼夷弾の直撃で火だるまになって倒れ、防火用水の水をかけて消したのですが、もう死んでいました。防空頭巾は焼け、頭も上着も焼けただれていました。

加藤文蔵さん（当時53歳）は米ケ袋で下宿業をしていました。空襲警報発令とともに下宿人６人と家族が屋敷内の防空壕に避難。家に焼夷弾が落ちて燃え出したので、広瀬川に逃げようとしたところ、またＢ29が襲ってきて焼夷弾が娘の腰を貫通し、即死でした。

南小泉国民学校教師の沢田キクエ先生は連坊小路の自宅前で落ちてきた不発弾の直撃を受け亡くなりました。28歳の若さでした。

防空壕では守れなかった

川内川前丁、会社員大沼良吉さん（当時24歳）は、大町に住んでいた家族15人のうち14人を失いました。大沼さんは空襲の2カ月前に結婚して引っ越したばかりでした。空襲の翌朝、12人が防空壕の中で無傷のまま遺体で発見され、2人は直撃を受けたのか防空壕の近くで骨だけが見つかりました。ただひとり助かった兄も顔、手足に大やけどを負い、10年ほど前に亡くなりましたが、当時のことには触れたがりませんでした。

米ケ袋、林智徳さんは当時国民学校3年生、家族ら4人と防空壕に避難しました。普段は穴を掘って屋根の上に土をかぶせるのですが、簡単なトタンや板切れで覆っていた壕でした。そこへキューンという音とともに壕のそばに油脂焼夷弾が落下、防空壕の屋根が飛ばされメロメロと火が壕の中になだれ込んできて、火の風呂のような状態です。防空頭巾をかぶっていたので顔は無事でしたが、両手に油が付きぼうぼう燃えています。母や兄、近所の人は壕を飛び出して逃げました。智徳さんは酸欠で呼吸困難になり気を失ってしまいました。後でお母さんから「あんだ、死んだと思った」と言われたそうです。両手はゴムの風船のように水ぶくれになっていました。

B29の空襲を受ける仙台市街地（小崎）

焼夷弾の直撃受けて74人死亡

仙台空襲では、全戸数の4割に当たる1万１９００戸が焼失、5万７０００人が家を失いました。死者、負傷者数は今もって確定せず、年によって異なりますが、最新のデータでは１３９９人が命を奪われ、１６８３人が負傷しました。

新日本医師協議会宮城支部の医師、岩倉政城さんは昭和55年（１９８０）8月、仙台で開いた第

10回宮城科学シンポジウムで「仙台空襲による死者の死因」を発表しています。仙台北署に出された死亡届のうち、医師が死亡原因を記載した59人について医師や看護婦、入院患者から聞き取り調査をしてまとめました。

最も多かったのは焼死の303人、これにやけどによる死者103人を加えると死因の68％を占めています。焼夷弾攻撃が主力だったのでこういう結果が出たのでしょう。やけどは火傷3度から4度の重症者が多く、中には肌が黒褐色に炭化していた人もいました。

次いで多いのは投下された焼夷弾が直接、頭などに当たって死亡した人が74人、防空壕内での炭酸ガス中毒死が60人。このほか、やけどと死亡診断書にはあるのですが破傷風併発が5人、敗血症併発が2人。やけどで皮膚がほてり、汚水でもいいから体を冷やそうとして細菌感染を起こした人が2人いました。溺死12人の大半は猛火に耐えられず家の井戸に飛び込み、はい出られなくなり力尽きた人たちでした。

東北帝大附属病院には負傷者が殺到しました。

仙台大空襲を撮影した写真はこれ1枚だけ。
「猛火に包まれる新伝馬町付近」河北新報社屋上から

当夜は11の診療科で5~6人の当直医師が勤務していました。次々運ばれてくる患者を、回復の見込みのない重症者は内科、やけどのひどい人は外科、早急に手術の必要な人は手術室へ振り分けました。手術した人の大部分は手足の複雑骨折でした。消毒薬がないので、井戸水をバケツでリレーし、患部の泥を流しながら二十数人の手術をしました。

仙台逓信病院に運ばれたのはほとんどがやけどの人で、その夜のうちに10人ほどが亡くなりました。薬品も包帯も不足で、数日たつと患者の腐敗臭が部屋に充満してきました。

学校や文化財も灰じんに

当時、仙台の中学校や大学、専門学校は市の中心部に集中していました。今とは比べ物にならない小さい町だったのです。

育英中は錦町公園のところ、その近くに仙台商業、元寺小路に一高女、仙台女学校(現白百合学園)、東二番丁に東北学院中、西公園のところに常盤木高女、仙台中(現仙台高)があっていずれも全焼。

一度は焼失したかと思われた東二番丁小学校のクスノキがこんな大木に(小﨑)

旧制二高（東北大に包摂）、南町通の東北学院神学部も全焼しました。片平に集中していた東北帝大は法文、理、工学部の校舎の40％が焼失しています。

国民学校は東二番丁、立町、西多賀、北五番丁（現仙台二中の前身）が全焼、木町通は一部焼失です。上杉山国民学校は南校舎や西校舎が被弾したのですが、教職員がバケツリレーで消火、焼失を免れています。空襲では市内の児童86人が犠牲になり、40人がけがをしました。亡くなった子は木町通の22人が最も多く、東二番丁18人、立町16人、この3校で全体の65％を占めました。

戦災から3年後、東二番丁国民学校で、焼けたとばかり思っていた校庭のクスノキに小さな芽が吹き出し、今は見上げるばかりの大木に育っています。

西公園の大町交番と桜岡大神宮の参道の間に立つイチョウも同じです。樹齢推定３００年の大木は、後に新芽を吹き、こちらも今では往時をしのぐ樹勢となりました。

貴重な文化財、国宝指定の仙台城大手門、仙台

戦災で焼失した仙台城大手門

城隅櫓、伊達政宗霊廟《れいびょう》瑞鳳殿、伊達忠宗霊廟感仙殿はいずれも焼失しました。大手門、隅櫓は軍事地帯の川内地区にあったので真っ先に爆撃を受け、霊廟はこんもり茂った森の中にあったのですが、広瀬川をまたいで向こう岸にある米ケ袋を爆撃した米軍機が焼夷弾を連続して落としていったので、とばっちりを受けて全焼しました。

このうち大手門を除いては復元しています。大手門について市は平成17（2005）年、仙台城整備基本計画を策定、同29年当選した郡和子市長も大手門復元を重点施策に位置づけたので機運は高まっています。ただ実現すると仙台城跡に向かう車は門の高さの関係で制約を受けるとか、大手門復元費や迂回道路建設に膨大な予算がかかる――など問題は山積しています。

詩人の土井晩翠は本荒町の自宅を焼失、3万冊の蔵書は焼けてしまい、〈五十余年心を込めて集めたる東西の書皆灰となる〉と詠みました。

のＸ橋から）。右端に市役所が見える

──私は父の転勤で気仙沼に住んでいたので、仙台大空襲を体験しておりません。中学教師の父は学徒勤労動員の生徒たちと一緒に仙台で生活していました。空襲の後で父から手紙が来て、仙台の家は焼けなかったこと、焼失地区の地図が入っていたので、被害の大きさが初めて分かりました。こういう情報は新聞でもラジオでも一切報道されませんでした。

軍隊、学徒動員して遺体収容

空襲後、焼け跡では遺体収容作業が始まりました。軍隊や警察、消防団、それに市内の中学校、女学校の生徒も手伝いました。榴岡の兵舎から出向いて5日間作業に従事した宮城野区、平貞次郎さんの話では、仙台駅から西の方は焼け野原で、特に元寺小路から現在の錦町公園にかけての道路に遺体が多くあったそうで、井戸の中に遺体が折り重なっていたり、大きな防空壕ではたくさんの人が亡くなっていました。

一夜明けた市中心部はがれきの山（仙台駅付近

お棺がないので、焼けトタン板に1体ずつ遺体を乗せて運び、軍のトラックで新寺と北山の火葬場に持って行きました。あまりに数が多くていつになるか分からないと言われて、自分で火葬にした人もいました。

北山火葬場（現在の北山市民センター）に勤務していた室田六郎さんは「上半身とか片手、片足というのもあって大半は焼死体だが、防空壕で亡くなった人は衣服も体も無傷だった。釜は16基あったが燃料不足で1体焼くのに5時間はかかる。一番困ったのは燃料で、新坂通の街路樹を切ってナマ木のまま使用した」。

多くは親類縁者宅に避難

東北軍管区司令部は空襲から8時間後の昭和20年7月10日午前10時、仙台空襲について正式に発表しました。

「敵B29約百機は、今10日午前零時5分ごろより約2時間30分にわたり仙台市中心部に対し無差別焼夷攻撃を加え来たり。市内各所に火災発生せるも午前5時ごろにはおおむね鎮火せり。市民はかねて準備したる食糧ならびに付近町村よりの炊き出しにより直ちに配給を受け、指定収容所に復帰し、鎮静に帰しつつあり」翌11日には「現在まで確認せるB29撃墜5、撃破12」との発表です。

しかし撃墜した航空機の残骸を見たという話は聞いたことがありません。むしろ「高射砲からばんばん撃っていたが飛行機まで届かなかった」と多くの人は言います。その点について当時仙台陸軍幼年学校助教をしていた同市富沢、杉崎強さんは空襲後、高射砲部隊の隊員から「空襲直前に部隊が到着し急いで設置したので、砲座の基礎コンクリートが完全に固まらないうちに空襲が始まり、撃つたびにぐらついて落とせなかった」と聞いています。

でも米軍機は被害を受けていました。仙台上空で撃墜されたB29はありませんでしたが、「対空砲火で5～6％の損害を受けた」とか「帰還時に小破した6機と事故、損傷機合わせて13機が中継基地の硫黄島に不時着した」と米軍資料にあります。米軍が硫黄島を占領しなかったら、この13機は未帰還か太平洋に不時着していたことでしょう。

家を焼け出された約5万人の人たちは仙台圏の多くの町村からの非常食や善意の炊き出しを受けました。被災を免れた国民学校や一部焼失した国民学校の講堂が避難所に充てられたようです。

東日本大震災では学校や公共施設に長期間避難した人がたくさんいましたが、仙台空襲ではこのような話はあまり聞きません。親類が馬車で迎えに来たとか、父の実家や祖父母の家など親類縁者を頼って一時期を過ごしたという話が多いのです。今と違って親類も多く、付き合いも濃密でした。行政からは「非常時なので被災者を喜んで受け入れるよう」呼びかけもあって、大きな受け皿になりました。

配給が遅れて食うや食わずの食糧難のころです。頼る方も頼られる方も食べ物ではずいぶん苦労したはずですが、餓死者も出さず何とか乗り切りました。仙台市では戦後、追廻の陸軍練兵場跡に2年間で簡易住宅1876戸を建設して被災者や海外からの引き揚げ者に提供しました。

焼け跡の片づけをする中学生、高女生

新兵器でB29を撃墜？

仙台大空襲をめぐっては奇想天外な話や、にわかには信じられない話が残っています。そのひとつは東北帝大の電気通信研究所で開発した強力な電波で、B29を3機撃墜したという話です。同研究所に勤務していた名取市閖上、橋浦敏胤さんの証言ですが、どんな文献にもこのような記述は見当たりません。

戦時中、各大学では軍の要請で軍事研究が行われ、電気通信研の宇田新太郎教授の研究グループは敵機に強力な電波を発射して航空機内の高度計を狂わせ航行不能にするレザー光線、殺人光線の研究を手掛けていました。橋浦さんの話によると、戦局が厳しくなったので研究施設は山形県天童町（現天童市）へ疎開。天童から山形市までの電波発射に成功するのですが、もっと遠くへ飛ばすため導波管の部品を従来の鉄とアルミの合金から金メッキに変更したところうまくいったというのです。

米軍は仙台空襲を予告してきました。好機到来とばかりに、トランク大の電波発射機2台を仙台に運び、北目町の仙台鉄道管理局に設置して発射、これがうまくいって3機が蔵王山中に墜落したというのです。敗戦後、機器類は破壊し、資料は焼却しました。橋浦さんは直接研究にタッチしませんでしたが、研究員から聞かされたということです。

本当だとすれば戦況を変えるような大発明ですが、墜落機は発見されていません。昭和20年3月、3機のB29が蔵王に墜落しており、これと混同していないでしょうか。橋浦さんは「いや、墜落は仙台空襲の夜です。墜落現場に行かないかと誘われましたが、私は行かなかった。行った人はブラウン管などを回収して来て『米軍はずいぶん小型のものを使っている』と言っていました」。

電気通信研は戦時中、電波兵器担当の多摩陸軍技術研の分室となり電波警戒機の研究開発を手掛けていたことは事実です。となると橋浦さんの話と符合する部分もあります。橋浦さんは「当時かかわっていた皆さん、ご高齢で亡くなってしまい、生きているのは私だけになりました」と言うのですが……。

父から聞いていない

私はこの話を原稿にして河北仙販発行のコミュニティ新聞「ひまわり」（13万部発行）平成20年7月号に掲載しました。これを読まれた元東北大総長、西澤潤一さんからお便りが届きました。先生は電気通信研究所所長を務めた方です。

「面白く拝見。ところどころ本当の話が入っているのですが、全体のまとめはちょっと訂正を必要とすると思います。蔵王に３機落ちたのは着氷のせいと聞いていますが、全体にこのたぐいの誤りがたくさんあります。私はそのころ学生でしたから正確ではありません。佐藤利三郎先生（インテリジェント・コスモス学術振興財団）にお聞きになってください」

そこで元東北大工学部長、佐藤利三郎さんにお会いしました。

「私は昭和19年、東北帝大工学部を卒業し、一時兵役に入ったが同大大学院特別研究生に選ばれ

仙台市片平の東北帝大電気通信研究所

て除隊、電気通信研に勤務していました。永井健三先生のグループで、高射砲を撃つ場合の正確な角度、発射時間の研究です。宇田先生のグループがどんな研究をし、成果はどうだったのか正確には分かりません。が、宇田先生から電波兵器の研究で発進機やアンテナはうまくいくんだが、それをつなぐ線路（導体）がどうもねという話は聞いたことがあります」

この研究を指導した宇田教授の次男で、元東北大反応研教授の宇田尚《ひさし》さんは「橋浦さんという方が研究所にいたのは覚えています。助手のようなことをしていたのではないでしょうか。ご指摘のような話は戦時中も戦後も父から聞いたことはありません。父は疎開先の山形の研究所と大学の間を行ったり来たりしており、空襲の夜は仙台にいました。米ケ袋の民家を借りて学生と住んでいたのですが、焼夷《しょうい》弾攻撃を受けすぐそばの広瀬川に避難したと言っていました」

橋浦さんの話が本当なら、この夜は研究成果を試す絶好の機会です。責任者の宇田先生は現場で指揮するのが当然ではないでしょうか。

奇妙な焼け方、残ったビル

仙台空襲では今もって分からないことがあります。スパイの存在もそのひとつ。「空襲下、愛宕神社（太白区向山）のそばにあったプールで電灯を盛んに振って敵に位置を知らせていた」とか「宮城県庁の高いところから空に向かって光を照らしている者がいた」などの証言です。

このほかにも不思議なことがあります。本土決戦に備えて市内の学校や寺院には陸軍の兵士が分散駐屯していました。そこがまるでピンポイント爆撃のように攻撃されているのです。私が知っているところでは、第一四二師団護仙部隊の司令部が置かれた旧制二高、軍需品の倉庫に使われていた宮城県女子専門学校（現向山高校）、女専の被害はほとんどなかったのですが、周辺住宅が焼失しています。

最も奇妙なのは青葉区柏木の二つのお寺、江厳寺、称覚寺の焼失です。江厳寺住職我妻耕道さんは「空襲の数日前まで護仙部隊の宿泊所になっていたが、空襲当日は別の所に移動したので軍はいなかったそうです」、称覚寺住職桐原武彦さんも

「日本軍の軍事施設になっていたので標的にされ本堂、庫裏を焼失したと伝え聞いています」と、軍隊がいたので狙われたという見解です。偵察写真でそこまで分かるものか、分かったとしても夜間、こんなに正確にそのお寺だけを攻撃できるものだろうか、なぞは解けません。

逆に周辺は焼けたのに、後に占領軍の司令部となる簡易保険局ビルは無傷のまま残りました。東北帝大附属病院も猛火がすぐそばまで迫ってきたのに被害はありませんでした。戦争が終わったら戦災関係の医療資料を確保するため意図的に爆撃から外したとの説もあります。県庁、市役所も周辺が焼け野原になったのに大きな被害を受けなかったのも何か理由があるのでしょうか。

艦載機の空襲が敗戦まで続いた

B29による仙台空襲の後は艦載機や艦上爆撃機の空襲が待っていました。敗戦までの1カ月間、「今日もまたやって来たか」と言った感じの来襲でした。ところが記録をひもとくと、宮城県が艦載機の空襲を受けたのは昭和20年7月は14、15、17日の3日間、8月は9、10日の両日にすぎません。この記録と記憶の違いはどこからくるのだろう。あまりの恐ろしさに頭の中は空襲のことでいっぱいだったのでしょう。戦争が終わってからも疲れた時など空襲の夢をたびたび見ました。

これら空母から飛び立った小型機の空襲はB29とはまた違った危険極まりないものでした。夜間は来ませんが、朝早くから日没までいつ姿を見せるか分かりません。小回りが効くものですから軍事施設に限らず、鉄道、港湾、発電所、工場、船船などに爆弾を落とし、それだけではなく数機あるいは単機で搭乗員の顔が見えるほど超低空飛行し、人間と見れば田んぼのかかしでも、動くものなら犬や猫にまで機銃掃射しました。日本軍機は本土決戦を控えてむやみに出動しないよう命令されていたので姿を見せません。それをいいことに傍若無人の振る舞いが続きました。

後で分かるのですが、宮城県の三陸沖には沖縄戦が終わってから急いで移動してきた米国のエセックスなど空母3、軽空母2、戦艦など22隻、それと英国の空母フォーミダブルなど29隻の大艦隊が展開していたのです。

停車中の列車を襲う

艦載機や艦上爆撃機が東北地方に初めて姿を見せたのは仙台空襲から4日後の7月14日、宮城県内では18カ所が空襲を受けました。矢本（現東松島市）の海軍松島基地には20機が来襲、爆弾やロケット弾を撃ち込み2機が破損しました。玉浦の陸軍基地（現仙台空港）も攻撃を受けるのですが、こちらは戦闘機や爆撃機は既に疎開していたので、飛行場付属施設が焼失する程度ですみました。

霞目の仙台飛行場にもやってきました。これら航空基地と軍需工場への空襲はこれから何度も続きました。

空襲にはグラマンなどの戦闘機とカーチス降下爆撃機のほか、遠く硫黄島からノースアメリカンP51戦闘機も飛来しました。圧倒的に多かったのはずんぐりむっくり型のグラマン。このほか英空母から戦闘爆撃機コルセアも参戦しています。

7月14日朝5時半、国鉄（現JR）仙石線高砂駅（仙台市）に停車中の電車に5機のグラマンが機銃掃射を加え6人死亡、9人が負傷しました。この日、東北線岩切駅舎も攻撃され、近くで農作業中の2人が機銃掃射で亡くなりました。列車への攻撃はこれにとどまらず、8月9日、東北線小牛田駅に停車中の列車が襲われ、機関士と乗客一人が死亡し、翌10日朝には常磐線亘理駅を発車した仙台行きの列車が2機による機銃掃射で6人が死亡、8人が負傷しています。

亘理の空襲について近くに住んでいた当時国民学校高等科1年（今の中学1年生）佐藤和子さんの証言があります。

「朝から暑い日で、日陰を選んで遊んでいた。ふと見上げるとグラマン2機が常磐線の線路に急降下して行き、とたんに機銃掃射の音。しばらくして外に出て見ると、血だらけになった人が背負われたり戸板に乗せられて医院へ向かっていた。

この日は警戒警報が発令されていたので列車は亘理駅で待機、定刻の2時間遅れで発車した。まもなく空襲警報が発令されて急停車、乗客は列車を降りて土手の窪地に隠れた。犠牲になった山川良英さん（当時19歳）は仕事に出かける前、祖母から『警報出てっから休んだら』と言われたのだが、『滅私奉公（私情を捨てて国のため尽くすこと）休むなんてもってのほか』と出かけて災難にあった。肩から胸にかけて貫通銃創、胸はザクロのように大きく開いていたそうだ」

同じ列車には仙台にいる娘に食べ物を届けようと、山下駅から乗ったおばあさんがいました。娘に会うのをあきらめて家に帰り、背負い袋を見るとカボチャの中に機関砲の弾丸が入っていたのでびっくり。カボチャが命を救ってくれました。

船舶への攻撃も執ようでした。7月14日の1日

空母を発艦して日本本土の攻撃に向かう米軍機の編隊

だけで本吉郡十三浜村沖の海上で船舶2隻が米英軍機の攻撃を受けて6人が死亡、9人負傷、名取郡沖の海上では漁船の乗組員2人死亡、8人負傷しています。桃生郡追波川河口では運送船が被弾して2人死亡、3人負傷。唐桑で漁船2隻沈没、志津川では湾内の船舶3隻が被害を受けています。

女川湾では艦艇を攻撃

空襲が最も激しかったのは8月9、10の両日です。

東北各地には確認しただけで延べ1600機の艦載機、艦上爆撃機が飛び回りました。9日は広島に続いて長崎にも原爆が投下され、ソ連軍が雪崩を打って満州に攻め込んできた、そういう日でした。一挙に決着をつけようと張り切ったのかもしれません。

女川では壮絶な海戦が行われました。そのころ日本周辺の海域は米軍の機雷投下や潜水艦の出没で身動きできず、比較的安全な航路は東北の太平洋岸だけと言われていました。海軍は三陸沖を航行する船団の護衛と遭難船の救助のため防備隊を設立し、女川町に拠点を置きました。女川湾は水深が深く、艦船の停泊にはもってこいです。湾の周辺には通信隊や高角砲（陸軍の高射砲）部隊も設営されました。

防備隊の担当は横浜港から函館、室蘭向けの船団護衛です。この日はあいにく任務を終えた標的艦「大浜」、海防艦「天草」、掃海艇、駆潜艇など二十数隻が入港していました。海防艦は沿岸防備や船舶護衛専門の軍艦です。

第1波は8月9日朝5時半、空母「ペニントン」などから飛び立ってきた艦上爆撃機、艦載機4機でした。当時、防備隊通信隊に所属していた仙台市若林区中倉、川村幸太郎さん（令和2年、92歳）は「東方海上から入って来た編隊は、女川の裏山の頭上高く通り過ぎたので仙台か松島基地へ行ったのだろうと思っていたら、その何分か後、突然裏山から入港していた艦船目がけて急降下してきた」と語ります。500《ポンド》爆弾を何発も艦船へ投下するのですが、霧に邪魔されて中型商船2隻が沈没しただけでした。

第2波は58機が駆逐艦、護衛艦を目標に投弾して沈め、第3波は29機が湾内ドックに停泊中の小型艦船へというように攻撃は午後5時の第8波まで続きました。攻撃には英国艦隊の攻撃隊も参加し駆逐艦3隻、哨戒艇1隻を撃沈したと英軍の記録にあります。攻撃は10日も続き、湾内にいた艦船のほとんどと関連ある軍の施設も破壊されました。

「大浜」や「天草」には多くの高角砲が備え付けられ、陸上からも高角砲部隊が応戦し、3機を撃墜したのですが、米英の物量作戦にはかないませんでした。

女川町役場の2階から海戦を目撃した同町職員、木村公さんは「岸壁に停泊していた『大浜』は高角砲を発射して敵機を砲撃していたが、グラマンの爆撃と掃射には耐え切れず午後4時ごろ転覆して沈没した。乗組員は艦を出て近くの防空壕に退避する途中、機銃掃射でやられたのか30人くらいが道路に倒れていた。『天草』も猛烈に対空攻撃をしていたが、抵抗の強いところには敵機が群がり攻めてくる。艦の周辺に爆弾20個ぐらいが落とされ、数十メートルの水煙が上がった。最後の投弾が煙突に当たったと思ったら間もなく艦首を先に数分で沈んでしまった」。

この海戦で158人が戦死しました。海軍防備隊通信科の神田義男兵曹長は戦後も女川を離れず、夫妻が協力して昭和41年（1966）女川湾が望める崎山公園に私財を投じて慰霊碑を建立、毎年慰霊祭が営まれています。近くには英軍機に乗って戦死したカナダ人、グレー大尉慰霊碑もあります。慰霊碑を建設した神田さん夫妻は東日本大震災で亡くなったということです。

海戦のとばっちりを受けて女川町も空襲を受け、国鉄女川駅倉庫、造船所のほか民家70戸も焼失、24人の犠牲者を出しました。

松島海軍航空隊への攻撃

同じ9、10の両日、矢本町の海軍松島航空隊も米英軍のロケット弾攻撃を受けました。第1波は朝5時過ぎ16機が飛来して500ポンド爆弾を投下、砲台や駐機中の航空機に攻撃を加えたのを手始めに、第2波14機、第3波12機、第4波は14機というふうに第10波まで続いたのです。

基地にはサイパン島を空襲する「烈作戦」のため準備していた陸上爆撃機銀河、一式陸上攻撃機など20機以上が炎上、一式5機は大破。滑走路、格納庫、兵舎の施設も大きな被害を受け、16人が戦死しています。多くの負傷者は基地内だけでは手当てできず石巻などの病院に運ばれました。

仙台の陸軍造兵廠《ぞうへいしょう》、多賀城の海軍工廠もたびたび攻撃を受け、仙台の造兵廠では8月9日、3人が死亡、9人が負傷しました。学徒勤労動員の学生生徒はそのたびに防空壕に駆け込みました。

このようにして県内では旧市町村で言うと気仙沼、女川、石巻、矢本、小牛田、古川、三本木、松島、塩釜、多賀城、仙台、岩沼、亘理などが襲われ、合計209人の犠牲者が出ました。

私の住んでいた気仙沼も漁業の町として知られたところですから、格好の標的になり11人が亡くなり、79隻の漁船が被害を受けました。国民学校の敷地にあった町立図書館も攻撃され、鹿折地区では火災が発生しました。

――国民学校で授業中、空襲警報の発令もないのに突然、艦載機が1機、向かい側の校舎の屋根すれすれに姿を現し、こちらに向かってきたことがありました。飛行機の翼が1メートルほどにも見えたとき、先生が「伏せろ」と大声を上げ、目と耳を手で押さえて机の下にもぐり込みました。空襲のときはこうするよう教えられていたのです。学校は山の上にあったのですが、軍が下の信用金庫屋上に備え付けていた機関銃を発砲したので敵機はあわてて逃げていきました。

1日に何回も来るので恐ろしくて家にいられません。ボッボッと音をたてて発射される機関砲のこわさは格別です。近所の人たちが近くの杉林に移ったのでわが家も家族そろって移住、杉の木を柱に掘っ立て小屋をつくり、蚊帳《かや》をつりました。夜は空襲がないので家に帰り、朝、おにぎりを持って戻ります。こんな生活が敗戦まで続きました。

空襲とはまた違った恐ろしいものに艦砲射撃がありました。東北では日本製鉄釜石製鉄所が攻撃されました。しかも2度もです。7月14日は米軍の艦隊、8月9日は米英の両艦隊から5000発以上の砲弾を撃ち込まれて市街地は壊滅、773人の命が奪われました。

釜石から四十数キロ離れた気仙沼国民学校の校庭で体操の授業中、体験しました。今思うと最初の艦砲射撃の日、ドーン、ドーンと鈍い不気味な音が何度も聞こえてきたと思ったら、校庭がぐらぐらと地響きを立てて揺れるのです。物凄《すご》いエネルギーです。直接攻撃を受けた釜石の人たちはどんなにこわい思いをしたことでしょう。

敗戦、占領軍が宮城県に

昭和20年8月6日朝、広島に人類が初めて経験する原爆が米軍機によって投下されました。地上580メートルで爆発した熱や放射能で一瞬にして10万人以上が即死し、9日には長崎にも原爆が落とされました。8日、ソ連（現ロシア）は中立条約を破って日本に宣戦を布告、9日満州へ侵攻して来ます。日本政府はそれとは知らず、米英との講和の仲介をソ連に求めていたのですから、どうにもなりません。大日本帝国は音を立てて崩壊していきました。

8月15日正午、天皇陛下は日本がポツダム宣言を受諾し、戦争に負けたことを国民に告げました。放送は何度も予告されて職場で、学校で、ラジオの前に全員が集まって聞きました。雑音がひどくて何を話したのか分からないという人が多かったのですが、「これからは空襲がもうないんだ。堂々と部屋に明かりをつけてもいいんだ」と思ったことを覚えています。日本が負けてくやしいという気持ち、これからどうなるのだろうという不安もありましたが、それよりも安堵《あんど》感の方が強かったのでしょう。

敗戦時、郷土部隊はどこにいた

8月19日、陸海軍の全部隊に停戦命令が出され、海外で戦っていた600万の軍人軍属は次々武装解除されました。郷土部隊がどこで敗戦を迎えたのかというとガダルカナル島やインパール作戦で多くの戦死者、戦病死者を出した第二師団は南部仏印（ベトナム）、一部はビルマ（現ミャンマー）のタンビザヤで、南京攻略、徐州作戦、打通作戦に参加した第十三師団は中国華南に駐屯していました。

第二師団の補充部隊として編成された第四十二師団の主力は北海道宗谷で、一部は南千島で敗戦となりました。このうち南千島に残された歩兵第百三十連隊はソ連軍によってシベリアに連行され、5年後に帰国しています。それだけでなく、満州に侵入してきたソ連軍は日本の民間人に略奪、暴行、強姦《ごうかん》、殺害を繰り返し、日本兵の捕虜を含む57万5000人の日本人をシベリアに連行して過酷な労働に従事させ、およそ1割を死亡させました。宮城県出身者で身元が確認された死亡者は806人。

仙台市太白区長町、庄子英吾さん（令和2年現在94歳）は仙台中（現仙台高）を卒業してから満州の陸軍軍官学校（日本の陸軍士官学校に当たる）在学中、ソ連の侵攻で関東軍に編入され敗戦で捕虜になりました。19歳の時です。シベリアの炭鉱の町に送られ、森林伐採、鉄道のレール敷設などの重労働をさせられ、3年後に帰国しました。

最初のころは黒パンと大豆やコーリャンのスープが少しだけという貧しい食事、極寒の中でシラミによる発疹チフスがまん延し多くの死者が出ました。庄子さんもり患しましたが、奇跡的に助かりました。学校の同期生230人のうち83人が亡くなったそうです。「帰国させるからとだまされてシベリアに連れていかれ、ここで倒れた多くの戦友の無念を晴らすため、戦争の悲惨さと国際法違反のソ連の行為をこれまで書き続けてきました。今後も書き続けます」と庄子さん。

『宮城県史』によると、宮城県から召集された人たちは陸軍約17万、海軍約4万、このうち外地で敗戦を迎えたのは陸軍12万、海軍2万。死亡公報が発行されたのは陸軍約2万8000人（全体の16％）、海軍約7000人（同18％）に上りました。

次々と民主化政策を指令

8月30日、マッカーサー元帥が連合国軍最高司令官として厚木（神奈川県）に到着、日本本土は約40万の米軍とわずかな英国軍によって占領されました。米国の占領目的は日本が再び米国の脅威にならないよう、国家の体制をつくり変えることです。

占領政策はGHQ（連合国軍総司令部）が直接実施するのではなく、日本政府の上にGHQが君臨し、その指令を日本政府が忠実に実行するというやり方を採りました。GHQは日本政府に対し財閥解体、農地改革、婦人参政権、教育制度改革、家族制度廃止など民主化政策を次々と打ち出し、古い日本は壊されて、新しい日本が生まれていきました。

敗戦翌年の11月3日、帝国議会の議決を経て日本国憲法が公布され、「神聖にして侵すべからざる」存在だった天皇は国民統合の象徴と定められました。国民主権、基本的人権の尊重が明記され、国際紛争を解決する手段としての戦争の放棄と、そのための戦力を持たないことを定めました。

この本の最初の項で「戦前の日本は国の形も社会の仕組みも、まるでよその国を旅しているかのように今とは違っていた」と書きました。敗戦によって国民主権、男女同権、基本的人権の尊重、そして自由に発言できる民主国家に変わりました。残念なのは自分たちで民主化を勝ち取ったのではなく、占領軍によって与えられたことです。

艦船や特別列車で進駐

宮城県には約1万の占領軍が進駐してきました。9月10日、52台のジープに乗った106人の先遣隊は国道6号線を北上し、戦災で焦土と化した仙台を避けて接収した松島パークホテルに入りました。

内務省からの連絡で案内役を仰せつかった宮城県職員矢野栄作さんは「福島県境の山下村（現山

元町）の望楼から半鐘が鳴った。米軍の到着である。案内車と英語で書いた乗用車から米軍のジープをのぞくと、2門の機関銃を手に完全武装した米軍兵が緊張した面持ちでこちらを見ている」と『せんだいあのころ八十八年』（宝文堂）に書いています。

接収された松島パークホテルは、景勝松島に宮城県が建設した木造洋館風の建物で、県の迎賓館とも言えるものです。占領軍撤退後の昭和44（1969）年3月、火災で全焼しています。

翌日から米軍と宮城県との間で宿舎、施設利用、警備について協議が始まりました。6月に赴任したばかりの生悦住求馬《いけずみもとめ》知事が対応し、県は知事官房渉外課を設けて占領軍の世話をすることになりました。生悦住知事は10月に千葉三郎氏と交代するので戦争の後始末のために赴任したようなことになりました。

――占領軍のことを進駐軍と呼んでいました。あちこちの施設に「進駐軍の命により立ち入り禁止」と看板が立っていました。日本人は舌触りのいい言葉に包んで本質をぼかす名人です。全滅を玉砕、敗戦を終戦と言いかえたのと同じ発想でしょう。

宮城県への進駐は海と陸から同時に開始されました。9月15日、塩釜港に6隻の艦船から約3800人の兵士が上陸用舟艇を使ってまるで敵前上陸のようにして進駐してきました。当時の写真には銃を肩に不安そうな顔をした兵士たちが写っています。きのうまで戦っていた国への上陸ですから緊張するのも当然でしょう。翌日朝には東北線、常磐線の特別列車で1100人の兵士が仙台駅に到着したのを皮切りに26日までに列車と船舶、ジープ、トラックで合計1万95人が宮城県内に展開しました。

生悦住氏から千葉三郎氏への「知事事務引継書」に次のような記述が見られます。

（1）宮城県に進駐した米軍部隊は第8軍第14師団、同砲兵隊、第11空挺師団第187連隊、東部第122部隊、第6工兵隊で、司令官は空挺師団長のスウイング少将。仙台、塩釜、石巻の三市と松島、古川（現大崎市）、大河原の三町、多賀

仙台に特別列車で到着した占領軍

城村に進駐した。

（2）警備は宮城県警察部６５５人だけでは足りず、岩手県から50人、秋田県から30人の応援を受けた。さらに県内に28カ所に検問所を設置、３７３人を動員して警戒した。

（3）空襲の被害を免れた仙台市原町苦竹の陸軍造兵廠《ぞうへいしょう》、多賀城の海軍工廠、船岡の海軍火薬廠、仙台市榴岡の第二師団歩兵第四連隊、同市霞目や岩沼の陸軍飛行場、矢本の海軍松島航空隊などの軍施設は全て接収された。このほか、仙台の尚絅女学院、日銀社宅、塩釜の二つの学校、倉庫15棟、仙台市内の富国、安田、明治生命ビルも接収された。

――藤崎百貨店の北側にあった明治生命ビルや国分町の富国生命ビルの屋上には大きな星条旗がはためいていたのを私は見ています。藤崎百貨店の地下売場は米軍専用のＰＸ（売店）となり、あふれんばかりの食べ物や飲み物を売っていました。もちろん日本人は立ち入り禁止です。仙台市内の民間住宅60戸も将校用宿舎用に接収され、返還後、家に入ってみたら床の間の柱には白いペンキが塗られ、畳の部屋は土足で上がったので使い物にならなかったという話をよく聞かされました。米ケ袋、西澤潤一元東北大総長の自宅もその一軒でした。

東北6県の占領行政を監視する第8軍第14軍団司令部として仙台で最もモダンな建築物と言われた仙台市北一番丁（現青葉区上杉）仙台地方簡易保険局（現日本郵政グループ）が接収されました。昭和11（1936）年に完成したばかりの白亜4階建ての建物で、現在も使われています。

米軍に接収されて司令部になった仙台地方簡易保険局

占領軍に建物を円滑に引き渡すため、仙台市内の中学生、高校生、大学生が大勢集められ、「机、いすなどの備品はきょう中に市内の郵便局に移すよう」命令されました。こうして、たった1日で受け入れ準備が整いました。

ここに決める前に、米軍は戦災を免れた片平の東北帝大理学部化学教室の鉄筋ビルを司令部の候補に選んだということで、熊谷岱蔵学長が体を張って阻止、あわや学問の府に星条旗がひるがえるところでした。東北大元学長の加藤陸奥雄さんからうかがった話です。

婦女子はすきを見せるな

米軍の進駐を前に、宮城県内では不穏なうわさが飛びかい、暴行、略奪、財産没収、とりわけ女性が乱暴されるのではないかという心配がありました。過去、外国と戦って敗れた経験のない国民です。敗戦とはどんなものか誰も知りません、しかも何日か前まで「鬼畜米英」と呼んで戦っていた相手がやってくるのです。

宮城県では緊急警察署長会議が開かれ、若い女性を集団疎開させる案が真剣に検討されました。結局、占領軍が進駐してくる県内市町村の高等女学校（現在の高校）では当分授業を中止、役所の女子職員は午後4時に退庁することにし、一般市民も夜間外出を控えるよう注意が出されました。

仙台市は９月15日号の市公報で「進駐軍はこちらを極度に恐怖し警戒している。武器と間違えられやすい棍棒《こんぼう》、ステッキは持ち歩かないよう」呼び掛けました。

内務省の指示で県警察部は「性の防波堤」として仙台市小田原の遊郭11軒（娼婦55人）、同市東八番丁の私娼料理屋10軒（酌婦22人）の建物を応急的に修理、改造しました。同市中江では陸軍造兵廠の寮が民間の手で改造され、占領軍の特殊慰安施設になりました。酌婦３００人、女給１００人がいる施設で、このうちの１００人は売春婦でした。

『宮城県警察史』には「これらの施設によって心配された婦女子への暴行事件が極めて少なく押さえられたのは不幸中の幸い」とあります。進駐後１カ月間で警察に届けられた米軍犯罪は２５７件、婦女暴行未遂4件、傷害6件うちひとり死亡、時計窃盗49件など。米軍が仙台から撤退する昭和32（１９５７）年までの間に仙台で20代の女性２人が暴行後、絞殺されています。犯人は不明。

米軍兵士に性病患者が激増し翌年3月、こうした特殊慰安施設は閉鎖されました。進駐直後、米軍野戦病院は原町苦竹の旧陸軍造兵廠内にあり、７棟２８０床のうち、３棟１２０床は淋病《りんびょう》、梅毒患者用でした。同病院に勤務していた太白区、佐々木健治さんは「医師、看護婦とも全員米国人で医薬品も本国から送られてきた。日本ではまだ知られていなかった性病の特効薬ペニシリンを大量に持っていて注射された患者はみるみる回復していった」と話しています。

東北最大の施設　キャンプ・センダイ

仙台に米軍が進駐してから3カ月もたたない昭和20年12月、東北地方の占領行政を監視する第8軍第14軍団司令部は突如、北海道に移転、札幌の第9軍団と統合しました。ところが、その3カ月後には再び仙台に戻ってくるのです。しかも担当地域は従来の北海道、東北に加えて東京、横浜を除く関東、甲信越を含む広大な地域になりました。米英とソ連の〝冷戦〟は激化しており、ソ連領に近い北海道に司令部を置くことを敬遠したのでしょう。

　仙台の拠点性が高まり、米軍の大規模駐屯地の建設が急がれました。川内の旧陸軍用地約１１０万坪は空襲で兵舎など8割が焼失、仙台市は戦災復興事業で公園など緑地帯にする予定だったのですが、米軍の要求で計画は急遽《きゅうきょ》外されました。ダンプカー、パワーショベル、ブルドーザーなど米軍お得意の機動力を使って同年暮れには15ブロック総数２４６棟の建物が完成します。県は物資不足の中、建設資材、作業員の調達に追われました。

　東北最大の米軍施設は「キャンプ・センダイ」と呼ばれました。原町苦竹は「キャンプ・シメルフィニヒ」、榴岡は「キャンプ・ファウラー」です。仙台市内の道路にも愛称がつけられ、大町通は「ヒッコリー街」（クルミ）、定禅寺通は「フィア街」（モミ）、南町通は「メープル街」（カエデ）となりました。

緑に囲まれた田園都市

米軍が作成したキャンプ・センダイの地図を見ると、第9軍団司令部は今の宮城県美術館の西側、公務員宿舎の場所にあり、周辺に映画館、野球場、現在の東北大川内キャンパスの所には教会、図書館、体育館、電話局、消防、下士官用宿舎、同大萩ホール周辺には一戸建て将校用宿舎が点在、同大植物園の手前には2階建てゲストハウスが2棟建てられました。戦災を免れた旧陸軍兵舎7棟もフル活用され、江戸のころからあった中島池は埋め立てられてゴルフ場に。軍事基地というよりは緑に囲まれた田園都市、大学キャンパスといった感じでした。

――仙台商高でバスケットボール部に所属していた長町のAさんは、米軍家族の高校生チームから試合を申し込まれ、川内の米軍体育館でプレーしたことがありました。季節は冬だったのに暖かく、暖房がある体育館に驚いたそうです。

私も高校生のころ昭和24（１９４９）年の夏、友人の親の紹介で、川内の将校宿舎に一度お邪魔したことがあります。大きな電気冷蔵庫、写真雑誌「ライフ」の上質な紙、きれいな印刷にカルチャーショックを受けました。そのころ日本の雑誌は仙花紙と呼ばれる、くず紙をすきかえしてつくった粗悪な洋紙でした。

川内地区は日本人の立ち入りが禁止され、４カ所の検問所で日本人従業員は出入りのたびにパスを提示しました。司令部には連日のようにソ連から帰還した旧軍人軍属が呼ばれて、向こうの様子を聞かれていたそうです。青葉山には強力な通信施設がつくられました。

前の司令部として使われた簡易保険局は１７２ステーション・ホスピタルとなりました。昭和25（１９５０）年、朝鮮戦争が始まると、まず消防を担当していた黒人兵が姿を消しました。それ以外の兵士も次々戦闘に参加して行ったのでしょう。

病院は戦争で負傷した兵士で満杯になり、多い時には２５０病床に５００人以上が入院し廊下にまでベッドが置かれたということです。戦死した遺体を本国に送る前にここできれいにする作業を日本人医師が高額の報酬で手伝いました。

占領軍施設で働いた日本人

占領軍施設では多くの日本人が働いていました。宮城県ではその数、1万数千人と言われます。身分は総理大臣などと同じ国家公務員特別職で、給料は終戦処理費から支払われました。

宮城県では渉外事務局が駐留地の施設、労務問題を担当しました。このうち賃金、採用など労務問題を扱うのが渉外労務事務所で、仙台（川内、榴岡、原町苦竹、霞目、作並）、矢本、船岡、多賀城に事務所がありました。

職種は１２０種もあって、通訳、翻訳、書記などの事務職、運転手、ボイラーマン、大工、塗装工、理髪師などの技術職、ハウスメイド、コックなどの家庭住宅要員、それに消防、警備など。多賀城事務所に勤務していた氏家一郎さんから「最初のころは人が集まらず、トラックに乗って郡部を回り勧誘した。その後、給料は一般の給料の5割増しし、職種によっては労務加配米をもらえることが分かって応募者が増え、人員に不足はなくなった」とうかがいました。

この中には「検閲官」に呼ばれる日本人がいて、マスメディアだけでなく郵便物も知らないうちに調べていました。占領軍は進駐してから3年間は徹底した事前検閲制を取り、新聞、ラジオは印刷、放送前に検閲を受けなければなりません。新聞の場合、印刷する前に大ゲラを持参してチェックを受けるのですが、クレームがつくと別の記事に差し替える時間的余裕がなく、その部分の鉛版を削って印刷しました。「検閲官」は英語に堪能で、占領行政に忠実な立場を

写真はあまり残っていない（仙台市戦災復興記念館提供）

求められるので、誰でもなれるものではありません。全国的に見ると「まさか、あの人が」と思うような有名な評論家や学者が携わっていたという証言もあります。

食糧難は戦時中よりひどかった

戦後の生活、これはひどいものでした。空襲がなくなったのはいいのですが、海外から引き揚げ者が増え、食糧不足、住宅不足、衣料不足が重なって苦難の生活を強いられました。

配給制度は維持され、大人ひとり1日2合3勺《しゃく》のお米を配給することにはなっていましたが遅配、欠配が続いて、ヤミに頼らなければなりません。仙台では配給が2週間も遅れ、やっと配給があったと思ったらお米の代わりにトウモロコシや砂糖だったということもありました。仙台軽便鉄道(北仙台ー中新田)などは、列車に乗って近郊農村へ買い出しに行く人でいつも混雑しました。

青葉山から見た「キャンプ・センダイ」立ち入り禁止地区だったので

東北大植物園の所にあった米軍ゲストハウス

——食糧難は戦後の方がひどく、中学教師の私の父はリュックに背広や母の着物を詰めて農業をしている生徒の家へ行き、米と交換してもらいました。それはいいのですが、私も父と同じ学校の生徒だったので、翌日学校で「きのう、お前の親父が来たので米をやった」などと言われると、本当のことなのですが、何とも情けない気持ちになったのを覚えています。

父は戦時中の勤労動員や戦後の苦労がたたって結核になり昭和23（1948）年、49歳で死去、一家はその年の夏、仙台の自宅へ帰りました。

戦災で市の中心部の大半は焼失したと聞いていたのですが、帰ってみると焼け跡はほとんど見当たらず、安っぽいバラックですが商店街は活気に満ち、占領軍の兵士は武器も持たず闊歩《かっぽ》していました。

転校生は全員仙台中（現仙台高）へ入るよう言われたので、私は気仙沼高併設中学校3年生から仙台高併設中学校3年生になりました。初めて学校に行ってみて驚いたのですが。校舎は平屋のバラックで、植木一本もない貧弱な学校でした。桜並木に囲まれ、緑あふれる気仙沼高とは比較にもなりません。それでも級友たちは「やっと自分の学校ができた」と喜んでいました。聞いてみると西公園西側にあった新築間もない校舎は空襲で全焼してしまい、つい最近まで荒町小学校の一角を借りて2部授業をしていたというのです。

地下道に戦争孤児たちが集結

仙台駅も平屋の粗末なバラック駅舎です。今の仙台パルコの所に米軍のＲＴＯ（鉄道輸送司令部）があり、前庭には色とりどりの四季の花が咲きほこっていました。あたりがあまりにも殺風景だったので別世界のように見えました。

仙台駅や駅に近いX橋脇の東北線名掛丁地下道には戦災で家を失った大人や子どもたちがたむろし、通行人に金銭やたばこをねだっていました。その数40～50人の時もあるし、東京・上野でホームレス狩りがあると１００人から２００人に増えました。

仙台北署が昭和23年6月に調べたところ、市内のホームレスは１０４人、18歳未満が半数を占め、このうちの２割は女性でした。ほかにもかつぎ屋や田舎を集団で回るこじきなどが１００人以上いました。

厚生省の調査では、空襲で両親を失ったり、満州から帰る途中で両親が死亡したりした戦争孤児が全国で12万３５００人、このうち宮城県は１５５９人とあります。

内訳は▽戦災孤児２３１人（仙台空襲で両親を亡くしたり、宮城県へ学童集団疎開中東京大空襲で肉親を失ったりした子など）▽引き揚げ孤児２３２人（満州などから引き揚げ途中両親が死亡）▽一般孤児１０７４人（この意味は不明）▽捨てられた孤児22人となっています。

多くは親類に引き取られたり、施設に入ったりしたことでしょうが、皆さん、今では全員が後期高齢者の仲間入りです。どのような戦後の生活を送ってきたのでしょうか。

仙台駅のすぐ北側のX橋下には夜、濃い化粧をした売春婦が客待ちで立ち､高城高さんは小説『X橋付近』（荒蝦夷）の中で「東八番丁の私娼街に近いX橋付近のキャバレーやバーは米軍相手のものだった。ここで起こる犯罪は仙台市内の犯罪統計に重要な位置を占め、特に米兵の暴行傷害事件は大体ここに決まっていた」と書いています。

X橋は正式には都市計画道路元寺小路―福室線の宮城野橋です。大正時代につくられた古い橋は両側の二つの道路が橋の上で一緒になっていたのでX橋と呼ばれていたのですが、平成29（2017）年、片側3車線の大きな橋に改装されて1本の道路になりました。

東北線を挟んで西側のX橋下にあった赤レンガづくりのトンネルも橋の改装でなくなりました。仙台の戦後の混乱期を思い出させてくれる歴史遺産として、絵や写真に残している人たちがいます。

仙台市の戦災復興事業

空襲でがれきの荒野となった仙台の中心部が今のような整然とした都市になったのは、戦災復興事業がうまくいったからです。全国にある多くの戦災都市の中で、わずか十余年という短期間で事業が完成した仙台のような例は珍しいと言われています。それも単に戦前の街並みに戻したのではなく、それまでとは全く異なる新しい町へつくり直したのです。

仙台市の戦災復興計画の策定は、敗戦からわずか4カ月後の昭和20（1945）年12月に県土木部に新設された復興建築課の手で始動しました。後に国の方針が変わって復興事業は仙台市の手で進められるのですが、県がつくった計画案は何とも素晴らしいものでした。

仙台市発行の『戦災復興余話』には、「県の案は短期間で策定されたにもかかわらず、現在の街の姿がほぼ形づくられていた。青葉通、広瀬通、晩翠通、東二番丁通などの広い道路や県庁前、駅前、西公園などの公園構想が既に計画に含まれていることに驚いた」とあります。

「こんなにうまくいったのは、宮城県の三浦義太郎主任技師が、昭和2（1927）年に仙台の都市計画案をつくっていたからです。江戸時代とあまり変わりない街のたたずまいをがらりと変える壮大な計画だったので当時は『荒唐無稽、絵に描いたもち』と冷笑されましたが、敗戦で一躍脚光を浴びたのです」と『仙臺《せんだい》文化』発行人渡辺愼也さん。

復興事業の対象地域は①戦災に遭った仙台市中心部②川内の旧陸軍用地③一部戦災に遭った米ケ袋――の3地区でした。川内は米軍の要求で中止され、米ケ袋も見送られたので事業が行われたのは市中心部だけです。

事業の総面積は290ヘクタール、皇居の2・5倍という広さです。しかも、道路や公園に必要な土地だけを買収する用地買収ではなく、区画整理方式を採用したので地権者との交渉が長引きました。自分の土地から幾分かを公共のために提供してもらうのが区画整理方式で、仙台の減歩率は25％、地権者は自分の土地の4分の1を事業のため提供しました。

青葉通、広瀬通の誕生

事業を引き継いだ市は昭和21年4月、復興委員会（市議24人全員、学識経験者20人）を設けて、このうちの23人で常任委員会をつくり週に1回のペースで街路、公園の候補地を訪れ、決定していきました。繁華街の東一番丁は8メートルの道幅を15メートルに拡張する予定です。商店街からは「道路が広くなると客足が減る」と苦情が出ましたが、将来のことを考えてと説得し了承してもらいました。

昭和21年11月、国の戦災復興院から仙台の中心部に19本の都市計画道路をつくることが認められました。最後まで意見が分かれたのは青葉通、広瀬通のどちらをより広い道路にするかでした。青葉通はこれまで商店や住宅だった所につくる全く新しい道路です。計画では二つとも幅員50メートルとなっていましたが、予算の関係で50メートル部分は青葉通の仙台駅前から東二番丁まで、残りの部分と広瀬通は36メートルになりました。

これまで仙台で最も広い道路は幅員23メートルの南町通でした。そこへ50メートル幅の道路ができるのですから市民の驚きは大きく、某革新政党は「戦争になったら軍用飛行場として使うつもりだ」と建設に反対しました。

〝杜の都〟のシンボルとも言える青葉通、広瀬通は愛称で、正式の呼称は青葉通が都市計画道路仙台駅―川内二の丸隅櫓線、広瀬通は元寺小路―立町・川内線です。これでは味も素っ気もないので昭和22年1月、新憲法公布を記念して河北新報社は二つの道路と二つの公園の愛称を募集しました。6000通を超す応募の中から、青葉通は杜の都のシンボルとも言うべき青葉山、青葉城（仙台城）の連想から、広瀬通は仙台の四季を川面に映す広瀬川の連想で選ばれました。二つの公園は西公園と中央公園です。中央公園は県庁前の勾当台公園のことですが、ここだけは市民に定着しませんでした。

二つの道路は昭和25（1950）年に完成しました。どこまでも続く広い道路だけで舗装はまだです。強風が吹けば砂塵《さじん》がもうもうと舞い上がり、雨が降れば泥んこ道となるので「青葉砂漠」に「広瀬田んぼ」と悪口を言われました。

東二番丁50メートル道路は防火帯

もう一本、国道4号線にもなっている東二番丁通は幅員50メートルの広い道路になりました。青葉通、広瀬通と交差して南北に走る道路で、江戸時代は幅8メートルの道路の両側に中級侍屋敷が並び、明治以降所有者は大きく変わりましたが道幅は同じでした。それを6倍以上広げたのは火災が起きた場合、防火帯として街を守る役割を持たせたからです。

最近、仙台で大火はなくなりましたが、江戸時代から昭和30年代まで市中心部でたびたび大火が起きました。しかも蔵王おろしの西北風が吹く12月から3月の間に集中、いずれも東二番丁を挟んで広大な面積が灰燼《かいじん》に帰していたのです。道路拡幅と建築物の規制により防災の目的を十分に達成しています。

仙台の戦災復興事業の大きな目玉は中心部の1

幅員50メートルの東二番丁通は防災道路としてつくられた（小﨑）

割に当たる11万坪を公園緑地帯にする計画でした。こちらも予算の関係で14カ所から5カ所削られ、面積も8万５０００坪となりました。計画の中には県庁周辺は県庁本体を残して勾当台通ー錦町ー外記丁ー北一番丁の周囲全部を公園にする大計画や、勾当台公園と西公園を結ぶ幅60メートル幅の緑地帯構想があったのですが、実現しませんでした。その代わりと言うのもおかしいのですが、定禅寺通は46メートルとなり、この道路の真ん中に12メートル幅の緑地帯がつくられ、歳末の「光のページェント」などですっかり名物道路になりました。

仙台が誇る「景観ベスト3」

青葉通と定禅寺通のケヤキ並木は市民自慢の景観です。若木、老木合わせて青葉通には１７０余本、定禅寺通には１６０余本のケヤキが並び、仙台城跡、広瀬川と並んで「仙台の景観ベスト３」と言われています。

広い道路にどんな街路樹を植えるかを決めるまでにはずいぶん時間がかかりました。市幹部と担当課長の意見が対立したからです。当時の市長は初の公選市長となった岡崎栄松氏、当選と同時に復興事業の推進役として東京市職員時代から旧知の高橋甚也氏を助役（技術担当）に招きました。大崎市三本木出身、京大で土木工学を学び、東京市職員時代に1年間かけて欧米の都市計画や上下水道事業を視察してきた方です。

仙台駅前の青葉通の街路樹をどうするか。高橋助役は「ネムノキかサルスベリにするよう」鈴木光三公園課長に命令します。鈴木課長は「歩道が10《メートル》もある広い通りには大きくなる木がいい」というのが持論で、西洋的花壇を望む助役とは意見を異にしました。鈴木氏は戦前宮内省で皇居吹上御殿の植栽や園芸の仕事をしていた公園の専門家で、戦後、軍隊から復員後、仙台市職員になりました。

2人とも鬼籍にあり直接聞くことはできません。幸いなことに、その後の経緯を鈴木氏が『市史せんだい』第6号の座談会で発言しているので、それを引くと「どんな木にしようかと悩んでいた昭和24～25年ごろ一市会議員から『台原の仙台営林署所有のケヤキを青葉通に移植したらどうか』と提案を受けた。幹は15《センチ》ぐらいでも根が四方に張っていて掘るのは大変だ。移植の仕事は失業対策事業でやればいいと議員が言うので、その事業で仙台駅前～東一番丁までの青葉通にケヤキを植えてみた」。

助役とどう調整したのか、そのへんは触れていないのではっきりしませんが、ケヤキ植栽はその後も進み、青葉通の西公園までの両側の歩道などに１８０本ほどの並木ができました。

助役からは「丸光（後にさくら野百貨店仙台店）周辺は大きな木は植えずに広々とした駅前広場にしたい。駅前から今の七十七銀行本店前までの道路中央のグリーンベルトにはシュロとユッカランを植えるよう」指示され、その通りにやったそうです。だが、状況は変わります。公園、街路樹の専門家で東京農業大の井上教授が助役の案内で街路樹を見て回ったところ、グリーンベルトのシュロなどの評価は低く、逆にケヤキは高評価を得ました。

その後、定禅寺通の両側にもケヤキが植えられました。ただしグリーンベルトはサルスベリかモミジにするようにとの助役の指示で、「大きい街路樹によって勾当台公園と西公園を結ぶ緑のトンネルにしたい」という鈴木氏とはここでもかみ合

「杜の都」を代表する道路に選ばれた定禅寺通（小﨑）

いません。結局、岡崎市長時代に結論が出ず、次の島野武市長が当選する昭和33（１９５８）年まで持ち越され、軍配はケヤキに上がりました。

不法建築のバラックを強制撤去

戦災復興事業は昭和35（１９６０）年に完了します。この間、問題がいろいろ出てそのたびに市当局は悩まされました。元さくら野仙台店前の道路を直線にするか10度程度曲げるかで争った直曲論争、国鉄仙台駅舎を１６０㍍後退させて駅前を広げる計画はわずか９㍍の後退で終わりました。

司馬遼太郎は『街道をゆく』（朝日文庫）の中で、戦災復興事業が上出来だった仙台と横浜を例に挙げて「両方とも米軍の占領期間が長かったからだ」という友人の現実的な解釈を紹介しています。戦後の超法規的な権力を持っていた占領軍の後ろ盾があったからこそ、不法建築や不法占拠者の一掃がうまくいったというのです。前にも触れたように、サンフランシスコ講和条約締結後も米軍は仙台に駐留を続け、撤退したのは全国で最も遅い昭和32年11月になってからでした。

仙台駅前周辺や東一番丁、南町通には不法建築

昭和29年春、部分舗装された青葉通だが、強風が吹くと砂ぼこりが舞った

のバラックが約千軒、中でも駅付近では密集してヤミ商売が横行、「東北の上海」と呼ばれていました。市では青葉通の計画用地内に不法占拠している露店に立ち退きを勧告しましたが、応じる気配はありません。このままでは復興事業が進まなくなるため強制執行を行うことを決断しました。

昭和24（1949）年4月、全国で初めての代執行が行われました。当日は約100人の作業員がトラック十数台を用意して待機し、不法占拠者が家財道具を運び出すのを待ってから建物の強制撤去を始めました。泣き叫ぶ女性、怒号が乱れ飛びましたが、200人の警察官が動員されたほか、米軍MPも出て監視したのでそれ以上の抵抗はありませんでした。以後数回、建築物の強制撤去が実施されました。

今、仙台の中心部は整然とした街並みに高層ビルが林立し、街路樹の緑がうるおいを与えてくれます。どこを歩いても、戦災の残滓《ざんさい》を見つけることは困難です。だが、このような美しい町は自然に生まれたのではなく、大きな犠牲者を出した大戦争の結果生まれたことを忘れてはなりません。

おわりに

江戸時代の随筆集に『巷街贅説《こうがいぜいせつ》』というのがあって、その中に老人を痛烈に嘲笑した次のような記述があるそうです。「手は震え、足はよろめく、歯は抜け、耳は聞こえず、目はうとくなる」「気短になる、愚痴になる」……。

86歳になった私は、思い当たることばかりです。さらに私的なことを申し上げると、8年前に摘出した腎臓がんが5年後、複数箇所に転移しているとCT検査で診断され、いろいろ治療を受けても改善は見られないとのことです。それでも体調はいたって良好なので、今は治療をやめて、月に1度終末医療機関に通っています。そこの先生は「経験から言うと、この病気の人は元気そうに見えても、ある日、急速に衰えて短日で逝く人が多いから、やりたいことがあったら早く済ませるように」とおっしゃいます。

その言葉に押されてこの本を書きました。戦争を知らない多くの人たちにとって、戦争とはどんなものなのか自ら知ろうとしない限り、遠い昔の出来事で終わってしまいます。戦争は当事者ばかりか、戦場となった国の国民も含めて多くの死と破壊をもたらし、背後に絶望と涙の種をまき散らすことを知ってもらい、平和がいかに大事かを常に考えてほしい、そう思いながら筆を進めました。

私の強みは、ただひとつ、国を挙げて総力戦となった米英相手の大戦争の中で生活していたことです。子どものころでしたが、それでもピーンと張りつめた決戦下のあの「空気」は、いくら記録映像を見ても本を読んでも再現することはできません。「戦争になると、これほど不自由な極限生活を強いられるものか」と思った方がいたら、大成功、しかも戦争は突然始まるものではなく、その前に国民を戦争に向かわせるための様々な仕掛けがなされることもお分かりになったことでしょう。

2年前に史上初の米朝首脳会談が開かれ、すぐには戦争が起きそうにない状態になったと思ったら、最近は様子がおかしくなり、その上、米中間の冷戦も激化しています。世の中どう変わるか予測はつきません。

挿絵は幼なじみの村上典夫さん（92歳）と、日展会友で私の絵の恩師である小﨑隆雄先生（平成27年、86歳で死去）のお2人です。ともに中学生時代、授業を休んで軍需工場で働かされた経験があり、どの作品からも戦時下の雰囲気が伝わってきます。かつて河北仙販発行の情報新聞「ひまわりクラブ」に連載した「仙台万華鏡」で使った作品がほとんどです。挿絵説明に名字があるのは小﨑先生、それ以外は村上さんの絵です。

出版に際して河北新報出版センターの須永誠出版部長、水戸智子さんに大変お世話になりました。ありがとうございました。57年間支えてくれている妻弘子にも感謝。

石澤　友隆

15年戦争の年譜

【昭和6（1931）年】

この年、恐慌最悪の状態、農村不況深刻化。9.1清水トンネル開通（9702メートル・世界最長）、9.18満州事変始まる、9.24政府、満州事変不拡大の声明発表、11.18政府、満州への増派決定　**宮城県では→**4.5第二師団、満州守備へ出発、8.30仙山線愛子―作並開通、10.12満州事変で戦没した将兵の遺骨到着、12.16三辺長治宮城県知事に就任、12.14伊達政宗の霊廟瑞鳳殿、2代伊達忠宗の感仙殿、仙台城大手門、隅櫓国宝に指定

【昭和7（1932）年】

1.3日本軍、錦州占領、1.28上海で日中両軍交戦（第1次上海事変）、2.5関東軍、ハルビンを占領、2.16ラジオ聴取契約100万突破、3.1満州国建国宣言、5.15海軍将校ら、首相官邸などを襲い犬養首相を射殺（5.15事件）、7.30ロサンゼルスオリンピック開催、7.31ドイツでナチス第1党になる、10.1リットン報告書日本政府に通達　**宮城県では→**11.3藤崎百貨店の新店舗完成、12―全国唱歌ラジオコンクールで仙台市東二番丁小学校全国第1位に

【昭和8（1933）年】

1.30ヒトラー、ドイツ首相に就任、2.24国際連盟総会リットン報告を承認、3.3三陸地方に大地震・大津波、3.27国際連盟脱退を通告、4.22文部省が京都帝大教授滝川幸辰の『刑法読本』が共産主義的であると辞職要求、法学部長以下抗議して辞表提出（滝川事件）、6―内務省、検閲制度の大改革と出版警察を拡充、10.14ドイツ、国際連盟脱退を通告、12.23皇太子明仁誕生　**宮城県では→**1.8第二師団、満州から凱旋帰国、3.27逓信省、仙台飛行場を宮城郡七郷村霞目に開設、4.1三越、仙台支店を開設、7.21赤木朝治、宮城県知事に就任

【昭和9（1934）年】

この年、東北地方大凶作、娘の身売り増加。8.26全農、北日本農民組合など農民生活擁護連盟結成、9.21室戸台風関西を襲い死者行方不明3036人、12.1

丹那トンネル開通　**宮城県では→**4.20 仙台市立夜間中学校開設、校名は「図南中学校」、7.10 半井清、宮城県知事に就任、8.31 渋谷徳三郎、仙台市長に再任、11.9 来日中の米大リーグ選抜野球チームのベーブ・ルース八木山野球場でホームラン 2 本放つ 12.26 政府、東北地方窮乏対策として東北振興調査会を設置

【昭和 10（1935）年】

この年の平均寿命男 44.8 歳、女 46.5 歳。2.18 菊地武夫、貴族院で美濃部達吉の天皇機関説を攻撃、5.1 戦前最後のメーデー 6200 人参加、8.12 陸軍省軍務局長永田鉄山、皇道派の相沢三郎中佐（仙台出身）に刺殺される、11.4 大日本映画協会設立、映画の国家統制機関　**宮城県では→**4〜6 仙台市の霊屋橋、愛宕橋を鉄筋コンクリートで架橋、5.20〜26 藩祖伊達政宗没後 300 年祭を挙行、県青年団、仙台城跡に伊達政宗騎馬像を建立、5—塩松ドライブ道路（延長 12キロ）完成、6.28 宮城県知事に井野次郎就任

【昭和 11（1936）年】

2.5 日本職業野球連盟 7 チームで結成、2.26 皇道派青年将校、クーデター決行、斉藤実、高橋是清ら政府要人を殺害し永田町一帯を占拠（2.26 事件）2.29 反乱軍帰順、4.13 閣議、支那駐屯軍増強を決定、7.5 東京陸軍軍法会議、「2.26 事件」に判決 17 人死刑宣告、8.1 ベルリンオリンピック開催、11.25 日独防共協定ベルリンで調印　**宮城県では→**4.1 仙台市動物園、評定河原に開園、4—仙台市北一番丁に近代的なビル、簡易保険局が開局、6.12 菊山嘉男、宮城県知事に就任、9.8 仙山線の面白山トンネル（5361メートル）開通、清水、丹那トンネルに次ぐわが国 3 番目の長さ、12.9 仙台市電、長町線全線営業開始

【昭和 12（1937）年】

2.11 文化勲章令公布、4.30 総選挙（民政 179、政友 175、社会大衆 37、昭和会 19、国民同盟 11、東方会 11）、7.7 中国蘆溝橋で日中両軍衝突、日中戦争始まる、7.11 現地協定成立、しかし政府は華北の治安維持のため派兵決定、7.27 内地 3 個師団に華北派遣命令、8.24 国民精神総動員実施要項を決定、9.23 第 2 次国共合作成立、11.6 イタリア、日独防共協定に参加、12.13 イタリア、国際連盟を脱退 2.13 日本軍南京占領　**宮城県では→**3.16 大日本国防婦人会仙台支部結成、4.1 東京—札幌間（仙台、青森経由）の定期航空路開設、4—第二師団、

満洲警備に派遣される、6.30 ヘレンケラー女史来仙、9.9 第十三師団編成、中国戦線に投入、10.25 仙台市電、北仙台線の全線営業開始、11.10 仙山線、仙台—山形間全線営業開始、仙台陸軍病院臨時宮城野原分院が設置され、後に陸軍第一病院となる

【昭和 13（1938）年】

1.16 政府、中国に和平交渉打ち切りを通告、3.13 ドイツ、ポーランドを併合、4.1 国家総動員法公布、5.19 日本軍、徐州占領、10.14 海員組合、海員協会、皇国海員同盟結成、10.21 日本軍広東を占領　**宮城県では→**1.9 海軍、柴田郡船岡村に火薬廠を設置、1—県内で満蒙開拓青少年義勇軍募集、5.20 徐州陥落の祝賀行事、6.5 仙台市三神峯に設置された仙台陸軍幼年学校の開校式、8—仙台七夕自粛（翌年から廃止）、仙台市の大橋、鉄筋コンクリートに架け替え、10.28 漢口陥落で祝賀行事

【昭和 14（1939）年】

2.9 政府、国民精神総動員強化方策決定、3.15 各地の招魂社を護国神社と改称、3.30 中央物価委員会、砂糖、清酒、ビール、木炭などの公定価格決定、4.5 映画法公布（映画の国家統制強化）、4.12 米穀配給統制法公布、5.12 満蒙国境で満・外蒙古両軍衝突（ノモンハン事件の発端）、6.16 国民精神総動員委員会、生活刷新案を決定、7.8 国民徴用令公布、7.26 米国、日米通商航海条約廃棄を通告、9.1 ドイツ、ポーランドへ進撃開始、第 2 次世界大戦始まる　**宮城県では→**2.5 宮城県民歌発表会、4.10 招魂社、宮城県護国神社となる、4.17 戸塚九一郎、宮城県知事に就任、7—東北特殊鋼、陸海軍管理工場の指定を受けて長町に仙台工場開設、9.4 清水良策、宮城県知事に就任、10.25 仙台市、仙塩地方開発総合計画を発表、10.7 国鉄女川線開通、11.19 仙台市立病院、鉄筋コンクリート 4 階建てに、病床 250

【昭和 15（1940）年】

2.2 民政党斎藤隆夫、衆議院で戦争政策を批判して問題となる、3.7 衆議院、斉藤隆夫の除名可決、4.24 米、みそ、マッチ、砂糖など 10 品目の切符制採用、6.10 イタリア、英仏に宣戦布告、6.14 ドイツ軍、パリに無血入城、7.8 日本労働総同盟、解散決定、9.23 日本軍、北部仏印（現ベトナム）に進駐、9.27 日独

伊3国同盟に調印、10.12 大政翼賛会発会式、11.3 厚生省、10人以上の子どもを持つ親を「優良多子家庭」として表彰、11.10 紀元2600年祝賀行事、5日間にわたって多彩に行われる　**宮城県では→**4.1 仙台市立仙台中、荒町で開校、後に仲ノ町に校舎新築、4.9 林信夫、宮城県知事に就任、4.23 仙台陸軍病院創立記念式典、8.1 第二師団を仙台師団と改称、5.9 陸軍省、仙台市長に陸軍造兵廠設置のため用地取得協力を要請、9.3 仙台市で341の公会誕生、10.25 仙台で木炭の切符制実施、11—熊谷陸軍飛行学校増田分校教育隊練習基地として名取郡下増田村、玉浦村に飛行場建設

【昭和16（1941）年】

米国英国、オランダに宣戦布告、3年8カ月にわたる大戦争が勃発した。1.1 全国の映画館でニュース映画の上映を義務づけ、4.1 小学校を国民学校と改称、4.13 日ソ中立条約調印、6.22 独軍、ソ連に攻撃開始、7.18 第3次近衛秀麿内閣成立、7.28 日本軍、南部仏印進駐、8.1 米国、対日石油輸出を全面停止、9.6 御前会議、帝国国策遂行要領を決定（10月下旬を目途に対米英オランダ戦の準備完了）、10.15 スパイ嫌疑で尾崎秀実検挙、続いてゾルゲ検挙（ゾルゲ事件）、10.18 東条英機内閣成立、11.5 御前会議、対米交渉不成立の場合、12月初旬の武力発動を決意、11.26 米、ハルノートを提議、12.1 御前会議、対米英オランダ開戦を決定、12.8 日本米国英国、後にオランダに宣戦布告、日本軍、マレー上陸、真珠湾奇襲（太平洋戦争始まる）、12.10 マレー沖海戦、英2戦艦撃沈、12.25 香港の英軍降伏　**宮城県では→**4.5 原町陸軍造兵廠の新設と呼応して原町工業都市建設の土地区画事業開始、4—仙台瓦斯株式会社を仙台市が買収、加入数3500戸、9.1 仙台市、岩切、七郷、高砂、六郷、中田を合併、10.10 仙台市電八幡町線全通、この年、雨多く県内の米作半減

【昭和17（1942）年】

1.2 日本軍、マニラ占領、2.1 みそ、醤油、衣料に切符配給制実施、2.15 日本軍シンガポール占領、3.8 日本軍ビルマのラングーン占領、3.9 ジャワのオランダ軍降伏、4.11 日本軍フィリピンのバターン半島占領、4.18 米機、本土初空襲、4.30 総選挙（翼賛選挙、推薦当選381人、非推薦当選85人）、5.7 フィリピン・コレヒドール島の米軍降伏、5.20 翼賛政治会結成（事実上の一党独裁）、6.5 ミッドウェー海戦（日本、4空母を失い戦局の転機となる）8.7 米軍、ガダルカナ

ル島に上陸、11.15 関門海底トンネル開通式、11.19 ソ連軍、ドイツ軍に対してスターリングラードで反撃開始　**宮城県では→**1.20 仙台市で一般家庭金属特別回収始まる、7.19 林子平 150 年祭を仙台・竜雲院で、7.1 仙台市が仙台自動車株式会社を買収（翌年増東港組バス、仙山バス、根白石バス、定義バスを継承運転に）9.19 宮城刑務所内の朝鮮梅、天然記念物指定、9.23 仙台市長に今村武志就任、10.7 加藤於兎丸、宮城県知事に就任、10.10 多賀城海軍工廠開庁式

【昭和 18（1943）年】

1.13 ジャズなど米英楽曲 1000 種の演奏、レコード禁止、2.1 日本軍、ガダルカナル島撤退開始、3.2 兵役法改正、朝鮮に徴兵制実施、4.18 連合艦隊司令長官山本五十六戦死（6.5 国葬）、5.29 日本軍アッツ島守備隊 2500 人全滅、6.16 工場就業時間制限令廃止（女子・年少者の鉱山坑内作業許可）、8.1 日本占領下のビルマでバーモー政府独立宣言、米英に宣戦布告、9.8 イタリア、無条件降伏、9.30 御前会議、絶対国防権をマリアナ、カロリン、西ニューギニアの線に後退決定、10.2 在学徴集延期臨時特例法公布（学生、生徒の徴兵猶予停止）、10.14 フィリピン共和国独立宣言、10.21 チャンドラ・ボース、シンガポールで自由インド仮政府樹立、11.1 国民兵役を 45 歳まで延長、11.5 大東亜会議開催、日、満、タイ、フィリピン、ビルマ、汪兆銘政権の代表が参加、共同宣言発表、11.22 ルーズベルト、チャーチル、蒋介石カイロ会談、カイロ宣言、11.25 日本軍、マキン、タラワ両島守備隊 5400 人全滅、12.10 文部省、学童の縁故疎開促進を発表　**宮城県では→**3.8 宮城師範と宮城女子師範が合併、県立から官立宮城師範となる、7.1 内田信也、宮城県知事に就任、8.10 仙台市内の銅像 52 基、金属供出、11.18 学徒出陣の壮行式、宮城野原練兵場で挙行、この年、宮城青果物配給統制会社設立

【昭和 19（1944）年】

2.17 米機動部隊、トラック島空襲、3.7 閣議、学徒勤労動員通年実施を決定、4.28 閣議、米国増産及び供出奨励に関する特別措置決定（供出奨励制）、6.6 連合軍、ノルマンジー上陸、6.15 米軍、サイパン島上陸、6.19 マリアナ沖海戦（日本海軍、空母、航空機の大半喪失）、6.30 閣議、国民学校初等科児童の集団疎開決定、7.7 サイパン島守備隊全滅、7.18 東条内閣総辞職、7.22 小磯国昭内閣成立、8.4 閣議、国民総武装決定（竹やり訓練など始まる）10.16 陸軍特別志願

兵令改正公布（17 歳未満の志願を認める）、10.24 レイテ沖作戦（日本、連合艦隊の主力を失う）、10.25 神風特攻隊、初めて米艦に突撃、11.10 厚生省、女子徴用実施、女子挺身隊の期間 1 年延長を通牒、11.24 マリアナ基地の B29、東京を初空襲、以後、日本本土への空襲強まる、12.7 東海地方に大地震、津波 **宮城県**では→1.22 仙台城跡の伊達政宗像金属供出、2.1 第四十二師団仙台で編成、2.22 丸山鶴吉宮城県知事に就任、3.25 仙台市動物園、猛獣類の殺処分、5.1 宮城電鉄、運輸通信省に買収されて仙石線に、12.29 県内で初めて塩釜市が B29 の空襲を受ける

【昭和 20（1945）年】

この年―ポツダム宣言を受託して敗戦、連合軍、日本に進駐。1.9 米軍、ルソン島に上陸、2.4 米英ソ連、ヤルタ会談（対ドイツ戦後処理、ソ連の対日参戦決定）2.19 米軍，硫黄島に上陸、3.17 同島守備隊全滅、3.9～10 東京大空襲、4.1 米軍、沖縄本島に上陸、6.23 守備隊全滅、4.7 鈴木貫太郎内閣成立、4.12 米大統領ルーズベルト没（63 歳）、副大統領トルーマン昇格、4.22 ソ連軍、ウィーン占領、4.25 米ソ両軍、エルベ河畔で出会う、4.28 ムッソリーニ銃殺される、5.2 ヒトラー、ベルリンの地下壕で自殺、7.16 米軍、初の原爆実験に成功、7.26 ポツダム宣言発表、7.28 鈴木首相、ポツダム宣言黙殺、戦争邁進の談話発表、8.6 広島に原爆投下 8.8 ソ連、対日参戦、8.9 長崎に原爆投下、8.14 御前会議、ポツダム宣言受託を最終決定、8.15 天皇、戦争終結の詔書放送、第 2 次世界大戦終わる、8.30 連合国軍最高司令官マッカーサー、厚木飛行場に到着、9.2 米艦で降伏文書調印、9.27 天皇、マッカーサー訪問、10.4 GHQ 日本政府に人権指令（政治犯釈放、思想警察全廃、治安維持法など弾圧法規の撤廃）、10.11 マッカーサー、5 大改革指令（婦人解放、労働組合の結成、学校教育民主化、秘密審問司法制度の撤廃、経済機構の民主化）、10.24 国際連合成立、12.9 GHQ、農業改革に関する覚書、12.17 衆議院議員選挙法改正公布（婦人参政権など）、12.29 第 1 次農地改革、12.31 修身、日本歴史、教科書回収を指令　**宮城県**では→3.10 仙台市霞目、四郎丸、米 B29 に爆撃される、米 B29 が 3 機蔵王に衝突炎上、4―仙台市動物園休園、6―県内で国民義勇隊結成、6.10 生悦住求馬宮城県知事に就任、7.10 仙台大空襲、市街地中心部などが焼失、8.20 仙台市電全線で運行再開、9.16 占領軍仙台進駐を開始、10.27 千葉三郎、宮城県知事に就任、11.15 仙台市の戦災復興計画案公表

【昭和 21（1946）年】

この年、満州からの引き揚げ者相次ぐ。発疹チフス、空前の大流行。1.1 天皇、人間宣言、1.4 GHQ、軍国主義者らの公職追放、2.3 マッカーサー、GHQ 民政局に憲法草案の作成を指示、2.13 GHQ、憲法改正松本試案を拒否、GHQ 草案を日本政府に手交、2.22 閣議、GHQ 草案の受け入れを決定、2.17 新円発行、旧円預貯金を封鎖、3.6 政府、憲法草案改正要綱を発表（主権在民、天皇象徴、戦争放棄を規定）、4.10 戦後初の総選挙、5.1 メーデー 11 年ぶりで復活、5.3 極東国際軍事裁判開廷、5.22 第 1 次吉田茂内閣成立、6.28 キーナン検事、ワシントンで天皇を戦争犯罪人として訴追せずと言明、7.12 中国で全面内戦始まる、10.1 ニュールンベルグ国際軍事裁判、12 人に絞首刑の判決、10.21 第 2 次農地改革、11.3 日本国憲法公布　宮城県では→4.15 仙台市復興委員会設置、4.26 人口調査、宮城県 146 万 2100 人、仙台市 22 万 5036 人、5.1 メーデー県庁前広場で 1 万人参加して開催、5.19 仙台市長選公選選挙で岡崎栄松当選、6.16 仙台市南材木町小校舎全焼、6 丸光、仙台駅前に平屋バラックの「デパート」開店、8.6 仙台七夕 10 年ぶりで開催、11.16 県営の仙台競馬復活

主要参考文献

「宮城県史」「仙台市史」ほか各市町村史「宮城県知事事務引継書」（昭和六年～二十年）「河北新報」「宮城県郷土史年表」（菊地勝之助著、宝文堂）「特高警察」（荻野富士夫著、岩波新書）「特高と国體の下で」（孫栄健著、言視舎）「『特高』経験者として伝えたいこと」（井形正寿著、新日本出版社）「初等科国史」（文部省）「戦時の日常――ある裁判官夫人の日誌」（坂本種著、博文館新社）「戦争聞き歩き」（阪野吉平著、新風舎）「戦時生活と隣組回覧板」（江波戸昭著、中央公論）「昭和史」（半藤一利著、平凡社）「検証・戦争責任」（読売新聞社）「新しい歴史教科書」（扶桑社）「アジア・太平洋戦争」（吉田裕著、岩波新書）「仙台郷土句帖」（天江富弥編集）「昭和のことば」（朝日ソノラマ）「語り継ぐ東北と十五年戦争」（歴史教育者協議会東北ブロック編、三省堂）「戦争の言葉百科」（三澤喜美雄著）「日記に見る太平洋戦争」（杉村優著、文芸社）

「東北大学五十年史」「東北学院百年史」「尚絅女学院一〇〇年史」「宮城学院の百年」「知られざる徴用漁船群」（新関昌利著）「値段の明治大正昭和風俗史」（朝日新聞社）「宮城県教育百年史」（宮城県教育委員会）「桐生悠々」（太田雅夫著、紀伊国屋新書）「河北新報の百年」「日本新聞通史」（春原昭彦著、新泉社）「戦争と新聞」（鈴木健二著、毎日新聞社）「ああ、松島の空遠く――海軍松島航空隊の沿革誌」（邊見清二著、石巻日日新聞出版部）「宮城県開拓団の記録」（鈴木文男編、あづま書房）「疎開の子ども600日の記録」（学童疎開記録保存グループ、径書房）「戦時下女学校の学徒勤労動員」（学校法人宮城学院）「韓国徴用工裁判とは何か」（館内康人著、岩波書店）「あの戦争、太平洋戦争全記録、上、中、下」（産経新聞社編、集英社）「仙台空襲」（仙台「市民の手で作る戦災の記録」の会編、宝文堂）「宮城県警察史」「日本空襲の中の宮城の空襲誌、上、中、下」（新関昌利著）「戦災復興余話」（仙台市）「焦土からの再生――戦災復興はいかに成し得たか」（井上亮、新潮社）

■著者

石澤　友隆（いしざわ・ともたか）

昭和9年、仙台市生まれ、早稲田大学卒、河北新報社で長いこと記者生活を送り、平成6年、広報局長で定年退社。後に河北リサーチセンター社長。現在河北TBCカルチャーセンター講師。

著書に「八木山物語」「流行歌ミス・仙台」「七月十日は灰の町」「仙台人気質」「仙台を探訪する55話」（いずれも河北新報出版センター）

■挿絵

村上　典夫（むらかみ・のりお）

昭和3年、仙台市生まれ、宮城師範、法政大学卒。仙台市内の小中学校で教壇に立ち、平成元年東六番丁小学校教頭を最後に定年退職。宮城水彩画会参与、宮城県芸術協会絵画部運営委員。

■挿絵

小﨑　隆雄（こさき・たかお）

昭和4年、登米市新田生まれ、東北大学卒。宮城県内の小中学校、仙台市教委、県教委勤務。仙台市教委指導課長、長町小学校長を歴任。日展入選20回、日展会友、日洋会運営委員、河北美術展顧問、平成27年9月死去。

石澤友隆の著作

『八木山物語』

江戸時代、仙台藩の防衛林だった越路山（現在の八木山）を買い取り、昭和初期、私費で山に2本の幹線道路と、ベーブ・ルースがホームランを打った野球場や公園、運動場をつくり、そっくり宮城県に寄付した仙台の富豪・八木久兵衛の2代にわたる物語。国民病と言われ死亡率の高かった結核患者を少しでも減らそうという社会奉仕だった。戦後の八木山宅地開発、市動物公園や市野草園、東北工大、TBC東北放送、仙台赤十字病院など山にある諸施設誕生の歴史もたどった。

『よもやま探訪記「仙台人」気質』

仙台生まれ、ほぼ仙台育ちの筆者は、この町が自慢の町だった。社会人になって他県の人たちと付き合うようになると、仙台人はあまり好感を持たれていないのではないかと感じるようになる。「仙台人の住んだあとにはぺんぺん草も生えない」と悪口を言われていることも知った。そこで「仙台人気質」とは、を考えたのが本書である。このほか「亜炭と仙台」「仙台市電の半世紀」「東日本大震災」「古い顔の歌とその周辺」、短編として「横綱谷風のトイレ」「仙台時代の島崎藤村」など。

『仙台を探訪する55話 —— 政宗さんは美男子でやさ男』

仙台は古くから「全国三大不美人都市」と言われてきた。この根も葉もない俗説は、仙台藩の「伊達騒動」に材を取った歌舞伎が端緒だった…。仙台に関する意外な話、街を深く理解するために知っておきたい話が満載。テーマは暮らし、歴史や文化遺産、風土、伝統、戦時中の話など多岐にわたる。仙台城から旧日本陸軍、進駐軍の拠点を経て学徒仙台を支える文教地区になった青葉山の歩み、度々洪水を引き起こしてきた広瀬川の意外な顔と人々との関わり、本書のサブタイトルにもなった仙台藩祖伊達政宗の実像…。仙台、宮城県に住む人も、これから仙台を訪れてみようと考えている人も、本書を読めば、きっと仙台がより好きになる。

（いずれも河北新報出版センター発行、定価は『八木山物語』1400円＋税、ほかは1500円＋税）

戦争のころ　仙台、宮城

発行日　2020年11月12日　第1刷

著　者　石澤　友隆

発行者　佐藤　純

発　行　河北新報出版センター

〒980-0022

仙台市青葉区五橋1丁目2-28

河北新報総合サービス内

TEL 022-214-3811

FAX 022-227-7666

https://kahoku-ss.co.jp/

印　刷　笹氣出版印刷株式会社

定価は表紙カバーに表示してあります。乱丁・落丁本はお取りかえいたします。

ISBN978-4-87341-406-5

GREEN PRINTING JFPI

P-B10004

VEGETABLE OIL INK

この印刷物はグリーン基準に適合した印刷資材を使用して、グリーンプリンティング認定工場が印刷した環境配慮商品です。インキは環境にやさしい植物油インキを使用しています。